BAEDEKER

LA GOMERA

»

Warum bist Du eigentlich hier auf diesen Inseln? Um mir die Ewigkeit über die Finger rieseln zu lassen, um Fragen zu entgehen ... ich will allein sein, verstehst Du das?«

«

Janosch, »Gastmahl auf Gomera«

baedeker.com

DAS IST LA GOMERA

TOUREN

LEGENDE

Baedeker Wissen
● Textspecial, Infografik & 3D

Baedeker-Sterne
★★ Top-Reiseziele
★ Herausragende Reiseziele

ZIELE VON A BIS Z

HINTERGRUND

ERLEBEN & GENIESSEN

PRAKTISCHE INFORMATIONEN

ANHANG

PREISKATEGORIEN

Restaurants
Preiskategorien für ein Hauptgericht

€€€€	über 20 €
€€€	10–20 €
€€	8–10 €
€	unter 8 €

Hotels
Preiskategorien für ein Doppelzimmer

€€€€	über 120 €
€€€	80–120 €
€€	50–80 €
€	unter 50 €

MAGISCHE MOMENTE

ÜBERRASCHENDES

Wer aus den Chorros de Epina in der richtigen Reihenfolge trinkt, dem winkt das Liebesglück.

D
DAS IST ...

La Gomera

Die großen Themen
rund um die zweitkleinste Kanareninsel.
Lassen Sie sich inspirieren!

Ein regelrechtes Postkartenmotiv:
Agulo an der Nordküste ►

SIND NOCH HIPPIES DA?

Das Valle Gran Rey muss oft als Symbol für ganz La Gomera herhalten, als ob man eine Insel in einem Tal verdichten könnte. Außerdem steht es stellvertretend für die Hippies der 1970er-Jahre, die hier dem Traum vom alternativen Leben folgten. Und für die heutigen Millennials, die vor der Leistungsgesellschaft hierher fliehen.

Cruisen stilecht an der Playa de la Calera ►

»400 bis 500«, antwortet Valle-Bürgermeister Pinora Cruz kurz und knapp auf die Frage, wie viele Hippies denn derzeit im Valle Gran Rey leben würden. Mit Hippies sind nicht die Aussteiger der 1970er- und die Tschernobyl-Flüchtlinge der 1980er-Jahre gemeint, sondern die **Generation Y** – laut soziodemografischer Definition die zwischen 1980 und 2000 Geborenen. Ab und an lässt Cruz die Strände und Höhlen der Millennials räumen und säubern, denn »wir haben eine Verantwortung gegenüber den 800 000 Touristen, die uns jedes Jahr besuchen. Die wollen schöne Höhlen und schöne Strände sehen.«

Das unmerkliche Einsteigen

Ein Valle-Besuch ist wie eine kleine Zeitreise, auch wenn das Lebensgefühl der Siebziger nur noch partiell spürbar ist, und Relikte wie Anti-AKW-Aufkleber auf alten VW-Bussen schon als seltene Fotomotive herhalten müssen. Die Klampfe gibt's immer noch, die Trommel macht jedoch eher den Sound dieser Tage aus. Aber **fest in der Hand der deutschen Gemeinde** ist das Valle-Ghetto immer noch. Die Langhaarigen von damals sind inzwischen im gesetzten Alter um die 60, und wer immer noch auf der Insel ist, vermietet heute Apartments, hat eine Kneipe, einen Bioladen, eine Galerie, eine Praxis für Physio- und Ergotherapie oder bringt, wie Claus Heinrichs, den **»Valle-Boten«** heraus, das etwas schrille »ultimative Insel-Magazin«. Andere Ex-Hippies findet man an Hotelrezeptionen, in Cafés und Geschäften wieder. Sie alle sind vor Jahren irgendwo ausgestiegen und letztlich für sie selbst fast unmerklich auf La Gomera wieder eingestiegen.

Auf der Suche nach der heilen Welt

Die gut hundert auf Gomera ansässigen Ex-Hippies, meist aus Deutschland, und jene, die wieder in die Heimat zurückgingen, aber doch jährlich zum Urlaub wiederkommen, wollen alle nur eines: »Bitte, bitte lasst die Insel so, wie sie ist. Sie ist für uns das Paradies! **Ruhe und kein Stress**. Wer hier nicht runterkommt, ist selber schuld«, meinen zum Beispiel Marita und Matthias in einem Leserbrief an den »Valle-Boten«. Mit den jungen Leuten, die Gomera billig, egozentrisch und gechillt zu ihrer neuen Heimat gemacht haben, haben Marita, Matthias und Co. nichts zu tun – obwohl sie doch alle der Mythos, die Schönheit und die Sehnsucht nach der heilen Gomera-Welt verbindet. Weder die Alten noch die Jungen sind nach La Gomera gekommen, um Big Business zu machen. Alle wollten nur dem Konsum, dem Druck der Leistungsgesellschaft und einige der Tschernobyl-Katastrophe entfliehen.
Alle wollten auch nur irgendwas auf der Insel machen, um halt irgendwie davon leben zu können. Die Alt-Hippies haben sich etabliert, die Generation Y versucht, mit Trommeln an der Promenade und dem Verkauf von selbstgemachtem Schmuck über die Runden zu kommen. Für einige der Gomeros ist das einerlei: Sie machen da keine großen Unterschiede und sagen ganz uncharmant **»Kartoffelesser«** zu den Hippies aus Alemania, ob sie nun 20 oder 60 Jahre alt sind. Es ist ein bisschen so wie bei den Deutschen: Wer La Gomera sagt, meint ja auch viel zu oft das Valle Gran Rey.

Die passenden Accessoires gibt es auf dem Sonntagsmarkt in Valle Gran Rey.

SONNENBADEN UND TAGTRÄUMEN

Glücklicherweise hat die Playa del Inglés von La Gomera mit ihrer berühmten Schwester auf Gran Canaria rein gar nichts gemein: Es gibt keine Armada von Liegestühlen, kein Meer von Sonnenschirmen, keine Menschenmassen. Schön, dass auch der Sand schwarz und nicht ockerfarben ist, man auf seinem Strandtuch ein gutes Buch lesen, dösen oder herrlich tagträumen kann, etwa vom Leben der Hippies im nahen Valle ... (► S. 124)

QUESERIA

EINFACH PFIFFIG GESAGT

Polizisten und Schiedsrichter pfeifen, Trainer und Hundebesitzer und so mancher Macho. Der eine regelt den Verkehr, der andere das Fußballspiel, der dritte kommandiert den Hund. Und der Macho sagt pfeifend-uncharmant: »Oh là là, du siehst aber gut aus ...« Doch was pfeifen sich die Gomeros so zu im Alltag?

◄ Jetzt müsste man das auch hören können ...

ZWEI Bauarbeiter am Hafen von San Sebastián stützen sich auf ihre Schaufeln und spendieren bewundernde Blicke. Einer pfeift entzückt, der andere sagt: »Wie schön! Sieht sie nicht toll aus?« Die vorbeischlendernde Brünette mit wallender Mähne schaut verwirrt. Die Jungs glotzen doch tatsächlich nicht ihr, sondern einer schicken Jacht nach. Als sei nichts passiert, stöckelt sie weiter. Innerlich grübelt sie aber vielleicht noch eine Weile, wie sie das Signal so missdeuten konnte.

Ist doch eigentich ganz einfach, oder etwa nicht?

Mehr als tausend Worte

Ein Pfiff ist verkürzte Kommunikation und hat oft etwas unangenehm Endgültiges, etwa wenn der Schiedsrichter pfeift: alle wissen Bescheid. Auf La Gomera ist der Pfiff – so die Übersetzung von **El Silbo** – weit mehr. Es ist eine Sprache, etwa wenn die Bäuerin pfeift: »Komm nach Hause, das Abendessen ist fertig!« Heute nimmt sie eher ihr Handy zur Hand, um ihren Mann von der Feldarbeit nach Hause zu beordern. Doch früher hat sie ihn im wahrsten Sinne des

Wortes zurückgepfiffen. El Silbo ist eine **Pfeifsprache**, die es nur auf La Gomera gibt. Sie ist zwei Kilometer weit zu hören, ohne Nebengeräusche und bei gutem Wind sogar bis zu sechs Kilometer. Mit ihr wurde vor Piraten gewarnt und schon die Guanchen sollen sie genutzt haben. Sagen zumindest die einen Linguisten. Die anderen meinen, dass sich El Silbo auf Gomera nach und nach entwickelt hat: Wie sich verständigen auf einer Insel mit mehr als 50 Tälern? Wie Nachrichten transportieren, wenn die Wege so beschwerlich sind?

Mathe, Bio und El Silbo

Das (immaterielle) **Weltkulturgut** ist zwar Pflichtfach an den Insel-Grundschulen, wird aber im Alltag nicht mehr allzu oft angewendet. Heute hört man die Pfeifsprache ab und an noch beim Wandern oder auf einer der vielen Fiestas von La Gomera.

1400 Schulkinder lernen El Silbo derzeit, und einige sind froh, dass es, anders als in Mathe und Bio, keine Klassenarbeiten gibt, sondern nur mündliche Noten. Denn das pfiffige Erbe richtig zu lernen und vor allem auch zu verstehen, ist nicht einfach. El Silbo ist die einzige der knapp zehn Pfeifsprachen weltweit, die in der Schule als Pflichtfach gelernt wird. Man schätzt, dass derzeit ca. 22000 Gomeros die Sprache perfekt beherrschen (► Baedeker Wissen, S. 58).

BAEDEKER DAS IST ...

SKULPTUR MIT PFIFF

In der Nähe des höchstgelegenen Orts der Insel, dem Dorf Igualero auf 1300 m, trifft man auf eine ganz besondere Skulptur: Monumental steht sie seit 2005 am Aussichtpunkt Mirador de Igualero am Rand des Parque Nacional de Garajonay und ist dem Silbo Gomero gewidmet. Den tollen Blick auf die Fortaleza von Chipude gibt's gratis dazu, und vielleicht hört man sogar den einen oder anderen Pfiff! (► S. 60)

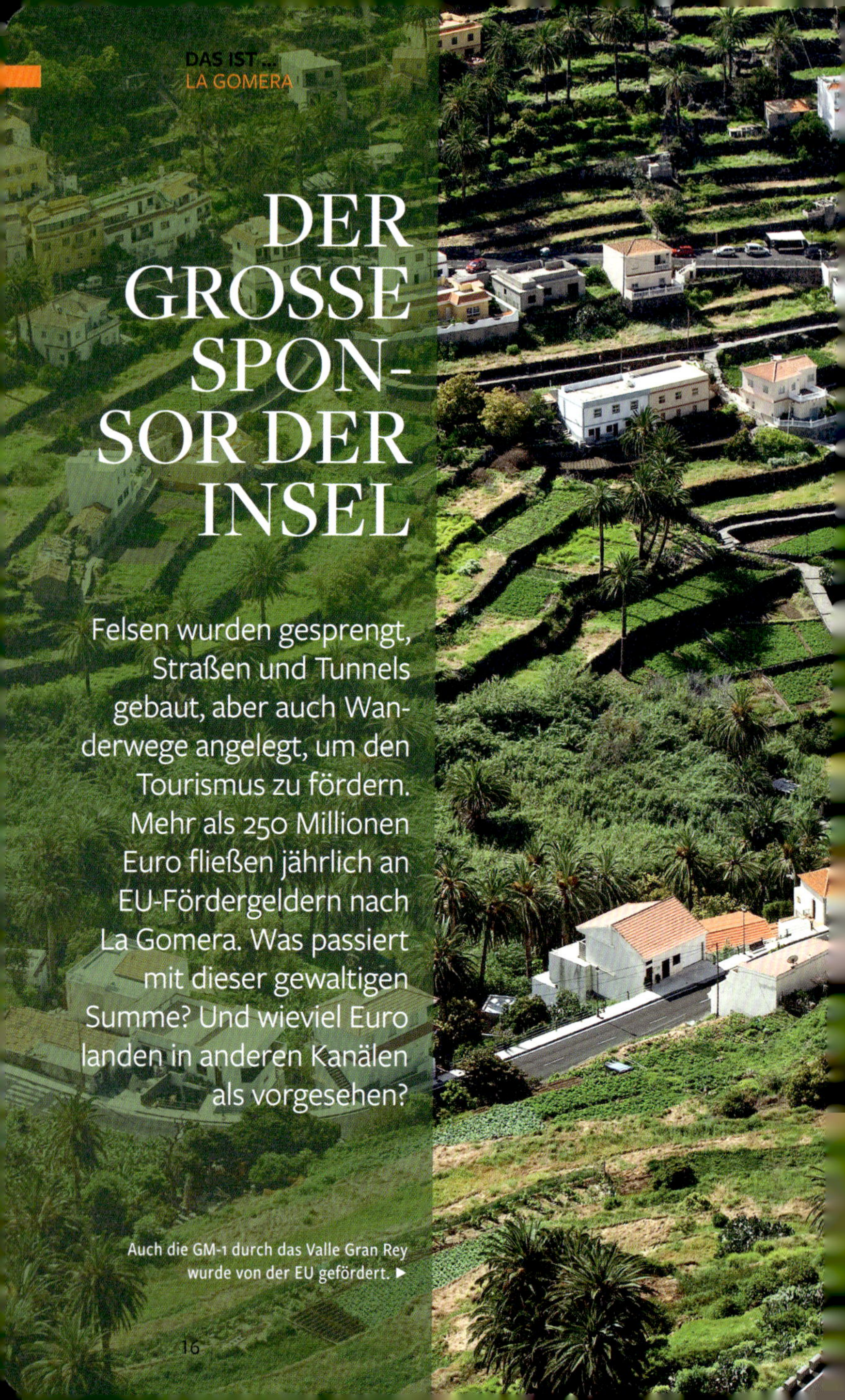

DER GROSSE SPONSOR DER INSEL

Felsen wurden gesprengt, Straßen und Tunnels gebaut, aber auch Wanderwege angelegt, um den Tourismus zu fördern. Mehr als 250 Millionen Euro fließen jährlich an EU-Fördergeldern nach La Gomera. Was passiert mit dieser gewaltigen Summe? Und wieviel Euro landen in anderen Kanälen als vorgesehen?

Auch die GM-1 durch das Valle Gran Rey wurde von der EU gefördert. ▶

SCHLÄNGELNDE STRASSEN

Die GM-1 windet sich an manchen Stellen durchs Valle Gran Rey wie eine endlos lange Schlange. Rechts und links herrlich terrassierte Hänge und üppige Vegetation: Bananenstauden und Palmen, Papayas, Mangos, Orangen, wie gemalt ... Und ganz nebenbei fällt einem bei der Mietwagentour auf, dass auch die Straßen in sehr gutem Zustand sind. Wer das nur bezahlt hat? (▶ S. 32)

SIE alle sind in erster Linie Canarios, ob sie nun vom kleinen El Hierro, vom großen Teneriffa oder eben von La Gomera kommen. Man sollte einen Canario deshalb nie Spanier nennen, denn eher fühlt sich ein Canario in zweiter Linie als Europäer, aber keinesfalls als Spanier. Brüssel ist zwar weiter weg als Madrid. Aber der eine Geldhahn ist offen, der andere halb zu. Der erstgenannte sprudelt in Brüssel, letzterer tröpfelt in Madrid.

Wohin fließt das Geld?

2,3 Milliarden Euro gab die Europäische Union zuletzt pro Jahr an die Kanarischen Inseln, die als **ultraperiphere Region** eingestuft sind. Das sind gut tausend Euro pro Canario und Jahr. Im Fokus der Hilfen: die Landwirtschafts-, Tourismus- und Bauförderung sowie Maßnahmen gegen die Arbeitslosigkeit. So wurde auf La Gomera die **Bananenwirtschaft** gegen die süd- und mittelamerikanischen Fruchtproduzenten mit Millionensummen subventioniert, weil sie schlicht und einfach nicht mehr konkurrenzfähig war. In manchen Jahren wird jetzt aber sogar ein Überschuss erwirtschaftet, der dann irrsinnigerweise – natürlich ebenfalls mit EU-Geldern als Ausgleich – wieder vernichtet wird. Ansonsten würde man den Marktpreis kaputt machen.

In Sachen **Arbeitslosigkeit** sind keine Fortschritte zu sehen: Die Quote von 20 % bedeutet nun mal, dass jeder Fünfte ohne Job ist. Nur die Autonomen Regionen Extremadura (23 %) und Andalusien (21 %) stehen in Spanien noch schlechter da. In dieser Angelegenheit sind sich die Canarios allerdings einig: Solange die Festlandsspanier den Insulanern Arbeitsplätze, vor allem im Tourismus, wegnehmen, wird's keine Änderung geben.

An erster Stelle flattert die EU-Flagge am Rathaus von San Sebastián.

Fluch oder Segen?

Am lebhaftesten ging es im **Bausektor** zu: Im Lauf der Jahre entstanden sehr gute Straßen, womit die Bauwirtschaft angekurbelt wurde und womit man auch dem Tourismus helfen wollte durch eine Verbesserung der Infrastruktur. Fragt man allerdings bei den Gomeros nach, kommen noch andere Meinung dazu: »Millionenweise sind EU-Gelder verknallt worden. Ich bin gespannt, was jetzt dran kommt: Noch mehr Straßen können sie ja auf unserer Insel kaum bauen«, sagt ein Landwirt. »Da wurde im Handumdrehen Agrar- zu Bauland erklärt.« Ein Deutscher, der seit Tschernobyl auf La Gomera lebt und ungenannt bleiben möchte, ergänzt: »Eigentlich schade, dass die Inselpolitiker nicht alles in die eigene Tasche gesteckt haben, dann hätten wir jetzt nicht so viel Asphalt und Beton.« Der Besitzer eines Ferienhauses mit nicht mal zehn Fremdenzimmern ist sich nämlich sicher: »Jeder Cent, der bei uns verbaut wird, ist schädlich für die Insel.«

Der Hinweis auf Korruption – auf der Insel gerne auch **»kreative Verwendung von Geldern«** genannt – scheint in Brüssel allerdings nicht unbekannt zu sein. So hat die Europäische Kommission erst kürzlich beschlossen, Spanien wegen mangelnder Überprüfung von Bewirtschaftungsplänen auf den Kanarischen Inseln und auch auf La Gomera vor dem Gerichtshof der EU zu verklagen.

MIT DEM WASSER VON LA GOMERA

Isla Colombina wird La Gomera auch genannt, schließlich machte der große Seefahrer und Entdecker Christoph Kolumbus dreimal Station hier. Und im September 1492 nahm er auch einiges aus La Gomera mit auf seine Reise, die ihn fünf Wochen später Amerika entdecken ließ.

◂ Auch im Straßenpflaster von San Sebastián ist Kolumbus Fahrt verewigt.

DIE meisten Gomeros halten sich mit Erzählungen und Geschichten halten eher zurück, mit Superlativen sowieso. Doch wenn es um La Gomeras Wasser und die Taufe Amerikas geht, dann sind alle stolz auf ihre kleine Insel, mit deren Wasser der riesige Kontinent schließlich von Kolumbus geweiht wurde.

Gomeros heuerten als Matrosen in Kolumbus' Flotte an, und der große Entdecker soll sich auf La Gomera sogar verliebt haben, in die damalige Inselherrin Beatriz de Bobadilla. Historisch belegt ist aber nur, dass Cristóbal Colón dreimal hier war. 1492 war San Sebastián der letzte Hafen vor der Entdeckung Amerikas, und auch 1493 und 1498 hielt sich der Seefahrer auf der Insel der schönen Beatriz auf. So ziert bis heute der Satz »Von hier aus brach Kolumbus auf« das **Stadtwappen** der Inselhauptstadt San Sebastián.

Zwischen Fakt und Fiktion

Trotz wenig echter Belege kann man eine ganze Kolumbus-Tour in San Sebastián machen. Im Turm **Torre del Conde** sollen sich Christoph und Beatriz nähergekommen sein. Aus der damaligen **Casa de la Aguada**, dem späteren Zollhaus, soll das Taufwasser für Amerika stammen, in jedem Fall aber die Süßwasserreserven für die Überfahrt. Und in der **Iglesia de la Asunción** soll Kolumbus gebetet haben, dass alles gut gehe.

Logisch ist, dass noch vieles weitere von La Gomera seinen Weg in die Neue Welt fand: etwa die ersten Zuckerrohr- und Bananensetzlinge, Schweine, Schafe, Ziegen, Hunde. Und auf umgekehrtem Wege gelangten amerikanische **Kartoffeln** zuerst auf die Kanarischen Inseln und wurden von dort nach ganz Europa exportiert.

Ausflug nach La Palma

An was Kolumbus wohl dachte, so kurz bevor er von La Gomera »Indien« aufbrach? An Gold? Ruhm und Ehre, Ländereien und Adelstitel? Oder er einfach nur an den gefährlichen, unbekannten Weg mit La Gomera als letztem Stützpunkt der damaligen Zivilisation? Vielleicht könnte man der Frage besser auf dem Nachbau der **»Santa Maria«** nachgehen. che Nachbau des nur 26,30 m langen Segelschiffs liegt allerdings nicht vor La Gomera vor Anker, sondern in Santa Cruz de La Palma. Zwei weitere, aber nicht hochseetaugliche Nachbauten findet man in Barcelona und Madeira.

BAEDEKER DAS IST …

DEMONSTRATION DER MACHT

Eine Weltkarte aus dem Mittelalter ist nicht geografisch, sondern hierarchisch geordnet: mit einem mächtigen Europa in der Mitte, fast so groß wie Asien. In der Casa de Colón in San Sebastián kann man sich mit solchen Karten beschäftigen, weitere Zusammenhänge zwischen Kolumbus und La Gomera herausfinden sowie sich den Reisen anhand von Schiffsmodellen nähern. Klar ist aber, dass Cristóbal Colón in diesem Herrenhaus nie übernachtet hat, denn das heutige Museum wurde erst im 17. Jahrhundert gebaut. (▶ S. 103)

OBEN: Kolumbus war zwar nie in der Casa de Colón, trotzdem atmet das Museum seinen Geist.

UNTEN: Aus diesem Brunnen wurde das Taufwasser für Amerika geschöpft.

VIEL? WENIG? GAR NICHTS?

Die Frage, wie viel Tourismus La Gomera vertragen will, wirft gleich eine neue Frage auf. Zum einen gibt man sich bewusst als grüne Insel und will die erste klimaneutrale Reisedestination der Welt werden. Zum anderen heißt man Kreuzfahrtgäste explizit willkommen. Wie geht das zusammen?

Klimafreundlich? Ein Kreuzfahrtriese vor La Gomera ►

Erlebnisse

DIE zweitkleinste Kanareninsel hat ein schönes Image: grün, sehr beliebt bei Wanderern und Naturfreunden, sogar zum **Biosphärenreservat** wurde ganz La Gomera 2002 erklärt. Es gibt keine Bettenburgen, keinen Massenbadetourismus, der Inselpräsident Anselmo Pestana fährt ein Hybrid-Auto, und viele Gastgeber bieten ein Ökotourismus-Konzept, ohne zu wissen, dass es eigentlich ein Konzept ist. Sie machen einfach nur, was sie schon immer gemacht haben, denn früher war öko normal. Die Gäste lieben diese Traditionen. Sie sind großteils Individualisten, die sich selbst wohl nicht als Touristen, sondern eher als Besucher bezeichnen würden: gut vorbereitet und mit Geschichte, Kultur und Natur der Insel bereits per Vorablektüre vertraut.

Ökologischer Fußabdruck

Natur, Umweltfreundlichkeit, Nachhaltigkeit: Das sind La Gomeras Pfründe und die Themen, die viele andere Destinationen aufgreifen, schön verpacken, sie aber eigentlich nur als Marketingmittel verstehen. Denn ein bisschen grün muss man sich heutzutage ja schon geben, alleine, um manchen Gästen etwas vom schlechten Gewissen zu nehmen, Stichwort CO_2-Fußabdruck. »Spiegel Online« berichtete unlängst von einer Frau, die ganz entsetzt war, dass sie im letzten Jahr 12,7 Tonnen Kohlendioxid verbraucht hat, »eine Tonne mehr als der deutsche Durchschnitt ... (dabei) ernähre ich mich fast vegan, ich fahre nie Auto, dafür viel Zug, ich lebe in einer winzigen Neubauwohnung«. Des Rätsels Lösung: Sie hat eine CO_2-unverzeihliche Flugreise nach New York gemacht. So etwas könnte natürlich auch schon mal einem der La-Gomera-Besucher passieren.

Doch wie passt das ökologisch-grüne Image der Insel zu dem **Wachstum an Fluggästen**? Der Flughafen der kleinen Insel zählte zuletzt 1,3 Millionen Passagiere, was einem Plus von 14,4 % entsprach. Damit setzte sich, gemessen am prozentualen Zuwachs, ausgerechnet die kleine Isla Bonita an die erste Stelle des Wachstums-Rankings der Kanarischen Inseln. Und dürfen die Tourismusverantwortlichen der Insel eigent-

BAEDEKER DAS IST ...

ÖKO – WEIL'S IMMER SO WAR

Sie kocht seit Jahren das gleiche Gericht: Salat und Gemüse mit Ziegenkäse und Gofio. Anfangs, weil sie nichts anderes hatte. Heute, weil es den Leuten schmeckt und sie dahinter ein Konzept vermuten. Efigenia Borges Hernandez ist mit ihrem Restaurant »La Montaña« im Dorf Las Hayas eine Inselberühmtheit geworden, ein Symbol für cero kilómetros, bio und öko. Das Schöne: Efigenias Konzept ist keines. Es war einfach schon immer so bei ihr.
(▶ S. 67)

Die meisten dieser Boote im Hafen von San Sebastián kommen ohne Emissionen aus.

lich auch **Kreuzfahrtschiffe** und ihre Gäste hofieren? Leute, die ja geradezu fahrlässig mit ihrem CO_2-Abdruck umgehen? Schon ein einziger Ozeanriese verursache während einer Kreuzfahrt »so viele Emissionen wie fünf Millionen PKW«, heißt es sehr plakativ vom Naturschutzbund Deutschland. Sicher ist: Bei einer 14-tägigen Kreuzfahrt eines 2000-Personen-Kreuzfahrtschiffs fallen umgerechnet auf jeden Passagier rund zwei Tonnen CO_2 an. In der Kreuzfahrtsaison 2018/2019 legten 120 Mal Kreuzfahrtschiffe in La Gomera an. Das entspricht – grob geschätzt – gut 200000 Passagieren und ist immerhin ein Viertel aller La-Gomera-Besucher.

Das Dilemma

Viel Tourismus? Wenig? Oder gar keinen Tourismus? La Gomera ist in der Zwickmühle: Durchschnittlich gibt jeder Urlauber auf der Insel 136 € pro Tag aus. Da hätte man natürlich gerne viel Tourismus, aber dennoch bitte gar keinen Massentourismus. Bis 2030 wollen La Gomera und die deutsche Gemeinde Juist die beiden ersten klimaneutralen Reisedestinationen der Welt werden. Ob das mit 120 Kreuzfahrteinläufen pro Jahr gehen kann, ist fraglich. Vielleicht muss da in der Statistik etwas rausgerechnet, oder besser gesagt, rausgeschummelt werden ...

T

TOUREN

Durchdacht, inspirierend, entspannt

Mit unseren Tourenvorschlägen
lernen Sie La Gomeras beste Seiten kennen.

Selbst von der Straße aus ist der Lorbeerwald ein Erlebnis. ▶

UNTERWEGS AUF LA GOMERA

Der richtige Urlaubsort

La Gomera hat zwar auf dem Papier weniger Fläche als Köln – wenn man aber erst mal da ist, scheint es gar nicht mehr so klein zu sein: Auf der Gebirgsinsel, die von tief eingekerbten **Barrancos** (Schluchten) durchzogen wird, geht es praktisch immer auf und ab. Um von einem Küstenort zum anderen zu kommen, führt der Weg mangels einer Ringstraße immer durchs bewaldete Hochland. Dadurch erreicht man zwar von jedem Standort alle Orte in Tagesausflügen, doch die Wege erscheinen mitunter relativ lang. Deshalb sollten Sie sich gut überlegen, wo ihr Feriendomizil sein soll! Entscheidend für die Wahl des Urlaubsortes ist auch die jeweilige Reisezeit: Das zentrale Bergland trennt die Insel in einen meist **sonnigen Süden** und einen häufig **wolkenverhangenen Norden**. Die Wetterscheide durch den Passat macht sich besonders im Winter bemerkbar. Für Sonnenanbeter ist dann die Südküste eindeutig die bessere Wahl.
Die gute Nachricht: Schon mit zwei oder drei Tagesrundfahrten können Sie die eindrucksvollsten Landschaften und wichtigsten Sehenswürdigkeiten kennenlernen! Starten Sie auf alle Fälle früh am Morgen, damit genug Zeit bleibt, unterwegs gemütlich in einem Landgasthof oder Fischlokal einzukehren.

Wohnen in der Hauptstadt

Die kleine Inselhauptstadt **San Sebastián** ist mit ihrem Fährhafen das Nadelöhr, durch das die meisten Gomera-Reisenden hindurch müssen. Im Stadtkern gibt es etliche einfache, teils nicht mehr ganz zeitgemäße Pensionen und von Geschäftsleuten frequentierte Mittelklassehotels mit wenig Komfort. Trotz der betont kleinstädtischen Atmosphäre kann es durch knatternde Mopeds und laute Fernseher mitunter bis weit in die Nacht laut sein. Mehr Ruhe, Komfort und dazu noch eine hervorragende Aussicht bietet das Parador oberhalb der Stadt – das staatliche Hotel gehört zu den besten der Insel!

Badeorte an der Südküste

Nur etwa 15 km Luftlinie von San Sebastián entfernt ist **Playa de Santiago**, der am meisten von der Sonne verwöhnte Platz La Gomeras. Oberhalb des Orts liegt der kleine Regionalflughafen, der angesichts der wenigen Starts und Landungen kaum die Urlaubsruhe stört. Mit dem Hotel Jardín Tecina kann der Ferienort das größte und vielleicht angenehmste Pauschalhotel der Insel aufweisen. Außerdem gibt es etliche kleine Apartmenthäuser und einfache Unterkünfte, die auf Individualreisende eingestellt sind.
Das größte Urlaubszentrum der Insel ist **Valle Gran Rey** an der Südwestküste. Bis auf ausgesprochene Luxusherbergen gibt es hier eine

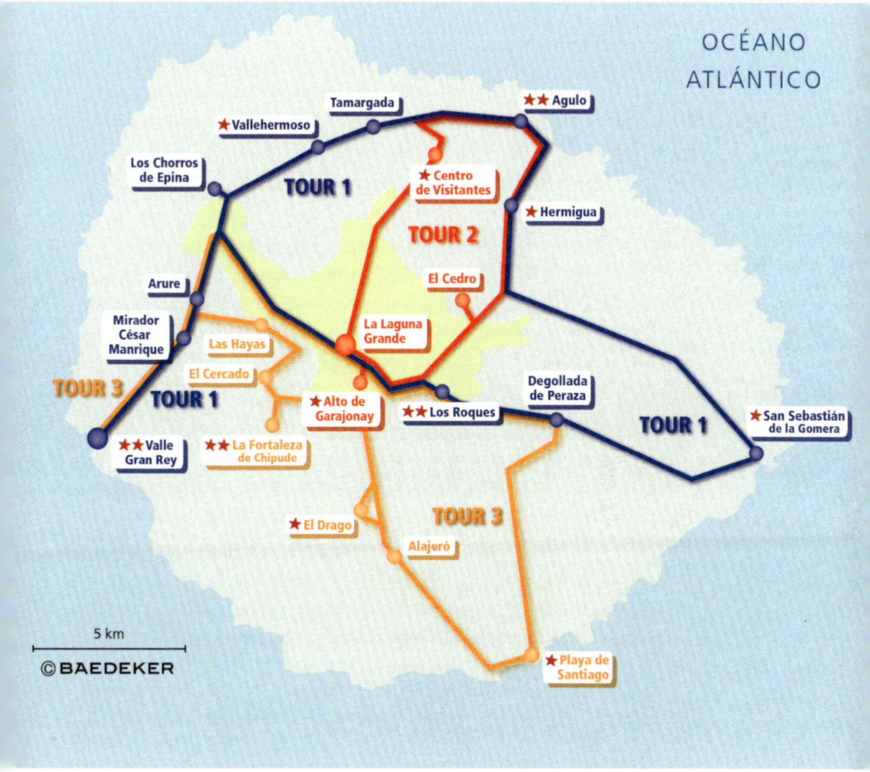

Vielzahl verschiedener Unterkünfte aller Preisklassen, v.a. familiengeführte kleine Apartmenthäuser und etliche mittelgroße Pauschalanlagen. Die Unterkünfte verteilen sich auf vier bis fünf Ortschaften, die durch die touristische Entwicklung immer näher zusammenrücken. Strandnah wohnt man in La Playa und La Puntilla. Als Szeneplatz gilt nach wie vor der Hafenort Vueltas, viel Flair hat das etwas taleinwärts gelegene Hangdorf La Calera. Valle Gran Rey ist zudem ein guter Standort für Wanderer und Mountainbiker, von hier aus kommen Sie schnell zum Startpunkt der schönsten Touren.

Immergrüner Norden

Wo es besonders üppig grünt, kann es mitunter auch ziemlich feucht sein. In den trockenen Sommermonaten sind die Täler von **Hermigua** und **Vallehermoso** jedoch ein Idyll. Die touristisch wenig erschlossene Region bietet bislang allerdings nur wenige kleine Landhotels, die vor allem für Wanderer interessant sind.

Fortbewegung auf der Insel

Da nicht allzu viele Menschen auf der Insel leben, ist das öffentliche Busnetz nicht sehr weit ausgebaut. Wer in San Sebastián wohnt, kann zwar mit dem Linienbus und der Fähre entlang der Südküste mehrere Ausflüge unternehmen. Die meisten Urlauber ziehen jedoch die beiden größeren Ferienorte Valle Gran Rey und Playa de Santiago als Feriendomizil vor. Wenn Sie hier viel unterwegs sein möchten, mieten Sie sich am besten einen Wagen. Die Hauptverbindungsstraßen sind überraschend gut ausgebaut, wenn auch ziemlich kurvig. Es fahren wohltuend wenige Autos, Staus gibt es so gut wie keine – es sei denn, es wird gerade irgendwo eine große Fiesta gefeiert.

DURCH DEN IMMERGRÜNEN INSELNORDEN

Start und Ziel: Valle Gran Rey | **Dauer:** 1 Tag | **Länge:** 117 km

Tour 1

Spannende Küstenlandschaften, stille Dörfer und märchenhaft anmutende Lorbeerwälder – die Rundfahrt durch den Nordteil der Insel setzt deutliche Kontraste zum trockenen Inselsüden. Für eine eingehende Erkundung der Hauptstadt San Sebastián oder eine kurze Wanderung durch den Nationalpark Garajonay reicht die Zeit allerdings nur, wenn Sie in aller Frühe aufbrechen.

Von 1 ★★**Valle Gran Rey** geht es auf der zunächst mehrspurigen GM-1 talaufwärts. Spätestens am 2 **Mirador César Manrique** im oberen Talschluss lohnt ein erster Halt: Terrassenfelder, kleine weiße Häuschen und Palmen über Palmen – die Szenerie ist grandios! Mit dem Durchfahren des nächsten Tunnels lassen Sie die liebliche Landschaft des Valle Gran Rey hinter sich und sind bereits auf einer Höhe von 800 m. Hier ist es schon deutlich kühler als tief unten im Tal, und an vielen Tagen im Jahr hüllen Wolken oder Nebel die Landschaft ein, während in Valle Gran Rey die Sonne von einem strahlend blauen Himmel herabscheint. Gleich am Ortseingang von 3 **Arure** weist ein Schild nach links zum Mirador del Santo. Von hier blickt man hinab auf das tief unten am Meer gelegene Taguluche. Bald hinter Arure ändert sich das Landschaftsbild: An die Stelle von Feldern und Wiesen tritt die typische Vegetation des Lorbeerwaldes. Etwa 3 km hinter der Ortschaft zweigt links eine Piste zum Mirador de Alojera ab. Nach weiteren 500 m passieren Sie einen Parkplatz. Er ist Ausgangspunkt

für den nur 780 m langen Rundweg »Los Barranquillos« (► S. 75). Etwa 1 km später folgt die Kreuzung Apartacaminos, dort biegen Sie links Richtung Vallehermoso ab. In Kurven und Kehren windet sich die Straße durch den dichten Lorbeerwald. Bei schönem Wetter lohnt nach rund 3,5 km ein erneuter Halt. Kurz vor dem Restaurant Los Chorros de Epina zweigt links ein etwa 200 m langer Pflasterweg ab, der für den motorisierten Verkehr gesperrt ist. Er führt zu den **4 Chorros de Epina** – diesen Quellen werden wundersame Kräfte nachgesagt. Das lauschige Plätzchen eignet sich hervorragend für ein Picknick unter schattigen Bäumen. Ist es hier oben jedoch feucht und kühl, so bietet es sich eher an, im zuvor erwähnten Restaurant Los Chorros de Epina einzukehren und durch die großen Fenster den Blick hinab ins Tal von Alojera zu genießen. Etwa 100 m nördlich des Restaurants zweigt links die Straße nach Alojera ab. Der Abstecher dorthin nimmt jedoch relativ viel Zeit in Anspruch, deshalb spart man sich die Tour besser für eine andere Gelegenheit auf und fährt weiter Richtung Vallehermoso. Nach rund 4,5 km kündigt ein Schild die Ortschaft an. Vom Straßenrand haben Sie einen schönen Blick auf die weit verstreut liegenden Ortsteile und auf das Wahrzeichen des Ortes, den Roque Cano.

In ❺ ★ **Vallehermoso** geht es rund um die zentrale Plaza de la Constitución vor allem vormittags ziemlich lebhaft zu. Bei schönem Wetter lohnt ein Abstecher an die 4 km entfernte Playa de Vallehermoso. An der Mündung des Barranco del Valle lädt das Meerwasserschwimmbad Parque Marítimo zum Baden ein. Westlich vom Strand thront auf einem Küstenfels eine ehemalige Bananenverladestation, das Castillo del Mar (derzeit geschlossen). Zurück an der Plaza in Vallehermoso führt die Tour in Richtung Agulo weiter. Nach Verlassen der Ortschaft passiert man zwei Tunnel, gut 1 km hinter dem zweiten Tunnel zweigt links eine Piste nach ❻ **Tamargada** ab. Das Dorf ist trotz seiner Abgeschiedenheit auf der Insel bekannt, weil in der Nähe guter Wein reift. Außergewöhnlich ist die Bauart der Häuser in Tamargada: Bei den einstöckigen langgezogenen Häusern sind Wohnbereich und Scheune bzw. Stallungen unter einem Dach vereint. Am besten nehmen Sie sich etwas Zeit, laufen ein wenig herum und lassen die ländliche Idylle auf sich wirken. Zurück zur Hauptstraße müssen Sie von hier noch rund 6 km bis zur nächsten Ortschaft Las Rosas zurücklegen. Eine schmale Straße führt südwärts in die Bergeinsamkeit, zur Bar Roque Blanco. In Las Rosas zweigt auch die Straße zum 3 km entfernten Besucherzentrum des Nationalparks ab, das allerdings im Rahmen der Tour 2 besucht wird. 5 km östlich von Las Rosas liegt ❼ ★★**Agulo**, eines der hübschesten Inseldörfchen. Schon von der Hauptstraße aus haben Sie eine prächtige Sicht auf den Ortskern am Fuße hoher Felswände. Nächste Station der Rundfahrt ist ❽ ★**Hermigua**, dessen Sehenswürdigkeiten einen etwas längeren Stopp rechtfertigen. Ein guter Platz für eine Pause ist die Terrasse der Café-Bar Pedro an der Durchgangsstraße.

Abkürzung Wer die Inselhauptstadt San Sebastián nicht im Rahmen dieser Rundfahrt besuchen möchte, kann die Tour abkürzen und rund 6 km südlich des höheren Ortsteiles von Hermigua der Beschilderung nach rechts folgen, Richtung El Cedro. Diese Straße stößt nach ca. 7 km beim Cruce de la Zarcita auf die Carretera Dorsal, die Höhenrückenstraße.

Zur Inselhauptstadt Die 20 km lange Strecke zwischen Hermigua und San Sebastián ist streckenweise gut ausgebaut. Bald hinter der zuvor erwähnten Abzweigung nach El Cedro folgt der Mirador de la Carbonera, der einen schönen letzten Blick auf den grünen Inselnorden gewährt: Man schaut über den Barranco de Monte Forte und sieht in der Ferne die

Häuser von Hermigua. Hinter dem Túnel de la Cumbre ändert sich das Landschaftsbild schlagartig: Kahle Berghänge verraten, dass hier deutlich weniger Niederschläge zu verzeichnen sind als wenige Kilometer weiter westlich, auf der anderen Seite der 900 m hohen Cumbre Carbonera, die als Klimascheide fungiert. Bis 9 ★ **San Sebastián** beschränkt sich die Vegetation großteils auf Wolfsmilchgewächse und Agaven. Wenn Sie noch nicht in der Inselhauptstadt waren, sollten Sie sich wenigstens eine Stunde Zeit für einen Stadtrundgang nehmen. Bei einem Café con leche oder einem Aperitif auf der Plaza de las Américas bzw. der Plaza de la Constitución können Sie die letzten Sonnenstrahlen des Tages genüsslich auskosten.

Eigentlich brauchen Sie nur rund eine Stunde, um auf der Carretera Dorsal von San Sebastián direkt zurück ins Valle Gran Rey zu fahren (Entfernung ca. 50 km). Bei gutem Wetter lohnen an verschiedenen Aussichtspunkten jedoch noch kurze Stopps: Vom Mirador an der 10 **Degollada de Peraza** kann man häufig beobachten, wie die Passatwolken aus dem Nordosten heranziehen, über den Bergkamm quellen und sich dann auflösen. Die Carretera Dorsal passiert im weiteren Verlauf die 11 ★ ★**Los Roques**, markante Felsmonolithe. Bei der Kreuzung Apartacaminos zweigt man schließlich links ab und fährt über Arure zurück ins 1 ★ ★**Valle Gran Rey**.

LA GOMERAS MÄRCHENWALD

Start und Ziel: La Laguna Grande | **Dauer:** min. 4 Stunden
Länge: 40 km

Tour 2

Mit Flechten, Farnen und giftgrünen Moospolstern besetzte Lorbeerbäume geben dem Wald im Nationalpark Garajonay einen geradezu urweltlichen Anstrich. Meist ist die Region in eine dichte Wolkenbank gehüllt, die Luft ist feucht und es nieselt oft – von irgendwoher muss das üppige Grün schließlich kommen. Für die Kurzwanderungen sollten Sie wasserfest ausgerüstet sein!

Die Rundfahrt ist bei den Reisezielen von A bis Z unter ▶ ★★ **Nationalpark Garajonay** streckenweise ausführlich beschrieben, daher hier nur eine kurze Zusammenfassung. Von 1 **La Laguna Grande** geht es in südöstlicher Richtung los, bereits nach 3 km lohnt ein Stopp am Wanderparkplatz El Contadero. Hier beginnt ein nur 1,4 km langer Weg zum 2 ★**Alto de Garajonay**, der höchsten Erhebung

der Insel mit grandioser Aussicht. Bei der nächsten Kreuzung (nach ca. 3 km) zweigen Sie links Richtung Norden ab, verlassen die Hauptstraße jedoch schon wieder nach 1 km und folgen der Beschilderung nach ❸ **El Cedro**. Die Häuseransammlung liegt inmitten des dichten Lorbeerwaldes, von hier kann man gut eine kurze Wanderung unternehmen oder aber im urigen Lokal La Vista einkehren. Die Rückfahrt zur Hauptstraße erfolgt auf derselben Strecke, dann geht es in Kurven und Kehren weiter nordwärts. Nach rund 10 km erreichen Sie

4 ★ **Hermigua**. Mitbringsel gefällig? Das Gofiomühlenmuseum mit angeschlossenem Kunsthandwerksladen lädt zum Souvenirkauf ein. Das nächste Ziel ist das hübsche 5 ★★ **Agulo** mit romantischen Gassen und dem berühmten Teideblick. 4 km westlich von Agulo zweigt bei der Ortschaft Las Rosas eine Straße ins Inselzentrum ab. An ihr liegt nach 2 km das 6 ★ **Centro de Visitantes Juego de Bolas**. Das Besucherzentrum des Nationalparks gibt einen hervorragenden Einblick in die Entstehung der Insel und informiert über die Besonderheiten des Lorbeerwalds. Lohnenswert ist auch ein Rundgang durch den angeschlossenen Botanischen Garten. Etwa 4 km hinter dem Besucherzentrum finden Sie den Mirador de Vallehermoso, der einen hübschen Blick auf Ort und Tal preisgibt; nach weiteren 4,5 km stößt die Straße auf die Carretera Dorsal, die quer über die Insel verläuft. Folgt man ihr einige wenige Hundert Meter in westlicher Richtung, ist der Parkplatz bei 1 **La Laguna Grande** wieder erreicht. Übrigens serviert das dortige Lokal eine ganz gute kanarische Küche (nur tagsüber geöffnet!).

DURCH STILLE BERGDÖRFER IN DEN INSELSÜDEN

Start und Ziel: Valle Gran Rey | **Dauer:** 1 Tag | **Länge:** 88,5 km

Von Valle Gran Rey hinauf ins Bergland und wieder hinab nach Playa de Santiago – obwohl die kurvige Rundfahrt nicht mal 90 km lang ist, sollten Sie dafür mindestens einen halben Tag einplanen. Unterwegs laden kleine Dörfer und Aussichtspunkte zu Pausen ein, im sonnenverwöhnten Playa de Santiago finden Sie einen ganz brauchbaren Strand und gute Lokale. Tour 3

Von 1 ★★ **Valle Gran Rey** bringt Sie die GM-1 am 2 **Mirador César Manrique** vorbei nach 3 **Arure** hinauf. Gleich am Ortseingang biegt rechts ein schmales Sträßchen ab, das am Friedhof vorbei nach 4 **Las Hayas** führt. An der Kreuzung nach 6,5 km (ab Arure) führt die Tour nach rechts und erreicht nach weiteren 4 km 5 **El Cercado**. Bekannt ist der Ort dafür, dass hier noch traditionell nach Art der Ureinwohner getöpfert wird. Gleich drei Töpferwerkstätten haben sich entlang der Dorfstraße niedergelassen. Der östliche Nachbarort von El Cercado ist Chipude. Wenn Sie in Chipude noch gut 1 km der

Straße Richtung La Dama folgen, kommen Sie im Weiler Pavón zum Ausgangspunkt der Wanderung auf die 6 ★★ **Fortaleza de Chipude**, den markanten Tafelberg, der den gesamten Inselsüden beherrscht. Wer ihn nicht besteigen möchte, fährt von Chipude weiter in östlicher Richtung. Nach 6 km können Sie vom Mirador de Igualero noch einmal schön auf die Fortaleza zurückblicken. Kurz darauf nehmen Sie an der Kreuzung die Straße rechts in Richtung Alajeró. Auf der streckenweise gut ausgebauten Straße erreichen Sie kurz vor dem Abzweig nach Imada eine Haltebucht. Hier beginnt ein Stufenweg, der zu La Gomeras einzigem größeren wild wachsenden Drachenbaum (7 ★ **El Drago**) hinabführt. Die Straße verläuft dann an der Ortschaft 8 **Alajeró** vorbei durch eine zunehmend trockenere und vegetationsärmere Landschaft. Schließlich rückt der Flughafen von La Gomera ins Blickfeld. Zwar führt eine Umgehungsstraße an

9 ★ **Playa de Santiago** vorbei, aber man sollte sich schon etwas Zeit für einen Abstecher in das zweitgrößte Touristenzentrum der Insel nehmen. Ganz hübsch ist die Szenerie am kleinen Hafen und im alten Kern des Ortsteiles Laguna de Santiago. Für eine Rast empfiehlt sich eines der Restaurants entlang der Avenida Marítima.

Quer durch die Insel

Die Straße von Playa de Santiago ins Inselinnere und dann nach San Sebastián wurde in den letzten Jahren gut ausgebaut, dadurch kann man auf ihr den ersten Teil der folgenden Wegstrecke zügig zurücklegen. 12 km sind es von hier bis zur Höhenstraße Carretera Dorsal, die quer über die Insel verläuft. Etwa nach der Hälfte dieser Strecke folgt die Abzweigung der recht schwierig zu befahrenden Strecke nach Benchijigua. Unmittelbar östlich der Straßenkreuzung mit der Höhenstraße in Richtung San Sebastián erwartet Sie am Pass 10 **Degollada de Peraza** ein schöner Aussichtspunkt. Dann folgen Sie der Carretera Dorsal jedoch in westlicher Richtung. Bei den markanten 11 ★★ **Roques**, den geologischen Wahrzeichen La Gomeras, passieren Sie die Grenze des Nationalparks Garajonay. Vom gleichnamigen Mirador ergibt sich nochmals ein weiter Tiefblick zur Südküste. Danach quert die Höhenstraße das dicht bewaldete Inselzentrum und windet sich nach 3 **Arure** schließlich wieder nach 1 ★★ **Valle Gran Rey** hinab.

Z
ZIELE

Magisch, aufregend, einfach schön

Alle Reiseziele sind alphabetisch geordnet. Sie haben die Freiheit der Reiseplanung.

Vulkanische Kräfte haben den Roque de Agando geschaffen. ►

★★ AGULO

Höhe: 190 m ü. d. M. | **Gemeindebezirk:** Agulo |
Einwohnerzahl: 1000 (ges. Bezirk)

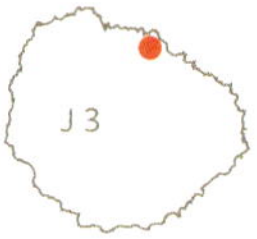

Es ist kein Wunder, dass auf kaum einer Inselrundfahrt ein Halt in Agulo fehlt! Das Bilderbuchdorf bietet eines der schönsten Postkartenmotive: Auf einer sattgrünen Terrasse hoch über dem Meer sitzt eine maurisch anmutende Kuppelkirche, um die sich weiße Häuschen und sorgfältig bestellte Gärten scharen. Als majestätische Kulisse dient der 3718 m hohe Teide auf Teneriffa.

Bilderbuchdorf

Agulo muss man einfach mögen! Den besten Blick auf das Dorf im Norden La Gomeras haben Sie von der Durchgangsstraße, die Hermigua mit Vallehermoso verbindet. Von hier aus schauen Sie auf die nur 25 km^2 große Fläche mit rund 1000 Einwohnern – Agulo ist der kleinste der sechs Gemeindebezirke der Insel. Nach wie vor dient die Landwirtschaft als Haupteinnahmequelle der Bevölkerung. Vor allem Bananen, aber auch etwas Wein und Kartoffeln werden auf den Feldern angebaut. Übernachtungsgäste haben mittlerweile die Wahl zwischen einer Hand voll kleiner Hotels und Apartmenthäuser. Stolz ist man in Agulo darauf, dass hier der berühmte Maler **José Aguiar** (1895–1975; ▶ Interessante Menschen) aufgewachsen ist.

Wohin in Agulo?

★ Las Casas

Neogotisches Ensemble mit maurischem Einschlag
Agulo ist viel zu hübsch, um es bei dem Blick von der Hauptstraße auf das Städtchen zu belassen! Am besten stellt man sein Auto am Ortsrand ab und läuft durch schmale, kopfsteingepflasterte Gassen hinauf zur **Plaza Leoncío Bento** im alten Ortsteil Las Casas. Die ersten Häuser wurden hier in den 1720er-Jahren errichet. Heute gibt es noch einige ansehnliche Bürgerhäuser mit hübschen Holzbalkonen, die Plaza beherrscht jedoch die einschiffige **Iglesia de San Marcos** (um 1920). Ihre blendend weißen Kuppeln erinnern an die arabische Welt, die Einheimischen nennen sie daher La Mezquita (»Die Moschee«). Im Innern sollten Sie sich das steinerne Taufbecken und die Christusfigur von Pérez Donis anschauen. Schräg gegenüber vom Hauptportal steht das **Rathaus** im spanischen Kolonialstil.
Das Geschäftsleben von Agulo spielt sich im Ortsteil **La Montañera** ab, der von der Carretera del Norte durchzogen wird. Etliche kleine Läden und Bars verführen hier zu einer kleinen Pause.

PFIFFIG

»Hallo José, hast Du meine Ziegen gesehen?« Von der anderen Schluchtseite, einen guten Kilometer entfernt, tönt es zurück: »Deine Ziegen, was ist damit?« Angespannte Stille. »Ja, wo sind sie?«. Wieder dauert es eine Weile, bis dann schließlich die Antwort kommt. »Alles gut Paco, ich habe sie schon gemolken.« Was sich wie Vogelgezwitscher anhört, sind zwei Hirten, die sich pfeifend in der El-Silbo-Sprache miteinander unterhalten, über eine Entfernung hinweg, die nicht einmal mit einem Megaphon zu überbrücken wäre. Und mit WhatsApp schon gar nicht, denn in der Schlucht gibt's keinen Empfang.

Lust auf einen Strandspaziergang?

Playa de San Marcos, Playa de Agulo

Nördlich von der Pfarrkirche können Sie vorbei am Friedhof auf einem schmalen Fahrweg zur **Ermita de San Marcos** im Barranco de las Rosas absteigen. Unterhalb von der Kapelle finden Sie einen kleinen Rastplatz, von dem es nur ein paar Schritte zur Playa de San Marcos sind. Die vielen Steine und die unberechenbare Unterströmungen machen den dunklen Strand nicht gerade zum idealen Badeplatz, aber der ab der Kirche halbstündige Spaziergang lohnt schon dank der wildromantischen Küstenlandschaft! Etwas kürzer ist der Weg zur Playa de Agulo, an der sich die Reste eines zerstörten Bootsanlegers (El Pescante) befinden.

AGULO ERLEBEN

Ende April steigt vor der Markuskirche jedes Jahr eines der spektakulärsten Inselfeste, die **Fiesta de San Marcos**. Nach einer Prozession zu Ehren des Heiligen Markus mit Trommeln und Kastagnetten werden auf dem Kirchplatz große Feuer entzündet. Die mutigsten jungen Männer versuchen sich im Sprung über die lodernden Flammen – wer es geschafft hat, soll einer Legende zufolge auch gegen einen Feuer speienden Vulkan gewappnet sein.

LA VIEJA ESCUELA €€

In der Nähe der Kirche wird in einer alten Dorfschule authentische gomerische Kost aufgetischt. Spezialitäten sind Thunfisch mit Papas arrugadas und Mojo, als Dessert darf Leche asada nicht fehlen. Dazu trinkt man Hauswein vom Fass. So. Ruhetag.
Calle Poeta Trujillo Armas 2
Tel. 922 14 60 04
www.restaurantelaviejaescuela.es

LAS ROSAS €€

In dem Lokal der Reederfamilie Fred Olsen füllen täglich um die Mittagszeit mehrere Busladungen mit Rundreisegästen das Haus – oft geht es zu wie im Taubenschlag. Die Attraktion ist weniger das Essen, sondern die gekonnt dargebotene Vorführung der Pfeifsprache El Silbo (▶ Baedeker Wissen, S. 58).
Las Rosas (an der GM-1 etwa 4 km westlich von Agulo)
Tel. 922 80 09 16
Mo.–Sa. 12–15.30 Uhr

ZUMERÍA LILA €

In einem farbenfrohen Haus an der Hauptstraße erwartet Sie diese kleine Bar mit Tapas, Snacks und frisch gepressten Säften.
Carretera General s/n
Tel. 922 14 62 74

ROQUE BLANCO €–€€

Einheimische Ausflügler schätzen an diesem einfachen Restaurant in den Bergen besonders die typisch kanarische Hausmannskost. Der Gastraum ist nicht allzu gemütlich, umso mehr fasziniert der Blick durch die Panoramafenster in die grüne Berglandschaft! Von Las Rosas ist das Restaurant 3,2 km entfernt (der Beschilderung folgen). Mo. Ruhetag.
Cruz de Tierno
Tel. 922 80 04 83

HOTEL RURAL CASA LUGO €€–€€€

Das hundertjährige Herrenhaus an der ruhigen Dorfstraße glänzt mit einem wunderschönen Innenhof, von dem man über eine Holztreppe in die Superior-Zimmer kommt. Die 7 Doppel- und 3 Einzelzimmer sind unterschiedlich eingerichtet, für Stil sorgen die alten Holzböden.
Calle Pintor Aguiar 33
Tel. 922 14 61 30
www.hotelruralcasalugo.com

LAS CASAS DEL CHORRO €€–€€€

Die Lage ist traumhaft: Oberhalb von Agulo stehen sechs hübsche kleine Landhäuser über dem Ufer eines von Palmen gesäumten Stausees auf etwa 550 m Höhe. Sie können für zwei oder bis zu 24 Personen gebucht werden. Ein Platz, um die Welt zu vergessen – allerdings ist ein Mietwagen ein Muss.

Embalse de la Palmita
Tel. 627 89 95 28
www.lascasasdelchorro.es

CASA DE LOS HELECHOS €
Das relativ ruhige »Haus der Farne« im Zentrum der Altstadt hat nur vier Apartments. Alle Räume in dem herrschaftlichen Landhaus aus der Mitte des 19. Jh.s sind in kanarischem Stil gehalten. Im schön begrünten Innenhof und auf der Dachterrasse hat man einen Blick zum Meer und auf den Teide.
Calle de la Seda 2
Embalse de la Palmita
buchbar u. a. über
www.booking.com

Durch die Rote Wand

Wanderung nach Juego de Bolas

Agulo ist Ausgangspunkt für eine der spektakulärsten Wanderungen an La Gomeras Nordküste. Auf dem etwa 4-stündigen Rundweg muss man allerdings 700 Höhenmeter überwinden, der Anstieg durch die Rote Wand setzt zudem Trittsicherheit voraus. Der ausgeschilderte Weg beginnt an der Durchgangsstraße nahe von Post und Apotheke. Dort weist ein Wanderschild in Richtung Juego de Bolas (weiß-gelbe Wegzeichen). Der anfangs gepflasterte Weg quert zunächst die GM-1 und steigt dann ziemlich steil durch die Rote Wand auf. Oberhalb von einem ersten Aussichtspunkt, dem Mirador de Agulo, mündet der Pfad auf den Zufahrtsweg zum Stausee Embalse de La Palmita. Kurz nach den Casas del Chorro oberhalb vom See geht es an der Gabelung rechts und fünf Minuten später links (rechts bietet sich hier ein lohnender Abstecher zum Mirador de Abrante an, s. u.). Eine halbe Stunde darauf erreichen Sie nach dem Restaurant Tambor das Besucherzentrum des Nationalparks, Juego de Bolas. Nach einer Rast folgen Sie vom Restaurant Tambor dem Hinweg für knapp 100 m und biegen dann links in einen als GR 132 markierten, ungeteerten Weg ab. Der Abstieg nach Agulo ist zwar lang, aber die wunderbaren Aussichten machen ihn dennoch sehr kurzweilig.

Rund um Agulo

Über dem Abgrund schweben – mit fantastischem Blick!

★★ Mirador de Abrante

Ideen braucht die Insel – und mit dem 2013 eröffneten Mirador de Abrante gelang La Gomera ein ganz großer Wurf! Von dieser gläsernen Kanzel aus blicken Sie hinab auf Agulo, dessen Ortsteile angerichtet sind wie auf einem Präsentierteller. Als wäre dieser fabelhafte Blick nicht genug, öffnet sich ein fulminantes Panorama auf Teneriffas 3718 m hohen Pico del Teide, Spaniens höchsten Gipfel.
Kernstück des Aussichtspavillons von dem kanarischen Architekten José Luis Bermejo Martín ist ein freitragender gläserner **Skywalk**, der 7 m über die Felskante hinausragt. Er liegt 625 m ü. d. M. am Rand des senkrecht abfallenden Hochlands, Sie erreichen ihn über eine zugehörige Cafeteria. Die Zufahrt erfolgt 4 km westlich von Agulo, wo

Ein bisschen Mut gehört dazu im Mirador de Abrante.

von der GM-1 im Weiler Las Rosas eine Straße zum Besucherzentrum Juego de Bolas hinaufführt. Alternativ kommt man zum Besucherzentrum auch von der GM-2 ab Laguna Grande. Von Juego de Bolas sind es auf einer ausgeschilderten Straße noch 2 km bis zum Mirador.

ALAJERÓ

Höhe: 836 m ü. d. M. | **Gemeindebezirk:** Alajeró | **Einwohnerzahl:** 2000 (ges. Bezirk)

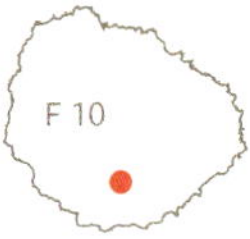

Seit 400 Jahren schaut er dem Inselleben zu: In der Nähe des Bergdorfs Alajeró steht ein mythenumranktes Gewächs, der älteste Drachenbaum der Insel. Und wenn Sie schon hier sind, sollten Sie sich den Blick vom Kalvarienberg nicht entgehen lassen!

Ältester Drachenbaum

Wie viele Orte La Gomeras erreicht man Alajeró im trockenen Inselsüden nur auf einem »Umweg« über das grüne Hochland. Für die meisten Ausflügler ist das Bergdorf lediglich Durchgangsstation auf dem Weg zur Südküste. Da die Umgehungsstraße einen Bogen um den Ort macht, fahren die wenigsten auf einer der beiden Zufahrten ins kleine Ortszentrum. Schade! Denn Alajeró putzt sich seit ein paar Jahren heraus und hat sich ein modernes Rathaus und die Komplettsanierung der Pfarrkirche geleistet – und ganz in der Nähe harrt der älteste und schönste Drachenbaum der Insel gemächlich der Dinge. Außerdem liegt Ihnen vor der winzigen Kapelle auf dem Kalvarienberg der ganze Inselsüden zu Füßen.

Kirche mit Aussicht

Iglesia de San Salvador

Was gleich auffällt: Im überschaubaren Dorfzentrum geht es ruhig zu. Ein Anlaufpunkt ist die schlichte Pfarrkirche San Salvador aus dunklem Basaltstein, deren hübsches Portal von Säulen gerahmt ist. Sie wurde um 1512 erbaut und gehört zu den ältesten Kirchen der Insel. Von dem Kirchplatz mit einem prächtigen Indischen Lorbeerbaum haben Sie einen guten Blick nach Süden zum Kalvarienberg.

Aussichtshügel par excellence

El Calvario

Am Südrand von Alajeró steht auf dem weithin sichtbaren Kalvarienberg (El Calvario) die **Ermita San Isidro**. Einige Funde belegen, dass der Kegelberg schon den Altkanariern heilig war. Vom Ortszentrum hinauf zum Kalvarienberg braucht man ca. 30 Min., die letzten 10 Min. legt man auf einem gepflasterten Weg zurück. Der schöne Blick über den Inselsüden entschädigt für die Mühen des Aufstiegs.

Rund um Alajeró

Winzige Kapelle für große Wallfahrt

Ermita de Nuestra Señora del Buen Paso

Etwa 3 km oberhalb von Alajeró thront allein auf weiter Flur eine Kapelle für »Unsere Liebe Frau des Guten Weges«, zu der im September Wallfahrer pilgern. Vom Parkplatz an der Landstraße GM-3 erreicht man sie schnell auf einem Treppenweg. Der Picknickplatz davor ist an Wochenenden ein beliebtes Ausflugsziel der Gomeros.

Großartige Lage

Imada

Etwa 2 km nördlich von Alajeró zweigt von der Landstraße (GM-3) eine Stichstraße zur 2 km entfernten Ortschaft Imada ab. Wie in Alajeró wird auch hier gebaut, die Häuschen werden verschönt. Für Autofahrer ist Imada eine Herausforderung: Nur mit Mühe kommen im Ortskern zwei Fahrzeuge aneinander vorbei, Parkplätze sind rar. Am besten schlendern Sie zu Fuß durch den idyllisch gelegenen, recht ursprünglichen Ort, einkehren kann man in der kleinen Bar Arcilia. Am schönsten ist Imada im Januar zur Mandelblüte. Der Ort ist Ausgangspunkt für eine spannende Wanderung durch den engen **Barranco de Guarimiar**, durch den man über den Weiler Rumbazo bis hinab nach Playa de Santiago kommt.

★ El Drago

Zum botanischen Wahrzeichen der Insel

Anreise

Von Alajeró aus finden Sie gleich hinter der Abzweigung nach Imada links der Straße eine Parkbucht. Von hier führt ein gepflasterter Weg hinab zum schönsten **Drachenbaum** (»Drago«) der Insel. Für den

ALAJERÓ ERLEBEN

Am 15. September wird von der Ermita Nuestra Señora del Buen Paso eine Madonnenfigur in einer großen Wallfahrt zur Pfarrkirche in Alajeró getragen.

EL MESÓN DE CLEMENTE €€

Der einfache Landgasthof mit kleiner Terrasse am südlichen Ortsrand punktet mit seiner Aussicht. Geboten wird deftige gomerische Küche mit Klassikern wie Kaninchen, Lamm und Zicklein. Mi. Ruhetag.
Las Cruces 6
Tel. 922 89 57 21

ARCILIA €

Die Cafeteria im Weiler Guarimiar ist vor allem Wanderern ein Begriff, die sich hier nach der Tour durch den Barranco de Guarimiar mit einem Teller Gemüsesuppe oder einer Portion Ziegenkäse stärken.
Guarimiar
Tel. 922 89 53 95

etwas holprigen Fußweg braucht man ca. 30 Min. Etwa auf halber Strecke haben Sie von einer Aussichtsterrasse einen schönen Blick auf den stattlichen Drago in einem einsamen Tal. Wer sich einige Höhenmeter ersparen will, erreicht den Baum auch von **Agalán** aus: Vom Ende der schmalen Zufahrtstraße (wenig Parkraum) führt der Weg vor einem Bauernhaus nach halbrechts. Ohne falsch abbiegen zu können, erreicht man nach ca. 7 Min. die Aussichtsterrasse oberhalb des Drachenbaums. Von hier geht es in Serpentinen abwärts.

Der Baum, der keiner ist

Spargelgewächs

Um den typischsten Vertreter der Kanarenflora, den Drachenbaum, ranken sich Rätsel und Mythen. Der Legende nach wuchs auf den Kanaren einst ein Baum, dessen goldene Äpfel den Göttern ewige Jugend schenkten. Um sie zu stehlen, musste Herkules den Beschützer des Baumes, den 100-köpfigen Drachen Ladon, umbringen – und wo immer dessen Blut auf den Boden fiel, wuchs ein Drachenbaum. Ritzt man den Baum an, sondert er tatsächlich rotes Harz ab und diesem »Drachenblut« wurden schon viele Funktionen zugeschrieben: Die kanarischen Ureinwohner behandelten damit Knochenbrüche, die spanischen Eroberer konservierten Holz, Geigenbauer setzen es bis heute als Zutat für Lack ein, und in den Weiten des Internets glauben noch immer Menschen an seine potenzsteigernde Wirkung.
Bis heute gibt sich der Drachenbaum rätselhaft: Er wächst und blüht, wann und wie er will. Je nach Forschungsmeinung gehört er zu den Agaven, zu Lilien- oder Spargelgewächsen, nur ein Baum ist er definitiv nicht. Deshalb hat er auch keine Jahresringe und deshalb kann man sein Alter nur schätzen. La Gomera ältester Drago ist vermutlich rund 400 Jahre alt.

BAEDEKER ÜBERRASCHENDES

6X NATUR PUR

Ein wenig Grün tanken

1. KÖNIGLICH

Vom Tal des Großen Königs führt ein Verbindungsweg ins Töpferdorf **El Cercado** hinauf, wo noch wie zu Zeiten der Ureinwohner ohne Töpferscheibe gearbeitet wird. Auf dieser Bergtour jagt ein famoser Ausblick den nächsten! (▶ **S. 66**)

2. DURCH DIE ROTE WAND

Wenn man es sich von unten anschaut, glaubt man kaum, dass tatsächlich ein Steig durch die Rote Wand von Agulo führen soll! Doch die Wanderung ist einfacher als gedacht – und belohnt mit schönen Ausblicken. (▶ **S. 45**)

3. BETAGT

Beim Weiler Agalán können Sie auf einem kurzen Spaziergang La Gomeras größtem und **ältestem Drachenbaum** ihre Aufwartung machen. Er hält ganz allein auf weiter Flur die Stellung. (▶ **S. 48**)

4. TUTTI FRUTTI

Subtropische Früchte reifen auf La Gomera zu jeder Jahreszeit. Mehr als 160 verschiedene Obstsorten grünen und blühen im tropischen **Fruchtgarten Argaga** um die Wette. Auf einer Tour dürfen Sie auch das eine oder andere süße Früchtchen probieren! (▶ **S. 130**)

5. IMMER BERGAB

Die Ausnahme von der Regel: Wenn Sie von Valle Gran Rey den Bus hinauf nach Arure nehmen, wandern Sie nach La Calera fast ausschließlich bergab – das ist auf der gebirgigen Insel absoluter Luxus. (▶ **S. 140**)

6. VULKANISCH

Das viele Grün kann nicht über den vulkanischen Ursprung der Insel hinwegtäuschen. Markante Hingucker sind die steilen Felstürme: Die ehemaligen Vulkanschlote heißen einfach **Los Roques** (»die Felsen«, ▶ **S. 73**)

ALOJERA

Höhe: 350 m ü. d. M. | **Gemeindebezirk:** Vallehermoso | **Einwohnerzahl:** ca. 300

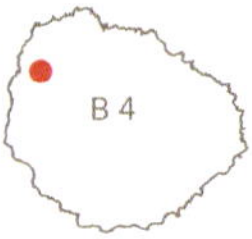

Kleine Palmenhaine und terrassierte Felder mit etwas Kartoffeln und Gemüse – Alojera gibt sich betont ländlich. Der Tourismus spielt hier kaum eine Rolle, nur die dunkelsandige Playa unterhalb des Dorfes zieht Ausflügler an. Doch unter der Woche hat man den ungeschminkten Strand fast für sich allein!

Wo der Palmhonig herkommt

Alojera oder Alajeró? Den Ort im Westen sollte man nicht mit dem fast gleichnamigen ▶ Alajeró oberhalb der Südküste verwechseln! Alojera ist der Hauptort zwischen Valle Gran Rey im Süden und Vallehermoso im Norden und liegt an der wenig besiedelten Westküste. Sie erreichen das Dorf auf einer Straße, die von Chorros de Epina abgeht und sich in vielen Kurven über 7 km den Hang hinabschlängelt. Die Häuser verstreuen sich nördlich des Barranco del Mono weitläufig in der Landschaft. Das improvisierte Ortszentrum bilden die einfachen Landhäuser rund um die Bar Perdomo. Etwas westlich davon zweigt ein Sträßchen zur kleinen Dorfkirche Iglesia Nuestra Señora de la Concepción ab. Vom Kirchplatz blicken Sie über Terrassenfelder und kleine Palmenhaine hinab zur Küste – schön!

Casa de la Miel de Palma

La Gomeras »süßes Gold«

Auf dem Weg zur Playa de Alojera steht etwas versetzt zur Straße das **Palmhonigmuseum**: eine Hommage an die Kanarische Dattelpalme und alles, was man aus ihr machen kann. Im Fokus steht natürlich der Palmhonig (▶ Baedeker Wissen, S. 200), dessen Herstellung auf großen Infotafeln erklärt wird. Nach Voranmeldung können Sie auch an einer Führung durch einen Palmenhain teilnehmen. Der Museumsladen verkauft Palmhonig sowie Souvenirs aus Palmblättern.

Centro de Interpretación Casa de la Miel de Palma: Mi.–Sa. 10–17.30 Uhr | Tel. 628 76 41 19

Rund um Alojera

★ Playa de Alojera

Einer der schönsten Strände der Westküste

»Badeort« mag für die zwei Häuserzeilen an der Playa de Alojera etwas hochgegriffen sein, aber an sonnigen Sommertagen ist die 250 m lange Badebucht mit ihrem sandig-kiesigen Strand besonders bei Einheimischen beliebt. Wellenbrecher schützen vor der Brandung. In etlichen der einfachen Häuser kann man Apartments mieten, das Fischlokal Prisma sorgt für die Stärkung nach dem Sonnenbad.

ALOJERA ERLEBEN

EL MASAPÉ

»Mit Liebe gemacht« steht auf den Etiketten der typisch gomerischen Produkte: Im winzigen Laden von Doña Aniceta kommt fast alles aus eigener Herstellung, von Keksen und Feigenmarmelade über Mojosaucen und die Käsecreme Almogrote bis zu Palmhonig aus der Region. So. geschlossen.
Calle Alojera s/n
Tel. 922 80 09 69
www.elmesape.es

PRISMA €–€€

Am Wochenende ist das Prisma erklärtes Ausflugsziel der Gomeros: Bei Mariano bekommt man verschiedenste frische Fischgerichte, ganz nach Tagesangebot. Das unscheinbare Restaurant liegt etwas versteckt in einer Gasse, nur wenige Meter vom Strand entfernt.
Playa de Alojera
Tel. 922 80 07 03

TAGULUCHE €

Das einzige Lokal in Taguluche ist mehr Bar als Restaurant – große Küche gibt es nicht, dafür aber immer Brötchen mit Käse oder Schinken. Mo. Ruhetag.
Carretera General Taguluche 11
Tel. 928 80 40 02

FINCA MEDINA €€

Das Medina ist weniger eine Finca als ein kleines Apartmenthaus mit inseltypischer Ferienwohnung, aber es hat eine Dachterrasse mit Meerblick! Etwa 20 Min. zu Fuß von der Playa Alojera entfernt, Mietwagen empfehlenswert.
Buchbar über: www.airbnb.de

Picknicken an der Ermita

Taguluche

Fährt man von der Playa de Alojera auf derselben Strecke zurück, so erreicht man 7 km später die Abzweigung nach rechts gen Taguluche. Unterhalb steiler Berghänge windet sich die Asphaltstraße durch die Einsamkeit. Ab und an sieht man Palmen mit einem breiten Metallring – hier wird der gomerische Palmhonig gewonnen(► Baedeker Wissen, S. 200). Die Straße endet in der abgeschiedenen Ortschaft Taguluche. Ein schönes Plätzchen für ein Picknick finden Sie bei der **Ermita de San Salvador**: Tische, Bänke, viel Blumenschmuck und ein schöner Ausblick laden zum Verweilen und Ausruhen ein.

Abstecher zum Meer

Playa de Taguluche

Mit dem Auto oder noch schöner zu Fuß können Sie von hier einen kleinen Abstecher zum Meer machen. Dazu folgen Sie vom Restaurant Taguluche dem abzweigenden Sträßchen (Pista Guariñen) für etwa 1,5 km bis zu einem Wendeplatz. Von hier aus geht es auf einem Pfad in zehn Minuten zur **Playa de Guariñen**, einem bei ruhigem Wasser annehmbaren Badeplatz.

Fährt man vom Restaurant Taguluche auf der Straße noch einen guten halben Kilometer weiter bis zu ihrem Ende, können trittsichere Wanderer von dort zum alten Schiffsanleger absteigen, dem **Embarcadero de Taguluche**. Auf einem Treppenweg geht es zunächst in den Barranco de Taguluche hinab; dann folgen Sie auf der linken Seite dem Bachbett und halten sich etwas später rechts, um zum Meer zu kommen – Vorsicht, auf dem letzten Stück ist der Weg teilweise zerstört. Von dem Anleger wurde bis in die 1960er-Jahre die Tomatenernte verschifft. Der Weg hin und zurück dauert etwa eine Stunde.

Unberührte Küstenlandschaft weit ab vom Schuss

Arguamul

Wer noch weiter in den Nordwesten vordringen will, muss sich auf langwierige Fahrten auf nicht asphaltierten Pisten einstellen. Einen knappen Kilometer nach dem Abzweig bei Chorros de Epina biegt

Abends kann es an der Playa de Alojera sogar einsam sein.

eine mitunter ruppige Erdstraße nördlich nach Arguamul ab. Die Piste hinab zur **Playa de Arguamul** mutet recht abenteuerlich an – am besten parken Sie in Guillama, dem untersten Ortsteil von Arguamul, und steigen von hier in ca. 20 Min. zum Strand hinab. Baden kann man nur bei wirklich ruhiger See, dafür entschädigt die unberührte Küstenlandschaft, die durch ein paar aus dem Wasser ragende Felstürme einen malerischen Anstrich gewinnt.

Aussichten, die sich sehen lassen können

Cumbre de Chiguere

Reizvoll ist der Abstecher in die karge Bergwelt der Cumbre de Chiguere, ganz im Nordwesten La Gomeras, bis zur **Punta de Alcalá**, einem prächtigen Aussichtspunkt. Auch diese Strecke lässt sich mit dem Pkw gerade noch bewältigen. Von Arguamul aus legen Sie 2 km auf derselben Strecke zurück. Bei der Wegkreuzung halten Sie sich links und biegen nach 1,7 km links auf eine nun parallel zur Küste verlaufende Piste ab. Wer die Punta de Alcalá ohne den Umweg über Alojera und Tazo ansteuern möchte, zweigt etwa auf halber Strecke von der Hauptstraße Arure – Vallehermoso Richtung Epina und Alojera ab. Nach wenigen hundert Metern weist die Beschilderung rechts nach Arguamul. 2,5 km später geht es noch mal rechts, dann folgen Sie der zuvor erwähnten Piste parallel zur Küste gut 6 km zur Punta de Alcalá. Mehrfach bieten sich dabei schöne Ausblicke über die Nordküste der Insel. Schließlich erreichen Sie die moderne **Ermita de Santa Clara** – und haben sich nun ein Picknick verdient!

Da die Piste ab hier teilweise stark ausgewaschen ist, stellen Sie am besten Ihr Auto ab. Ein schmaler Wanderpfad führt links an der Kapelle vorbei, er trifft später wieder auf die Piste. Schon bald eröffnet sich eine unwirklich scheinende Szenerie: eine Mondlandschaft, die in Gelb-, Braun- und Rottönen schimmert. Rechts des Weges steht die 1985 errichtete **Ermita Nuestra Señora de Coromoto**. Bald darauf führt links ein Weg zum Weiler **Chiguere**, dann endet die Piste unvermittelt vor einer Anhöhe. Hier, vom **Aussichtspunkt Buenavista** an der Punta de Alcalá, haben Sie einen famosen Blick über die steil zum Meer abfallende Küstenlandschaft des Nordens und hinüber nach Teneriffa! Wanderer führt ein schmaler Pfad zur Playa de Vallehermoso (▶ Vallehermoso) hinab.

Palmenhaine für den Palmhonig

Tazo

Von Arguamul aus führt ein weiterer Abstecher ins einsam gelegene Tazo. Kurz vor dem Ort passieren Sie die **Ermita de Santa Lucía**, deren Ursprung bis ins 15. Jh. zurückreicht – die kleine Kapelle ist eines der ältesten Gotteshäuser der Insel! Tazo selbst ist eher unscheinbar, aber wunderschön von Palmen umgeben, aus denen wie in Alojera Palmsaft gewonnen wird. Einkehren kann man hier nicht, also Proviant einpacken!

ARURE

Höhe: 834 m ü. d. M. | **Gemeindebezirk:** Valle Gran Rey | **Einwohnerzahl:** 300

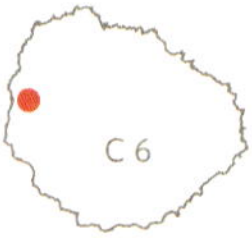

Besonders beliebt ist diesss Bergdorf bei Wanderern: Viele kommen nach einem anstrengenden Anstieg von ►Valle Gran Rey in den Ort hinauf oder beginnen hier eine Tour in den nahen Nationalpark. Während unten am Meer die Sonne lacht, kann es im passatwolkenumhüllten Arure bereits merklich kühler sein. Gut, dass man dann in der Casa Conchita eine wärmende Suppe bekommt!

Das Tor nach Valle Gran Rey

Wer auf dem Landweg nach Valle Gran Rey unterwegs ist, kommt an Arure nicht vorbei. Es ist die letzte Station, bevor sich die Landstraße durch zwei lange Tunnels zur Küste hinabschlängelt. Seit es eine direkte Fährverbindung von San Sebastián nach Vueltas (► S. 130) gibt, lernen viele Besucher das gut 800 m hoch gelegene, sehr ruhige Dorf, in dem die Einhemischen unster sich sind, erst bei einem Ausflug ins Inselinnere kennen. Auf dem Plateau La Mérica südlich der Ortschaft baute man früher Getreide an, heute wird im Oberlauf des Barranco de Arure außer Kartoffeln auch etwas Wein kultiviert. Zwei kleine Stauseen versorgen die Felder mit dem nötigen Nass.
In vorspanischer Zeit war Arure vermutlich eines der Inselzentren. Die Ur-Gomeros nannten es »aruri«, was sich am besten mit »Königshaus« oder »Herrschaftssitz« übersetzen lässt. Auch frühe spanische Siedler ließen sich schon in der Hügellandschaft am Rande der Lorbeerwaldzone nieder. 1812 wurde Arure Hauptort der neu gegründeten gleichnamigen Gemeinde, bis der Verwaltungssitz 1950 nach La Calera verlegt wurde; der Bezirk heißt seither Valle Gran Rey.

Spektakuläre Aussichten!

Mirador del Santo, Mirador de Alojera

Am südlichen Ortsrand zweigt ein ausgeschilderter Weg in westlicher Richtung zum Mirador del Santo ab. Nach 150 m gehen Sie rechts unter einem Aquädukt hindurch und erreichen ein paar Schritte darauf einen aufwendig gestalteten Aussichtsplatz mit einem prächtigen Blick auf das 500 Meter tiefer gelegene Taguluche (► S. 51). Nebenan schmiegt sich eine kleine Kapelle an den Fels. Sofern die Passatwolken nicht den Blick verstellen, lohnt ein Halt am Mirador de Alojera etwa 3 km oberhalb von Arure an der Landstraße nach Vallehermoso. Nicht nur Alojera liegt hier zu Ihren Füßen, auch die Nachbarinseln La Palma und El Hierro haben Sie voll im Blick!

ARURE ERLEBEN

LA TIENDA VINO TINTO
Lust, den Wein aus der Region zu probieren? Am südlichen Ortsausgang von Arure werden zur Verkostung auch gomerische Spezialitäten wie Almogrote, Mojo oder Palmsirup angeboten. Der Weinladen ist in einer Garage neben dem Restaurant El Jape.
Carretera General s/n

CASA CONCHITA €€
Fast jeder Wanderer kehrt hier nach einer langen Bergtour ein! Wie es sich für die lokale Küche gehört, wird die Kressesuppe mit Gofio serviert und zu den Runzelkartoffeln darf der Mojo nicht fehlen. Originell sind die Tische, unter deren Glasplatten getrocknete Maiskörner und Getreideähren liegen. Das große Lokal an der Dorfstraße gibt es schon seit 1948.
Carretera General 40
Tel. 922 80 41 10

EL JAPE €€
Im großen Lokal am südlichen Ortsausgang werden mittags Busgesellschaften versorgt. Sofern gerade kein Bus davor steht, ist es hier meist ruhig und man kann bei einem Teller Kichererbsensuppe auf der Terrasse sitzen.
Carretera General 89
Tel. 922 80 42 26
www.chorrosdeepina.com

LOS CHORROS DE EPINA €€
Dieses große Ausflugslokal gehört der gleichen Familie wie El Jape (s. o.), es liegt 8 km weiter nordöstlich an der Straße nach Vallehermoso und lebt ebenfals vom Geschäft mit Rundfahrtbussen. Von der Terrasse haben Sie einen weiten Blick hinüber nach La Palma!
Carretera General, km 46,5
Tel. 929 80 00 30
www.chorrosdeepina.com

Rund um Arure

Ein bisschen Aberglaube gehört auf La Gomera dazu!

Los Chorros de Epina

Ein lauschiges Plätzchen sind die Chorros de Epina: **Quellen**, deren Wasser wundersame Kräfte nachgesagt werden. Man erreicht die Quellen 8 km nordöstlich von Arure über die Straße nach Vallehermoso. Wenige Meter vor dem Restaurant Los Chorros de Epina führt ein Pflasterweg in westlicher Richtung abwärts. Der für Fahrzeuge gesperrte Weg endet nach ca. 200 m bei einer kleinen Kapelle. Vorbei an romantischen Picknickplätzen führt eine Treppe abwärts zu den Chorros de Epina. Wer das aus dem Berg sprudelnde Quellwasser trinkt, soll Glück in der Liebe haben. Aber was auch immer Sie davon halten: Das Wasser schmeckt ausgezeichnet, Sie sollten sich auf alle Fälle eine Flasche abfüllen. Und wer weiß, was es sonst noch bringt?

Per pedes in die umliegenden Bergdörfer

Wanderungen

Nicht allzu anstrengend ist der ausgeschilderte Wanderweg über die Bergdörfer Las Hayas und El Cercado bis nach Chipude. Von der Bushaltestelle an der Casa Conchita folgen Sie der Dorfstraße 10 Min. aufwärts und biegen dann in den Weg nach Las Hayas ab. Dort treffen Sie auf den GR 131, dem Sie über El Cercado nach Chipude folgen. Am Kirchplatz von Chipude können Sie den Bus zurück nach Arure bzw. nach Valle Gran Rey und San Sebastián nehmen. Für die einfache Strecke Arure – Chipude braucht man ca. 2,5 Stunden.
Vom Mirador del Santo (s.o.) aus können Sie auch dem gut markierten Weg GR 132 nach Alojera folgen. Da Alojera nicht ans Busnetz angeschlossen ist, müssten Sie allerdings wieder nach Arure zurück wandern (hin und zurück gut 4 Std.).
Die beliebteste Tour von Arure aus ist der Abstieg nach Valle Gran Rey, detailliert beschrieben auf ► S. 140.

BAEDEKER MAGISCHE MOMENTE

WUNDERWASSER FÜRS LIEBESGLÜCK

Die Chorros de Epina bringen laut Überlieferung Glück in der Liebe – allerdings nur, wenn man aus ihnen in der richtigen Reihenfolge (von links nach rechts) trinkt: Männer trinken immer vom ersten, dritten, fünften oder siebten Wasserrohr, Frauen vom zweiten, vierten und sechsten. Der Heiratstermin wäre dann ein Jahr später. Lust, es auszuprobieren?

★★ CHIPUDE

Höhe: 1050 m ü. d. M. | **Gemeindebezirk:** Vallerhermoso |
Einwohnerzahl: 800

Seine zentrale Lage macht Chipude zum reinsten Drehkreuz für Wanderer. Hier treffen sich Wanderwege von Valle Gran Rey, Arure und Igualero, es gibt eine Verbindung zum höchsten Inselgipfel, dem Garajonay. Außerdem können Sie von hier aus den 1241 m hohen Fortaleza de Chipude besteigen – ein Muss für alle, die trittsicher und schwindelfrei sind!

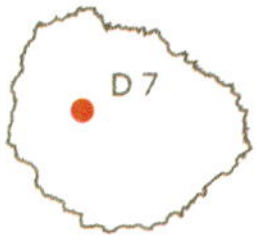

Man sieht ihn schon von Weitem: Im Südwesten beherrscht der markante Tafelberg der Fortaleza de Chipude das Landschaftsbild. Zu seinen Füßen liegt eine der am höchsten gelegenen Siedlungen der Insel. In den Wintermonaten ist es hier daher bisweilen ziemlich frisch, nehmen Sie sich etwas Warmes zum Anziehen mit!

Dreh-kreuz für Wanderer

Eigentlich ist Chipude die Sammelbezeichnung für mehrere Ortschaften nahe dem Südwestrand des Garajonay-Nationalparks (**Temocodá**, **Pavón**, **Los Manantiales**, **Los Apartaderos**). Allgemein hat sich aber durchgesetzt, den Hauptort Temocodá »Chipude« zu nennen. Er ist einer der ältesten Orte der Insel, einst lebten hier mehr Menschen als in der Inselhauptstadt San Sebastián! Schon seit Jahrzehnten liegen jedoch viele Felder brach, etliche Häuser sind verlassen. Früher reichte der Lorbeerwald bis nahe an den Ort heran, allerdings wurden weite Flächen gerodet und landwirtschaftlich genutzt. Als Folge davon sank der Grundwasserspiegel, die Quellen versiegten. Heute ist die Wasserknappheit ein ernstes Problem.

Hier spielt sich das Dorfleben ab

Plaza de la Candelaria

Die große Plaza wird von mehreren Bars und einem kleinen Hotel gesäumt. Dort steht auch die bereits um 1540 geweihte **Iglesia Nuestra Señora de la Candelaria**. Ihr heutiges Aussehen erhielt die zweischiffige Kirche jedoch im Wesentlichen im 17. Jh. Zur Innenausstattung gehört eine etwa 1,30 m große Marienstatute in kostbarem Gewand. Unter der Woche ist das Portal in der Regel verschlossen, den Schlüssel können Sie in der Bar Sonia ausleihen.

Rund um Chipude

Imposantes Wahrzeichen

★★ La Fortaleza de Chipude

Obwohl der Garajonay gut 200 m höher ist, lässt sich sein Gipfel kaum ausmachen. Ganz anders ist das beim Hausberg von Chipude: Bei gutem Wetter sieht man den markanten Felsklotz selbst von den

UNTERHALTUNG MIT PFIFF

»El Silbo« (span. »der Pfiff«) ist eine ausgeklügelte Pfeifsprache, die sich bis heute auf La Gomera erhalten konnte. Man kann sich mit ihr über tiefe Schluchten hinweg bis über 6 km weit verständigen. Seit 1999 ist El Silbo Pflichtfach an Grundschulen, seit 2009 gehört sie zum UNESCO-Weltkulturerbe. Selbst ein Denkmal hat sie: in Igualero, dem höchstgelegenen Ort der Insel.

▶ **Technik**

Gepfiffen wird mit einem oder zwei Fingern einer Hand. Je nach Tonlage werden die Lippen gespitzt oder mit den Fingern in die Breite gezogen. Die andere Hand verwendet man als Schalltrichter.

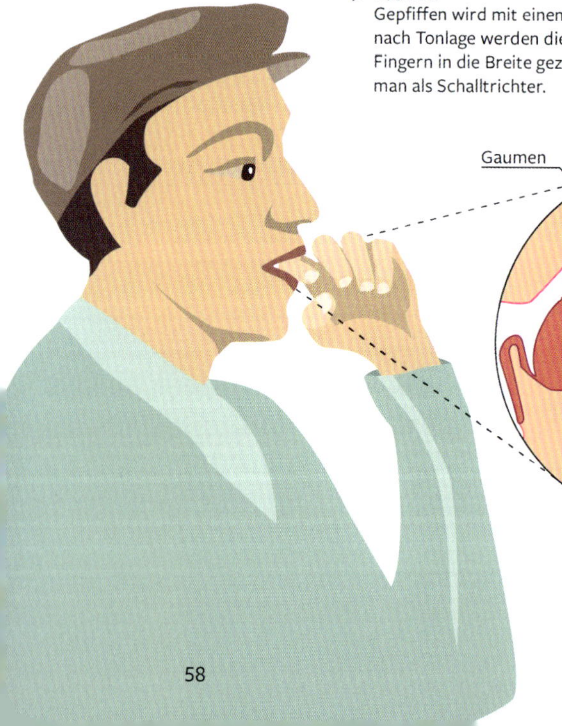

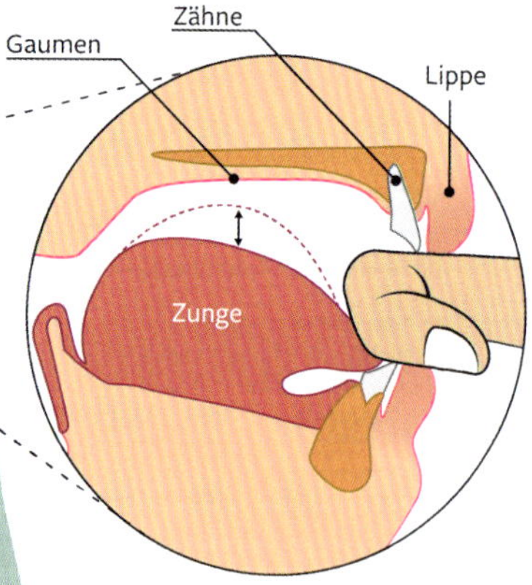

Die Artikulation der Töne
Dieses Tonschema beschreibt die Artikulation der Pfeifsprache. Wenn die Zunge an den Gaumen stößt, gibt es eine Unterbrechung.

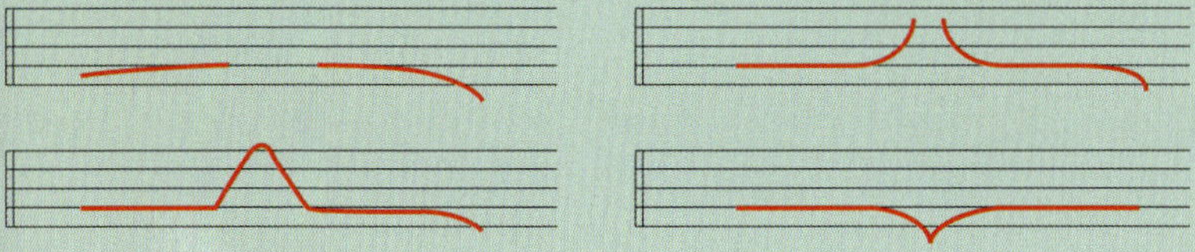

Die Notation der Sprache
El Silbo ahmt Laute nach. Da man nur Höhen und Tiefen sowie Kürzen und Längen pfeifen kann, reduziert sich die Pfeifsprache auf zwei Vokale und vier Konsonanten.

i, e	→ I	t, ch, s	→ CH	d, n, ñ, l, y, r, rr	→ Y
a, o, u	→ A	p, k	→ K	b, f, m, g, j	→ G

Wörterbuch

GESPROCHENE SPRACHE		PFEIFSPRACHE EL SILBO	DEUTSCH
mamá, papá	→	gagá, kaká	Mama, Papa
buenos días	→	geyoi yiai	Guten Morgen
buenas tardes	→	geyai chayei	Guten Tag
¿cómo te llamas?	→	kógo che yagai	Wie heißt Du?
Yo me llamo Ramón	→	yo ge yago Yagói	Ich heiße Ramón
¿Qué hora es?	→	Ké oya ei	Wieviel Uhr ist es?

Pfeifsprachen weltweit
Auch anderswo auf der Welt verständigt man sich per Pfeifsprache, doch keine ist so perfekt wie El Silbo.

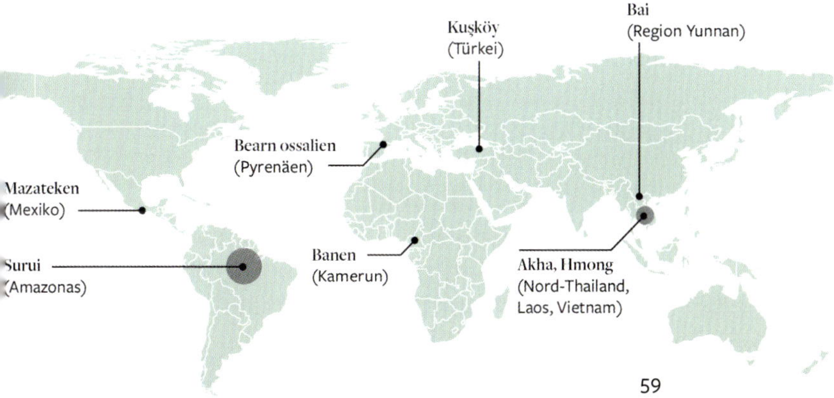

CHIPUDE ERLEBEN

Im August wird das Tanzbein geschwungen: Zur »Fiesta de la Candelaria«, einem der größten Inselfeste, finden auf der Plaza de Chipude u.a. Folkloretänze statt.

BAR SONIA €€

Hier erwartet Sie typisch-deftige Landküche, z.B. Gerichte mit Ziegenfleisch. An den Familienbetrieb angeschlossen ist ein einfaches Hotel mit knapp 20 Zimmern. Da es eine der wenigen Unterkünfte im zentralen Bergland ist, nutzen es v.a. Wandergruppen.
Plaza de la Candelaria
Tel. 922 80 41 58
www.chipude.es

LA CANDELARIA €

Kleine Stärkung gefällig? Die Bar hat schon in aller Frühe geöffnet, hier treffen sich die Einheimischen auf einen Kaffee oder eine Tapa.
Plaza de la Candelaria
Tel. 928 90 41 13

Nachbarinseln La Palma und El Hierro aus! Sein **burgartiger Aufbau** brachte ihm den Beinamen Fortaleza (Festung) ein. Den Ureinwohnern galt der 1241 m hohe Berg als heilig: Archäologen fanden hier einst außer Knochen und einfachen Werkzeugen auch **Steinkreise**, die auf einen kultischen Zweck hinwiesen. Ob die Altkanarier auch auf dem Gipfelplateau lebten, ist nicht eindeutig geklärt. Ähnlich wie die für La Gomera typischen Felstürme, etwa der Roque Agando, besteht der Tafelberg von Chipude aus hartem Lavagestein. Weichere aufliegende Gesteinsschichten wurden durch Erosion abgetragen, zurück blieb ein zu allen Seiten schroff abfallender Felsklotz.

Zum grandiosen Ausblick hinauf

Besteigung

Keine Angst – auf die Fortaleza de Chipude heraufzukommen ist leichter, als es aussieht! Absolut trittsicher und schwindelfrei sollten Sie auf jeden Fall sein, Klettererfahrung ist aber nicht nötig. Der Weg beginnt im Weiler Pavón, 2 km südöstlich von Chipude. Von dort führt neben einem Trafoturm ein ausgeschilderter und anfangs gepflasterter Weg zu einer Einsattelung hinauf. Von ihr zweigt ein Pfad ab, der zum Fuß des Tafelbergs ansteigt und dann steil und mit einigen Kraxelpartien verbunden durch felsiges Terrain auf das weitläufige Gipfelplateau hinaufführt. Oben werden Sie für den Aufstieg belohnt: mit einem herrlichen Blick über den trockenen Südwesten und bei klarer Sicht hinüber nach La Palma und El Hierro! Für den An- und Abstieg ab Pavón sollten Sie knapp 1,5 Std. einplanen.

Kapelle mit Aussicht

Mirador de Igualero

Wer sich lieber mit einem Blick auf die Fortaleza de Chipude begnügt, der hat vom Mirador de Igualero 6 km östlich von Chipude die beste

GÄNSEHAUT-GARANTIE

Wie ein Monument baut sich der Tafelberg von Chipude über dem Hochland auf. Da kann man sich gut vorstellen, warum er den Ureinwohnern heilig war. Ob sie wirklich auf dem weiträumigen Gipfelplateau Opferriten abhielten, weiß man nicht. Aber wer vom Gipfel aus die fulminante Aussicht in sich aufnimmt, kann spüren, was manche auch in Kirchen fühlen: eine stille Demut im Angesicht dieser erhabenen Schönheit.

Sicht. Kurz vor dem höchstgelegenen Ort der Insel, Igualero (1300 m ü.d.M.), erreichen Sie neben der hübschen Ermita de San Francisco de Asís einen Aussichtspunkt. Hier erinnert eine monumentale **Skulptur** an die Pfeifsprache El Silbo (▶ Baedeker Wissen, S. 58).

Bananendorf in der Nähe vom Meer

La Dama

Am östlichen Ortsausgang von Chipude zweigt eine Straße nach Süden ab. Durch eine kahle, öde Gegend kommen Sie nach 14 km zum Ort La Dama. Trotz der trockenen Umgebung lebt der Ort vom Bananenanbau. Zu sehen gibt es nicht viel, am interessantesten ist noch ein Blick in die **Bananenverladestation** oberhalb von La Dama.

Zur verlassenen Fischkonservenfabrik

La Rajita

Von der kleinen **Ermita de las Nieves** am unteren Ortsende von La Dama führt eine 4 km lange Teerstraße nach La Rajita hinab. Wer Lust auf einen Spaziergang hat, kann von der Ermita auf einem Fußweg zum Meer absteigen. In der Fabrik über dem dunklen Kieselstrand der **Playa de la Rajita** wurden bis Mitte der 1980er-Jahre Fischkonserven produziert; dann schloss sie wegen geringer Fangmengen und der Billigkonkurrenz aus dem Ausland. Von der mächtigen Betonmole wurde die Ware nach San Sebastián verschifft, heute springen beherzte gomerische Teenager von der Kaianlage ins Wasser.

EL CABRITO

Höhe: Meereshöhe | **Gemeindebezirk:** San Sebastián

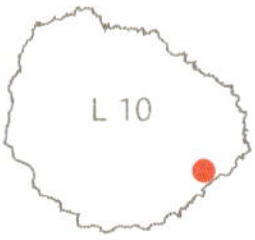

Wohnen wie Robinson Crusoe? Im Tal von El Cabrito können Sie sich fernab vom Lärm der Welt in einer Öko-Finca einmieten! Das Spannende daran: Die Unterkunft ist nur per Schiff oder auf einem langwierigen Küstenpfad erreichbar, sie liegt an der Mündung eines Naturschutzgebietes.

Autofrei, kreativ und bio

El Cabrito (»das Zicklein«) war in den 1980er-Jahren verrufen als Kommune des österreichischen Aktionskünstlers Otto Muehl. Heute kann man auf der Finca im Südosten der Insel weltabgeschieden Ferien machen. Mehrere kleine deutsche Reiseveranstalter organisieren regelmäßig Yoga-Retreats, Anti-Stress-Programme und Malkurse. Obwohl El Cabrito nur rund 5 km Luftlinie von San Sebastián entfernt liegt, ist die Anreise doch zeitraubend bzw. erfordert Organisation. Man erreicht es nur zu Fuß (von San Sebastián aus ca. 2½ Std.) oder per Schiff. Die Gäste der Finca werden mit dem eigenen Boot in der Inselhauptstadt abgeholt. Das 300 ha große Gelände liegt auf dem fruchtbaren Schwemmland eines Barrancos, den bis zu 600 m hohe Felsen begrenzen. An der Barrancomündung erwartet Sie ein kleiner Stein-/Kiesstrand.

Als hier noch eine Kommune war

Geschichte

Landwirtschaftlich genutzt wird das Land der Finca seit 1907. Damals wurden Wege angelegt, Häuser errichtet, Brunnen gebohrt und Stauseen geschaffen, um v.a. Tomaten anzubauen. Zeitweise arbeiteten bis zu 100 Menschen auf der Finca. Nach dem Zweiten Weltkrieg war die Produktion in dem abgelegenen Tal nicht mehr rentabel, die Einrichtungen verfielen. Der österreichische Aktionskünstler und Kommunenchef **Otto Muehl** (1925 – 2013) weckte El Cabrito aus dem Dornröschenschlaf. Er hatte seit 1972 auf dem Gut Friedrichshof im österreichischen Burgenland Anhänger um sich geschart und erwarb nach der Katastrophe von Tschernobyl 1986 die Finca als

EL CABRITO ERLEBEN

FINCA EL CABRITO €€€€
Hier wohnt man in den hübsch ausgebauten Reihenhäusern des ehemaligen Landguts. Es bietet insgesamt Platz für 75 Gäste, Sie haben die Wahl zwischen etwa 20 m^2 großen Doppelzimmern mit Bad sowie Familienzimmern mit 30 bis 40 m^2. Kinderbetreuung ist möglich, sodass Eltern in aller Ruhe am Workshop-Programm teilnehmen können. Vermietet wird ausschließlich wochenweise mit Vollpension.
Tel. 922 14 50 05
www.elcabrito.es

zweiten Kommunensitz. Er ließ hier ein feudales Anwesen bauen mit eigener Stromversorgung, zusätzlichen Staubecken und Landungssteg. In der Kommune war das Privateigentum abgeschafft, und es wurde freie Liebe praktiziert – zeitweise zählte El Cabrito bis zu 500 Mitglieder. Zwei Jahre später geriet die Kommune wegen sexuellen Missbrauchs an Kindern und Jugendlichen in die Schlagzeilen. Muehl wurde schließlich in Österreich 1991 zu sieben Jahren Gefängnis verurteilt, beide Kommunen lösten sich auf. Nach seiner Haftentlassung widmete sich Muehl wieder verstärkt der Kunst, zu seinem 85. Geburtstag zeigte 2010 das Wiener Leopold-Museum eine große Werkschau. 2013 verstarb er an der Algarve in Portugal.
Nach dem Ende der Kommune wandelte sich El Cabrito zu einem Ferienzentrum, in dem zeitweise die Internationale Sommerakademie für Bildende Kunst in Salzburg Malkurse abhielt. Zur Selbstversorgung wird auf dem Gelände biologische Landwirtschaft betrieben.

EL CEDRO

Höhe: 820 m ü. d. M. | **Gemeindebezirk:** Hermigua

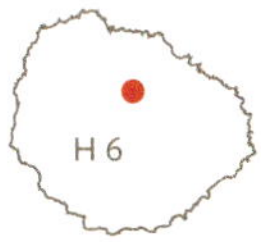

Eigentlich ist der von prächtigem Lorbeerwald eingerahmte Weiler fast ausgestorben. Einst wurde in dem Hochtal zwar Landwirtschaft betrieben, doch angesichts des feuchten Klimas will hier kaum noch jemand wohnen. Die Stellung hält nur ein uriges Ausflugslokal, an dem kein Wanderer vorbeikommt – allein dafür lohnt sich ein Abstecher in La Gomeras Feuchtgebiet!

Hierher zu fahren, ist ein wenig beschwerlich, aber es lohnt sich! Dschungelartiger Lorbeerwald umgibt El Cedro, ein ganzjährig

EL CEDRO ERLEBEN

Ende August feiert man an der Ermita de Lourdes mitten im Lorbeerwald die »Fiestas de El Cedro«.

LA VISTA €

Mit der großen Aussichtsterrasse macht das urige Lokal seinem Namen alle Ehre! Die typisch kanarischen Speisen – Kressesuppe im Holznapf und Papas arrugadas – holt man sich an der Theke. Bei schönem Wetter herrscht hier viel Betrieb. Zum Lokal gehören eine einfache Wanderherberge und ein ganzjährig geöffneter Campingplatz. Wegen des mitunter feuchten Klimas sind etliche Stellplätze überdacht.
Tel. 922 88 09 49
https://camping-lavista.jimdo.com

Gomeras grüne Lunge

sprudelnder Bach fließt durch die winzige Streusiedlung, die sich in ein Hochtal hineinkuschelt. Außerdem fühlt man sich ein wenig wie ein Entdecker, denn die meisten der schlichten Häuser sind nur noch am Wochenende von Leben erfüllt.
Wenn Sie mit dem Auto kommen, nehmen Sie am besten die Straße, die beim **Cruce de la Zarcita** von der Höhenstraße nach Norden, Richtung Hermigua abzweigt. 1,5 km nördlich vom Cruce de la Zarcita folgen Sie der Beschilderung links in das 3 km entfernte El Cedro. Der breite, zunächst gepflasterte Waldweg wird zwar zunehmend schlechter, mit dem Auto kommt man gegen Ende nur im Schritttempo vorwärts. Aber Hauptsache, man kommt letztendlich an!

Mitten durch den Nebelwald

Wanderung nach El Cedro

Viel schöner als die Autofahrt ist jedoch eine Wanderung nach El Cedro, der Weiler liegt sogar gleich an mehreren Wanderrouten. Ausgangspunkt für die hier vorgeschlagene Route ist der Wanderplatz **El Contadero** an der GM-2 bei km 24. Der ausgesprochen reizende Weg führt mitten durch den Nationalpark Garajonay. Vom Parkplatz El Contadero (1350 m ü.d.M.) führt ein mit El Cedro ausgeschilderter und teils gestufter Pfad zunächst durch dichten Heidebuschwald abwärts. Baumheide mischt sich bald mit Lorbeerbäumen, am Wegrand räkeln sich verschiedene Farnarten und im Frühsommer blühen Gänsedisteln und Ginsterbüsche. Wenn die Region nicht in eine Passatwolke eingelullt ist, haben Sie nach etwa einer halben Stunde einen schönen Ausblick hinüber zu Teneriffas Teide. Gut 20 Min. darauf queren Sie auf einer Furt zum ersten Mal das Flüsschen El Cedro: An La Gomeras einzigem Bachlauf, der das ganze Jahr über Wasser führt, grünt und blüht es besonders üppig!

Wenn der Passatnebel sich lichtet, bietet der Wanderweg nach El Cedro auch tolle Ausbliicke sogar bis zur Nachbarinsel Teneriffa.

Der Pfad mündet schließlich in einen breiteren Waldweg, dem Sie rechts und an der Gabelung 5 Min. später ebenfalls rechts folgen. Am ehemaligen Campingplatz Las Mimbreras weist links ein Schild zur **Ermita de Lourdes**. Wenn es einigermaßen trocken ist, bietet sich eine Rast an den Picknicktischen bei der Waldkapelle an. 10 Min. später verlassen Sie an den ersten Häusern von El Cedro das Nationalparkgebiet in einen Weg nach rechts. Den Abzweig zur Aula beachten Sie einfach nicht, es geht weiter geradeaus, bald auf einer schmalen Teerstraße. Ein paar Minuten nach einem Umspannturm weist links ein Schild zur Bar La Vista, von der Sie nach einer gemütlichen Rast bei einer herzhaften Kressesuppe auf gleichem Weg wieder nach El Contadero zurückwandern (hin und zurück gut 4 Std.).

La Gomeras höchster Wasserfall ...

Chorro del Cedro

... stürzt als in den Fels gekerbte schmale Rinne ins 200 m tiefer gelegene Tal von Hermigua hinab. Sie erreichen ihn nur zu Fuß. Von der Bar La Vista folgen Sie dazu dem Wanderweg in Richtung Hermigua zu einem Hochspannungsmasten, der nur wenige Minuten entfernt ist. Von dort führt der Pfad steil abwärts und gibt sogleich einen ersten Blick auf den Wasserfall frei.

EL CERCADO

Höhe: 1060 m ü. d. M. | **Gemeindebezirk:** Vallehermoso

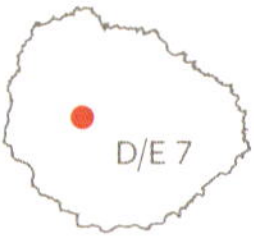

Lust auf eine Zeitreise? An der Dorfstraße von El Cercado entsteht Keramik in gleich drei Ateliers wie zu Zeiten der kanarischen Ureinwohner: ohne Töpferscheibe, freihändig geformt. Kein Wunder kommen die meisten Besucher wegen der Töpfereien hierher! Doch auch Wanderer machen hier gerne Station.

Töpferdorf in den Bergen

Getöpfert wird in El Cercado seit alters her, und Tradition wird großgeschrieben, auch wenn es um die Formen der Keramik geht: Die Töpferinnen fertigen Wasserkrüge, Milchtöpfe und Gefäße für Gofio oder Kastanien. Typisch ist der »plato de las papas«, eine Schale, auf der Kartoffeln serviert werden, und die »tostadora«, die früher zum Rösten von Getreide benutzt wurde. Sienarote Tonerde gibt den im Holzofen gebrannten Unikaten ihr charakteristisches Aussehen. Auf Dekor, wie es auf der Nachbarinsel La Palma üblich ist, wird in der El-Cercado-Keramik weitgehend verzichtet. Als Zugeständnis an die Neuzeit werden viele Behältnisse allerdings im Kleinformat hergestellt – damit sie besser ins Handgepäck passen.
Schon die Lage von El Cercado macht was her: Terrassierte Felder umgeben das Bergdorf auf 1000 m ü. d. M. am Südrand des Nationalparks, das an der Nebenstrecke nach Valle Gran Rey an der Straße zwischen Chipude und Las Hayas liegt. Unterhalb der Dorfstraße entdeckt man etliche alte Wohnhäuser aus behauenem Naturstein. Übrigens kommen nicht nur Töpferfreunde hierher, Wanderer machen gern auf ausgedehnten Touren in einer der beiden Bars Rast.

Was ist das Besondere an der Töpferkunst hier?

Centro de Interpretación Las Loceras

Darauf anwortet das 2009 eröffnete Centro de Interpretación Las Loceras an der Plaza de El Cercado in einer Dauerausstellung. Es erzählt von der Geschichte der gomerischen Töpferei und den Besonderheiten der Region, hat allerdings nur unregelmäßig geöffnet.

Centro de Interpretación: Tel. 922 80 41 04 | i. d. R. Mi.–So. 11–15 Uhr

Rund um El Cercado

Aus Tradition vegetarisch und bio

Las Hayas

In den Nachbarort 4 km nordwestlich von El Cercado fährt man wegen dem Lokal La Montaña (▶ El Cercado erleben), das von der mittlerweile hochbetagten **Doña Efigenia** geführt wird. Seit mehr als

EL CERCADO ERLEBEN

Juli: Mitte des Monats wird in El Cercado die Fiesta Virgen del Pino gefeiert, zu der auch viele Verwandte aus Teneriffa kommen.

CERÁMICA MARÍA DEL MAR

Die Werkstatt von María del Mar Santana ist einer der drei aktiven Töpferbetriebe im Dorf. Die hergestellten Gefäße orientieren sich an der traditionellen Gebrauchskeramik, wie sie schon von den Ureinwohnern hergestellt wurden.
Carretera General El Cercado s/n
Tel. 922 80 42 79

RESTAURANT LA MONTAÑA €€

Doña Efigenia ist fast schon eine Institution auf der Insel! Nicht nur Wanderer kehren gern in der urigen Bar ein. Spezialität des Hauses ist das vegetarische Bio-Menü. Ein paar hundert Meter entfernt können Sie sich in einem der zugehörigen rustikalen Ferienhäuschen Jardín Las Hayas (€€€) einmieten.
Las Hayas
Mo.–So. 12–19 Uhr
Tel. 922 80 42 48
www.efigenianatural.com

AMPARO €–€€

Der alteingesessene Landgasthof ist für seine Grillgerichte bekannt. Im Sommer genießen Gomeros und Touristen die herrliche Aussicht von der Terrasse, im Winter sucht man die Nähe zum wohligen Kaminfeuer. Vor allem am Wochenende ist hier viel los. Der Familienbetrieb betreibt auch eine Pension mit schlichten, aber sehr günstigen Zimmern.
So. Ruhetag.
Las Hayas
Carretera General s/n
Tel. 922 80 42 01
www.amparolashayas.com

BAR VICTORIA €–€€

Im Lokal an der Dorfstraße von El Cercado kommen nur Klassiker der kanarischen Küche auf den Tisch, von mariniertem Kaninchen bis zu Ziegenfleisch in pikanter Sauce. Der Renner ist gebratener Ziegenkäse mit Mojo. Zum Mitnehmen gibt es leckeren Berghonig aus der Region.
Mi. Ruhetag.
El Cercado
Carretera General El Cercado s/n
Tel. 922 89 41 46

BAR MARIA €–€€

Auch hier wird typisch kanarisch gekocht. Immer gut: Brunnenkressesuppe und Kichererbseneintopf. Der Ziegenkäse wird hier mit Palmhonig verfeinert.
El Cercado
Carretera General El Cercado s/n
Tel. 922 80 40 34
www.barrestaurantemaria.com

vier Jahrzehnten wird hier ausschließlich vegetarisch gekocht! Auf den Tisch kommt, was im eigenen Garten wächst, und wenn die Ziegen gerade viel Milch geben, steht auch Weißkäse mit auf dem Menü. Ein weiterer Anlaufpunkt ist die **Ermita de Las Hayas** am westlichen Ortsrand. Die kleine Dorfkirche reicht ins 16. Jh. zurück, daneben lädt ein Picknickplatz zur Pause.

★★ GARAJONAY-NATIONALPARK

Höhe: 800 – 1487 m ü.d.M. | **Fläche:** 40 km²

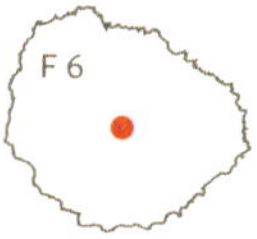

Flechten hängen von den Bäumen herab wie Schleier, Moos umarmt die Stämme und oft ist alles in einen leichten Nebel getaucht. Willkommen in La Gomeras Märchenwald! Hier ist die Luftfeuchtigkeit mitunter so hoch, dass sich im Sucher der Kamera nur ein verschwommenes Dschungelbild zeigt. Doch von irgendwoher muss das üppige Urwaldgrün ja kommen!

Größter Lorbeerwald der Welt

Was an diesem Nationalpark so besonders ist? Vor Jahrmillionen bedeckten Lorbeerwälder noch den gesamten Mittelmeerraum, doch heute findet man sie in dieser Geschlossenheit nirgendwo sonst. Auf La Gomera konnten sie dank des milden Klimas überleben und wohl auch dank der Tatsache, dass die steilen Berghänge im Zentrum der Insel ohnehin nicht landwirtschaftlich nutzbar waren und dadurch nie gerodet wurden. 1981 wurde die überwiegend bewaldete Region im zentralen Hochland zum Nationalpark erklärt, 1986 sogar zum **UNESCO-Weltnaturerbe** gekrönt. Mit einer Fläche von fast 40 km² nimmt das Schutzgebiet etwas mehr als **10 % der Inselfläche** ein. Obwohl der gomerische Lorbeerwald ursprünglich mehr als doppelt so groß war, ist er auch heute noch der größte der Welt. Benannt ist der **Parque Nacional de Garajonay** übrigens nach seiner höchsten Erhebung, dem 1487 m hohen Garajonay.

Feuer im Weltnaturerbe

Waldbrände

Die Bilder gingen um die Welt: Am 4. August 2012 brach im bewaldeten Hochland von La Gomera ein Feuer aus, das sich schnell zum Flächenbrand ausweitete. Etwa 10 % der Inselfläche waren betroffen, im Nationalpark Garajonay zerstörte der Brand ca. 900 Hektar Wald, vor allem im südlichen Teil. Erst Ende August war das Feuer endgültig unter Kontrolle. Insgesamt wurden ca. 5000 Menschen zeitweise evakuiert – knapp ein Viertel der Inselbevölkerung. Menschenleben waren zum Glück keine zu beklagen.
Das ist nicht immer so, Waldbrände waren und sind eine ständige Gefahr auf La Gomera. Oft sind Zigarettenkippen oder Funken sprühende Grillfeuer die Auslöser, 2012 war es wohl Brandstiftung.

Schmuddelwetter rund ums Jahr?

Klima

Das Bergmassiv im Herzen der Insel liegt mit durchschnittlich 800 bis 1000 m ü.d.M. hoch genug, um den herantreibenden Passatwolken Feuchtigkeit abzuringen. Lorbeerbäume und Baumheide »kämmen«

BAEDEKER ÜBERRASCHENDES

6X

EINFACH UNBEZAHLBAR

Erlebnisse, die für Geld nicht zu bekommen sind

1. GLÄSERN

Der gläserne Skywalk am **Mirador de Abrante** ragt 7 m über die Abbruchkante hinaus – hier schweben Sie regelrecht über dem Abgrund! Wer den Rummel ausblenden möchte, kommt am späten Nachmittag. (▶ **S. 45**)

2. ENTDECKUNGSFREUDIG

Mehrmals in der Woche führen Ranger durch den **Nationalpark Garajonay**. Die teils mehrstündigen Wanderungen durch La Gomeras Märchenwald kosten nichts – aber die Plätze sind begrenzt, also zeitig reservieren. (▶ **S. 75**)

3. GRÜN

Das multimedial aufgestellte Besucherzentrum **Juego de Bolas** gibt einen fundierten Einblick in das Ökosystem des Lorbeerwalds. Im Innenhof zeigt ein Botanischer Garten fast ausschließlich Pflanzen die nur auf La Gomera vorkommen. (▶ **S. 71**)

4. AUSGELASSEN

Das größte Inselfest steht ganz im Zeichen der innig verehrten Schutzpatronin **Virgen de Guadalupe**. Während der mehrtägigen Feierlichkeiten steht die Insel Kopf, vor allem bei der alle fünf Jahre abgehaltenen Bajada (nächster Termin 2023), die mit einer großen Schiffsprozession begangen wird. (▶ **S. 99**)

5. WEHRHAFT

Ursprünglich wurde der **Torre del Conde** als Fluchtburg für den gomerischen Hochadel vor den aufständischen Ureinwohnern gebaut. Heute werden hier historische Landkarten ausgestellt. (▶ **S. 103**)

6. TRAUMHAFT

Den besten Blick auf die Fortaleza de Chipude, die wie eine Burg aus dem Hochland aufragt, haben Sie vom **Mirador de Igualero**. Da Sie hier 1200 m ü.d.M. stehen, können Sie ganz nebenbei auch den unverstellten Blick hinab zur Südküste genießen. (▶ **S. 57**)

die Feuchtigkeit regelrecht aus den Wolken heraus, so können jährlich bis zu 1400 l Kondenswasser pro Quadratmeter gewonnen werden. Die meisten Niederschläge fallen im Winter, doch auch im Sommer sind viele Tage nebel- und wolkenverhangen. Umso überraschender ist es dann, wenn tatsächlich mal die Sonne scheint oder die Kuppe des Garajonay aus der Passatwolkenschicht ragt und den Ausblick auf die Nachbarinseln freigibt.

★★ Lorbeerwaldgesellschaft

Lorbeer ist nicht gleich Lorbeer

Ohne so viel Regen und Nebel könnte hier kein immergrüner **Lorbeerwald** (Laurisilva) existieren. Rund 15 verschiedene Lorbeergewächse gibt es im Nationalpark, unterscheiden kann man sie nur anhand der Blattformen und der Borke. Am häufigsten anzutreffen ist der bis 25 m hohe Kanaren-Lorbeer (Laurus novocanariensis), den die Spanier »laurel« oder »loro« nennen. Seine Früchte gleichen Oliven und werden mit zunehmender Reifung schwarz. Seltener ist der Viñátigo (Persea indica), der vor allem in Talsohlen bis zu 30 m hoch werden kann. Verbreitet ist auch der Til (Ocotea foetens), auf Deutsch: »Stinklorbeer«. Dank seines edlen Holzes ist der Barbusano (Apollonias barbujana) besonders beliebt. Am geschlossensten sind die Lorbeerwaldbestände an Steilhängen in nahezu unzugänglichen Regionen, v.a. im Nordosten, oberhalb von Hermigua.

Märchenwald auf La Gomera ...

Der Zedernwald ohne Zedern

Fayal-Brezal-Zone

In fast allen anderen Gebieten und besonders in den Randzonen des Nationalparks bestimmen Gagelbaum und Baumheide das Bild; diese Vegetationszonen werden »Fayal-Brezal« genannt. Häufig vertreten ist außerdem die Kanarische Stechpalme (Ilex canariensis), die man an ihrer grau-weißen Rinde erkennt. Sie kommt vorwiegend in Höhen von 500–1000 m vor und wird 15–20 m hoch. Obwohl es kaum noch Zedern gibt, nennen die Gomeros den Wald nach wie vor Bosque del Cedro (Zedernwald).

Es grünt so grün …

Artenreiche Krautschicht

Auf den ersten Blick scheint es nicht sehr vielfältig zu sein, was hier auf dem Waldboden wuchert, doch lassen Sie sich nicht täuschen: Insgesamt sind im Nationalpark ca. 450 verschiedene Pflanzenarten zu Hause, 34 davon gibt es nur hier und nirgends sonst auf der Welt! Allgegenwärtig sind Farne, außer Adlerfarn (Pteridium aquilinum) findet man Kanaren-Wurmfarn (Dryopteris oligodonta), Kanaren-Davallia (Davallia canariensis) und – besonders spektakulär – Wurzelnden Kettenfarn (Woodwardia radicans). Dieser Riese hat Wedel von bis zu 3 m Länge! Für gelbe Farbtupfer sorgen im Frühjahr Gomera-Gänsedistel (Sonchus gomerensis) und Kanaren-Hahnenfuß (Ranunculus cortusifolius), mitten im Winter setzen orangerote Kanaren-Glockenblumen (Canarina canariensis) Akzente.

Einzigartig: zwei Lorbeertauben

Vogelwelt und Fauna

Der große Star der Vogelwelt ist leider, wie das bei den Stars dieser Welt manchmal ist, extrem scheu. Deshalb werden Sie die **Lorbeertaube** (Columba junoniae) wohl kaum zu Gesicht bekommen. Sie ist mit ihrem blaugrünen Federkleid hervorragend an den Lorbeerwald angepasst und ernährt sich primär von den olivengroßen Beeren des Kanaren- und Stinklorbeers. Mittlerweile ist sie vom Aussterben bedroht, was u.a. mit der schrumpfenden Waldfläche zu tun hat. Kaum von der Lorbeertaube zu unterscheiden ist **Bolles Lorbeertaube** (Columba bollii). Benannt wurde sie nach dem deutschen Arzt und Naturforscher Carl August Bolle (1821–1909), der die beiden Arten erstmals voneinander unterschied. Beide Taubenarten kommen nur auf den Kanaren vor und sind eng mit der Ringeltaube verwandt.

★ Centro de Visitantes Juego de Bolas

La Palmita s/n | tgl. 9.30–16.30 Uhr | Eintritt frei | Tel. 922 80 09 93
www.parquesnacionalesdecanarias.es

Den besten Überblick …

Besucherzentrum

… über das Ökosystem des Nationalparks bekommen Sie im Besucherzentrum Juego de Bolas. Dieses liegt im Inselnorden etwas au-

NATIONALPARK GARAJONAY ERLEBEN

LAGUNA GRANDE €€
Das einzige Lokal innerhalb der Nationalparkgrenzen hat sich auf Grillgerichte spezialisiert, doch auch die herzhaften gomerischen Eintöpfe sind erstaunlich gut! Hier machen mittags oft Ausflugsbusse halt, Individualreisende gehen in dem »Getümmel« dann leider meist unter.
Laguna Grande (an der GM-2)
Tel. 922 69 50 83

ßerhalb des Schutzgebiets. Sie erreichen es entweder über eine schmale Straße, die von der GM-2 in Laguna Grande abzweigt, oder über die von der GM-1 beginnende Auffahrt in Las Rosas, einem Ortsteil von ▶ Agulo. Im Hauptgebäude informiert eine **Dauerausstellung** in großen Schaubildern über die geologische Entstehung, das besondere Mikroklima sowie die Flora und Fauna des Parks. Sehr gelungen ist auch ein 20-minütiger Videofilm, in dem u.a. die Pfeifsprache El Silbo (▶ Baedeker Wissen, S. 58)und der gomerische Trommeltanz vorgestellt werden. Er wird auch auf Deutsch gezeigt.

Auf Entdeckungstour

Museum, Botanischer Garten

In einem separaten Bau punktet das **ethnografische Museum** mit einem rekonstruierten Bauernhäuschen und einer riesigen hölzernen Weinpresse. Zu den Exponaten gehören Trachten und landwirtschaftliche Geräte. Der kleine **Botanische Garten** im Innenhof zwischen den beiden Gebäuden ist eine wahre Fundgrube für Freunde der Botanik. Hier lernen Sie vor allem endemische Arten kennen – also Pflanzen, die es nur auf La Gomera gibt und die Sie in freier Natur oft kaum entdecken, z.B. die Bravoana-Wolfsmilch (Euphorbia bravoana) oder das extrem seltene Aeonium rubrolineatum. Leider steht die ursprünglich geplante Ladengalerie des Zentrums schon seit Jahren leer, aber immerhin gibt es eine **Bäckerei**, die mit Ingwer und Koriander gewürzte Galletas (Kekse) anbietet.

Fahrt durch den Nationalpark

Planung und Anreise

»Grüne Lunge«

Der Nationalpark ist durch die großzügig ausgebaute **Carretera Dorsal** (GM-2) erschlossen. Grandiose Ausblicke über das UNESCO-Weltnaturerbe haben Sie schon von der Höhenstraße aus, natürlich lohnt aber vor allem der Blick vom höchsten Inselgipfel – den Garajonay erreichen Sie schnell durch eine kurze Wanderung. Wenn Sie genug Zeit haben, bietet sich ein Abstecher zum Besucherzentrum Juego de Bolas an (s.o.) an. Ausgangspunkt für die folgende, ca. 40 km lange Rundtour ist der Rastplatz La Laguna Grande an der Carretera Dorsal, der fast direkt im Zentrum der Insel liegt.

Die Lichtung im Märchenwald

Laguna Grande

Man kann es kaum noch erkennen, aber die **Laguna Grande** ist ein ehemaliger Vulkankrater! In ihrem Zentrum sammelte sich früher im Winter regelmäßig Regenwasser, daher der Name »der große See«. Heute ist die Lichtung auf 1240 m Höhe an sonnigen Wochenenden eines der beliebtesten Ausflugsziele der Gomeros, alle Picknickplätze und Grillstellen sind dann schnell belegt. Zur Rast lädt auch das einzige Restaurant weit und breit (▶ S. 72).

Laguna Grande ist ein hervorragender **Ausgangspunkt für Wanderungen** im Nationalpark, kürzere Touren führen zum 6,2 km entfernten Garajonay oder nach El Cercado, das man nach 3,8 km erreicht. Am Parkplatz von Laguna Grande informiert ein Pavillon der Nationalparkverwaltung über weitere Wandermöglichkeiten.

Von hier aus sehen Sie bis nach Teneriffa!

Mirador de Tajaqué

Gut 4 km südöstlich von Laguna Grande passieren Sie den Wanderplatz El Contadero, an dem Wege auf den Garajonay (s. u.) und nach ▶ El Cedro beginnen. An der großen Straßengabelung Pajarito lassen Sie die Straße, die nach Alajeró führt, unbeachtet und bleiben weiterhin auf der GM-2 in Richtung San Sebastián. Knapp 3 km später lohnt ein erster Halt am Mirador de Tajaqué. Vom Parkplatz führt ein Treppenweg hinauf zum 30 m entfernten Aussichtspunkt. Jetzt erst mal durchatmen und das prächtige Panorama genießen: An klaren Tagen reicht der Blick bis hinüber zum Teide auf Teneriffa!

Stolze Felstürme aus kaltem Magma

★★ Los Roques

Weiter geht es auf der GM-2. Von ihr zweigt wenig später am Cruce de la Zarcita eine Straße ab, die nach Norden in Richtung Hermigua führt. Bevor Sie ihr folgen, lohnt es sich aber, noch ein paar hundert Meter weiter in Richtung San Sebastián zu fahren: Vom ersten Aussichtspunkt aus, dem **Mirador de los Roques**, setzt sich der prächtige **Roque de Agando** (1250 m ü. d. M.) besonders schön in Szene. Er ist genau wie die nördlich der Straße aufragenden Roques (**Roque de la Zarcita**, 1212 m ü. d. M.; **Roque de Carmona**, 1103 m ü. d. M.; **Roque de Ojila**, 1168 m ü. d. M.) einer der Felstürme, die für das Landschaftsbild von La Gomera so charakteristisch sind und von der vulkanischen Vergangenheit der Insel erzählen. Sie entstanden, als der Gas- und Magmadruck allmählich nachließ und das Magma in den Vulkanschloten nicht mehr an die Oberfläche gelangte. Es kühlte ab und erstarrte. Die weicheren Gesteinsschichten über den Vulkanschloten wurden im Laufe von Jahrmillionen durch Erosion abgetragen, zurück blieben nur diese Schlotfüllungen aus hartem Gestein, die ihre Umgebung etwa um 100 m überragen. Ebenfalls eine gute

Im Morgenlicht ist der Roque de Agando noch mal so schön.

Sicht bietet der **Mirador Roque de Ojila** ein Stückchen weiter. Hier erinnert ein Denkmal an die 20 Personen, die beim Waldbrand 1984 starben. Damals wurden 783 ha des Lorbeerwaldes vernichtet.

Wo die Hexen tanzten

Mirador de El Bailadero, Mirador de El Rejo

Vom Cruce de la Zarcita führt die Straße in Richtung Hermigua durch dichten Lorbeerwald. Nach etwa 1,5 km passieren Sie links den gepflasterten Abzweig nach ▶ El Cedro. Kurz darauf können Sie vom Mirador de El Bailadero schön auf die Roques zurückschauen. Der Name des Aussichtsplatzes geht übrigens auf Hexen zurück, die sich angeblich hier um Mitternacht zum Tanzen trafen! Eine andere Perspektive öffnet sich 1 km weiter von der Haltebucht des Mirador de El Rejo. Von hier haben Sie eine feine Aussicht ins Tal von Hermigua.

Besucherzentrum und zurück zum Ausgangspunkt

Rückfahrt

Kurz hinter dem Mirador de El Rejo verlassen Sie das Nationalparkgebiet. Über Hermigua und Agulo erreicht man ▶ Las Rosas, wo die Straße zum 3 km entfernten Besucherzentrum des Nationalparks abzweigt (▶ S. 71). Ein schmales Sträßchen führt von dort in südwestlicher Richtung zurück zum Zentrum der Insel. Nach 10 km trifft es auf die Carretera Dorsal. Wenige hundert Meter westlich befindet sich der Ausgangspunkt der Rundfahrt, La Laguna Grande.

Wanderungen

Mit dem Ranger oder lieber auf eigene Faust?

Ideales Wanderrevier

Am besten erkundet man den Nationalpark zu Fuß! Die Parkverwaltung hat etliche gut ausgeschildert Waldwege angelegt. Wer gern mehr über die Tier- und Pflanzenwelt lernen will, wandert einfach mit einem der fachkundigen Nationalparkranger mit. Das geht jeweils freitags (ganzjährig) und mittwochs (Juli bis Sept.). Ausgangspunkt der Wanderungen ist in der Regel der Infopavillon in Laguna Grande. Für die teils mehrstündigen Touren brauchen Sie eine gute Wanderausrüstung und ausreichend Trinkwasser. Die Teilnahme ist kostenlos, man muss sich allerdings mind. einen Tag vorher im Internet anmelden. Weitere Infos im Centro de Visitantes Juego de Bolas.

Anmeldung für Ranger-Führung: www.reservasparquesnacionales.es

Kurzwanderung zu den »kleinen Schluchten«

Los Barranquillos

Natürlich können Sie den Nationalpark auch sehr gut auf eigene Faust entdecken. Einen ersten Eindruck vermittelt diese unkomplizierte Kurzwanderung durch Los Barranquillos (»Die kleinen Schluchten«). Ausgeschildert ist der nur 780 m lange Rundweg von der Straße Vallehermoso – Arure, unweit südlich der Kreuzung mit der Carretera Dorsal. Früher wurde das Gebiet in der Nähe von Arure forstwirtschaftlich genutzt. Erst allmählich verschwinden die Spuren menschlicher Eingriffe und Gagelbaum und Baumheide haben sich wieder angesiedelt.

Der Blick von La Gomeras höchstem Gipfel

★ Alto de Garajonay

Ausgesprochen beliebt ist die Wanderung auf den Garajonay, auf den gleich mehrere Wege führen. Am besten eignet sich als Start der Wanderparkplatz **El Contadero** (1350 m) an der GM-2 bei km 24. Sein Name bedeutet im Spanischen »die Zählstelle«: Hier sammelten früher Hirten ihre Herden zum Durchzählen; hier wurden auch Tiere zum Verkauf angeboten. Von El Contadero führt ein gut ausgebauter Pflasterweg in einer guten halben Stunde zur flachen Gipfelkuppe des Garajonay auf 1487 m Höhe hinauf. Die Kuppe des höchsten Inselgipfels überragt das zentrale Bergland zwar nur um wenige Meter – das reicht aber für einen prächtigen Rundblick! Ein Steinkreis auf dem Gipfel weist darauf hin, dass der Garajonay vermutlich ein Kultplatz der gomerischen Ureinwohner war.

El Contadero ist übrigens auch Ausgangspunkt für eine Wanderung in den Weiler ► El Cedro.

Durch dichten Buschwald

Von Las Hayas zum Jardín de Las Creces

Ausgangspunkt für diese leichte Wanderung ohne nennenswerte Höhenunterschiede ist das Lokal **La Montaña** in Las Hayas (► S. 67). Etwas oberhalb von dem Restaurant zweigt von der Dorfstraße der

rot-weiß markierte GR 131 in Richtung Las Creces ab, der nach der Kirche durch dichten Buschwald zum Picknick- und Grillplatz **Jardín de Las Creces** führt. Rund um die kleine Lichtung stehen etliche alte Gagelbäume, deren Früchte in Notzeiten ein geschätztes Nahrungsmittel abgaben. Noch bis in die 1970er-Jahre wurde das Gebiet um Las Creces zur Weidewirtschaft genutzt. Die Hirten sammelten hier über Nacht ihr Vieh, das die junge Triebe regelmäßig abfraß und so eine Lichtung entstehen ließ.
Wer von Las Creces nicht auf dem gleichen Weg nach Las Hayas zurück will, kann einen kleinen Rundweg nutzen: Während der GR 131 vom Pickplatz zur 5 Min. entfernten Carretera Dorsal (GM-2) führt, folgen Sie vom Picknickplatz neben einer Tafel des Nationalparks dem schmalen Pfad nach links. 20 Min. nach Las Creces halten Sie sich abermals links und treffen nach weiteren 15 Min. auf den vom Hinweg bekannten Forstweg, auf dem Sie nach Las Hayas zurückkommen. Hin und zurück sollten Sie ca. 1,5 Std. Wanderzeit einplanen.

ÜBER DEN WOLKEN

Die Besteigung des höchsten Inselgipfels ist nicht sehr anstrengend, nur unwesentlich ragt der Garajonay aus dem gomerischen Hochland heraus. Doch genug für ein spektakuläres 360°-Panorama! Hier überblicken Sie bei guter Sicht praktisch den halben Archipel: die Nachbarinseln La Palma, El Hierro und nicht zu vergessen Teneriffa mit dem Pico del Teide, der majestätisch alles überragt.

Klassischer Abstieg zur Südküste

Vom Roque de Agando nach Playa de Santiago

Großes Plus dieser beliebten Wanderung: Ihr Start- und Endpunkt ist sehr gut ans Busnetz angeschlossen! Von San Sebastián aus fahren Sie mit Linie 1 auf der Höhenstraße bis zum **Mirador Roque de Ojila** (1070 m ü.d.M.) am Fuß des Roque de Agando. Dort beginnt neben dem Denkmal für den Waldbrand ein Pflasterweg, der mit Playa de Santiago ausgeschildert ist. Zunächst führt er steil hangabwärts in den ausgestorbenen Weiler **Benchijigua** (▶ S. 95) hinab. Von dort folgen Sie immer dem weiß-gelb markierten Weg, der bald am Weiler Lo del Gato vorbeiführt. Ab **Pastrana** geht es dann die letzten 4 km auf einem kaum befahrenen Sträßchen nach Playa de Santiago. Für die gesamte Strecke benötigt man ohne Pausen gut 3,5 Studnen.

★ HERMIGUA

Höhe: 250 m ü.d.M. | **Gemeindebezirk:** Hermigua | **Einwohnerzahl:** 1800 (ges. Bezirk)

Grün und fruchtbar! Hermigua profitiert von seiner dem Passat zugewandten Lage im Inselnorden, Bananenplantagen nehmen praktisch den ganzen Talgrund und die Hänge des Barranco de Monteforte in Beschlag. Außerdem ist das Straßendorf ein guter Standort für Wanderer.

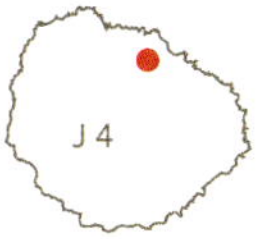

Bananenhauptstadt der Insel

Die Passatwolken regnen sich an den Bergen oberhalb von Hermigua ab und sorgen dafür, dass die Staubecken der Ortschaft meist gut gefüllt sind. Was für die Landwirtschaft erfreulich ist, begeistert Touristen weniger. Trotzdem kommen seit einigen Jahren zunehmend Urlauber hierher, denn in Hermigua setzt man primär auf **Ökotourismus** – und das mit gewissem Erfolg. Einige Landhäuser wurden renoviert und zu individuellen Ferienunterkünften umgebaut, es gibt sogar zwei hübsche kleine Hotels. Gerade Wanderer wählen den Ort gern als Ausgangspunkt für ihre Touren. Wichtigste Einnahmequelle ist aber nach wie vor die Landwirtschaft. Auf den Terrassenfeldern rund um Hermigua werden bis in eine Höhe von 350 m vor allem **Bananen** angebaut (▶ Baedeker Wissen, S. 82) – und das, obwohl die Bananenwirtschaft seit Jahren in der Krise steckt. Viele Plantagen können nur dank staatlicher Subventionen weiterexistieren. Eine Folge der wirtschaftlichen Gegebenheiten ist der starke Bevölkerungsrückgang. Vor dreißig Jahren lebten noch doppelt so viele Menschen hier.

Zwischen Ober- und Untertal

Ortsbild

Das weit auseinander gezogene Straßendorf zieht sich entlang der Carretera General del Norte auf 5 km Länge vom Ortsteil El Convento bis fast zum Meer hinab. Die Häuser im ruhigen **Valle Alto** (Obertal) scharen sich um die Plaza del Convento am ehemaligen Dominikanerkloster. Lebhafter geht es im **Valle Bajo** (Untertal) im Ortsteil El Curato zu. Das Zentrum ist dort das Viertel rund um die Iglesia Nuestra Señora de la Encarnación, in dem sich einige kleine Geschäfte, die Casa de la Cultura (Kulturhaus) und ein Taxistand befinden. An der Einmündung des Barranco de Monteforte ins Meer hat man vom Viertel **Santa Catalina** Zugang zur steinigen Playa de Hermigua.

Wohin in Hermigua?

Was die Dominikaner zurückließen

Iglesia de Santo Domingo de Guzmán

Im Ortsteil El Convento führt eine Gasse wenige Meter hinab zur Iglesia de Santo Domingo de Guzmán. Sie gehörte zu einem Dominikanerkloster, das Anfang des 19. Jh.s aufgelöst wurde. Eine Kapelle an dieser Stelle ist bereits 1511 erwähnt, später wurde sie vergrößert und die Klostergebäude angebaut.

Landschaftliches Wahrzeichen von Hermigua …

Roques de San Pedro

… sind die Zwillingsfelsen Roques de San Pedro. Sie können die frei stehenden Vulkanschloten auf einem kleinen Spaziergang besuchen, indem Sie von der Straße gegenüber der Dominikanerkirche den Treppenweg in Richtung El Cedro aufsteigen und dann dem geteerten Weg ein Stück weiter talaufwärts in den alten Ortsteil Monteforte folgen. Die 430 m hohen Felsen scheinen sich einander zuzuneigen – vielleicht werden sie auch deshalb Los Gemelos (die Zwillinge) oder einfach nur Pedro y Pablo (Peter und Paul) genannt. Zu ihren Füßen wurde mit dem Wasser des Río del Cedro einst eine Zuckermühle betrieben, von der jedoch kaum etwas übrig geblieben ist. Wanderer, die sich eine Rückfahrtmöglichkeit organisiert haben, können dem Weg, der sich bald zu einem Pfad verengt, bis in den Weiler ► El Cedro folgen. Die Strecke ist gut markiert und ausgebaut, für den steilen, langen Anstieg braucht man allerdings eine sehr gute Kondition.

Hommage an das kanarische Grundnahrungsmittel

Museo Molino de Gofio

An der Hauptstraße unterhalb von El Convento ist das **Gofio-Museum** ein obligatorischer Halt von Rundfahrtbussen mit Ausflüglern aus Teneriffa. Grund dafür ist weniger das hübsch aufgemachte Museum als sein gut bestücktes Souvenir- und Kunsthandwerksge-

La Hermigua kann man durchaus überschaubar nennen.

LOS TELARES

HERMIGUA ERLEBEN

OFFICINA DE INFORMACIÓN DE TURISMO

Das Infobüro der Gemeinde liegt in einem modernen Neubau unterhalb des Parque El Curato.
Carretera General del Norte s/n
Tel. 922 88 09 90
Mo.–Sa. 9–13, 16–20 Uhr
www.hermigua.es

August/September: Im Valle Alto begeht man in der ersten Augusthälfte die »Fiesta de Santo Domingo de Guzmán« mit viel Tanz und Folklore. Etwa einen Monat später feiert man dann im Valle Bajo die »Fiesta de La Encarnación«. Im August wird im Ortsteil El Curato auch die »Fería de Artesanía«, eine kleine Kunsthandwerksmesse, abgehalten.

DULCERÍA IBO-ALFARO CARMITA

Mandelkuchen und Kokosmakronen sind nur zwei Leckereien aus dem großen Angebot dieser Konditorei! Verkauft werden auch Gofio, Mojosaucen und gomerische Landweine.
Carretera General 95
Tel. 922 14 41 02

MOLINO DE GOFIO

Der Laden des Gofiomühlenmuseums bietet eine riesige Auswahl an Kunsthandwerk, Flickenteppichen, Handarbeiten und kulinarische Spezialitäten von der Insel – ein obligatorischer Halt der Ausflugsbusse von Teneriffa!
Carretera General, km 19,5
Tel. 922 88 07 81

TASCA TELÉMACO €€–€€€

Zentral neben der Pfarrkirche gelegen, glänzt das Lokal mit Lounge-Atmosphäre und einer aussichtsreichen Dachterrasse. Gespielt wird meist lateinamerikanische Musik, am Wochenende manchmal auch live. Auch die Küche ist ordentlich; ausgefallen und gut sind als Vorspeise die Auberginen mit Palmhonig.
Plaza de la Encarnación 2
Tel. 922 88 08 12
www.tascatelemaco.com

LAS CHÀCARAS €€

Etwas versteckt liegt dieses Lokal oberhalb vom Dominikanerkloster in einer Nebenstraße, die von der Durchgangsstraße (GM-1) abgeht. Serviert wird verfeinerte kanarische Küche, die auch optisch etwas hermacht. Zum Einstieg empfiehlt sich ein Avocadosalat oder gegrillter Ziegenkäse, als Hauptgang Zicklein, Kaninchen oder gebratenes Thunfischfilet und zum Abschluss vielleicht ein Mousse de Gofio. Lecker!
Calle Lomo San Pedro 5
Tel. 922 88 10 39
www.restaurantelaschacaras.blogspot.com

CAFÉ-BAR PEDRO €

Das früher als Casa Creativa bekannte Kultlokal liegt an der Durchgangsstraße südlich der Iglesia Nuestra Señora de la Encarnación. Im Angebot sind außer Kuchen auch Tapas und frische Fruchtsäfte, bei schönem Wetter kann man auf der Terrasse die famose Aussicht genießen.
Carretera Genelral del Norte 56
Tel 922 88 09 91
www.barterrazapedro.com

EL TABAIBAL €
Was nehmen Sie zuerst? Die Konditorei an der Hauptstraße punktet mit einem breiten Angebot an Gebäck und inseltypischen Produkten. Auf der Kaffeeterrasse auf dem Bürgersteig entspannt man bei Milchkaffee und Croissant.
Carretera General 139
Tel. 928 88 08 16

HOTEL IBO ALFARO €€€
Zweifellos ist es eine der stilvollsten Unterkünfte der Insel: Das behutsam restaurierte Landhotel ging aus einem 150 Jahre alten Landsitz hervor und wurde mit teils antikem Mobiliar eingerichtet. Jedes der 17 Zimmer hat einen eigenen Charakter, ob Standard- oder Familienzimmer oder Suite mit eigener Terrasse. Dank der Hanglage oberhalb der Dorfstraße genießt man weite Ausblicke auf Tal und Meer – und morgens ein reichhaltiges Frühstücksbuffet.
Barrio de Ibo Alfaro
Tel. 922 88 01 68
www.hotel-gomera.com

LOS VEROLES €€
Hier leben Sie bei deutschen Vermietern: Die Anlage mit drei hübschen Ferienwohnungen liegt im Bananenanbaugebiet im unteren Tal unterhalb der Straße zum Meeresschwimmbad, das man in 15 Min. erreicht. Jedes der großzügigen Apartments hat eine gut eingerichtete Küche und eine Sonnenterrasse.
Santa Catalina 9, Tel. 922 88 00 13
www.jansen-gomera.de

---

schäft – dabei verfügt das Museum über eine voll funktionsfähige Gofiomühle! Zum ordentlich herausgeputzten Komplex gehört ein kleiner Garten mit Bananenstauden, Avocado- und Mangobäumen.
in der Regel Mo.–Sa. 10–17 Uhr

Die Hauptkirche der Talschaft
Iglesia Nuestra Señora de la Encarnación

Das Zentrum des Ortsteiles Villa Bajo kann man gar nicht verfehlen, denn die Hauptstraße verläuft geradewegs auf die Iglesia Nuestra Señora de la Encarnación zu. Ihre Anfänge reichen bis 1650 zurück, ihr heutiges Aussehen erhielt sie jedoch erst zu Beginn des 20. Jh.s. Bedeutendster Kirchenschatz ist die **Marienfigur Nuestra Señora de la Encarnación** im Hauptaltar vom Bildhauer Fernando Estévez (19. Jh.), dessen Werken Sie überall auf den Kanaren begegnen.

Wie haben die Leute hier früher gelebt?
Museo Etnográfico de La Gomera (MEG)

An der Durchgangsstraße zwischen Villa Bajo und Villa Alto gibt das ethnografische Museum Einblicke in das Alltagsleben der Gomeros. Etliche Exponate stammen aus der Privatsammlung des Inselgelehrten Virgilio Brito (1922 – 2000). Das erste Obergeschoss behandelt Fischfang, Viehhaltung und Käserei, im zweiten Stockwerk sind u.a. ein Webstuhl und Beispiele formschöner Keramik zu sehen. Ausgesuchtes und garantiert auf der Insel hergestelltes Kunsthandwerk können Sie im Eingangsbereich des Museums erwerben.
Carretera General 95 | Di.–Sa. 10–14 und 15–18 Uhr | Eintritt: 2,50 €

BAEDEKER WISSEN

KLEIN UND SÜSS

Bis in Höhenlagen von 300 m ziehen sich auf den westlichen (wasserreichen) Kanareninseln Bananenplantagen. Angebaut wird eine maximal 2,5 m hohe Zwergsorte, die Dwarf Cavendish Ladyfinger. Optisch kann sie sich zwar mit Chiquita & Co. nicht messen, ist aber außergewöhnlich süß und aromatisch und gilt als relativ »wetterunempfindlich«. Der planmäßige Anbau auf den Kanaren begann um 1890. Bis heute überleben konnte die Bananenproduktion nur wegen weitreichender Subventionen und Schutzzölle.

▶ **Die Bananenstaude**
Durch ihre Größe von 2 bis 6 Metern wird die Bananenstaude fälschlicherweise oft als Baum oder Palme bezeichnet.

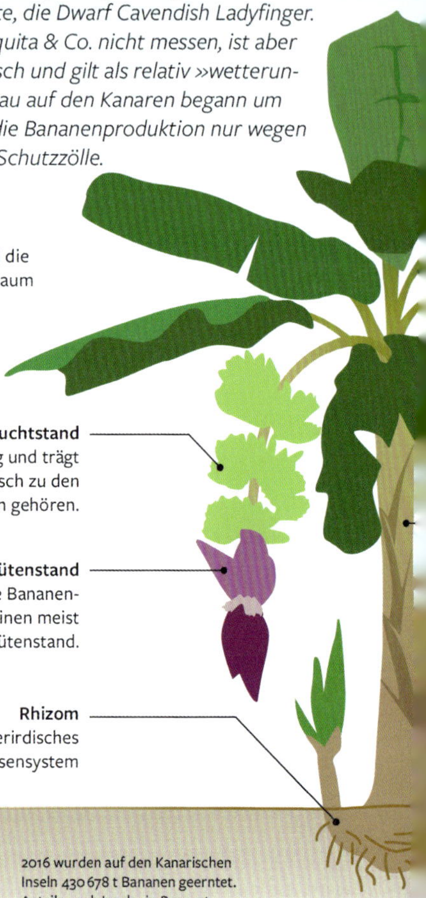

Fruchtstand
Eine Staude wiegt 25 – 50 kg und trägt 150 – 300 Früchte, die botanisch zu den Beeren gehören.

Der Blütenstand
Ab dem siebten Monat bildet die Bananenstaude einmal in ihrem Leben einen meist hängenden Blütenstand.

Rhizom
Unterirdisches Sprossachsensystem

▶ **Kanarische Bananenproduktion**
Auf den Kanarischen Inseln werden jedes Jahr mehr als 430 Millionen Kilogramm Bananen auf rund 9 000 Hektar produziert, überwiegend auf Teneriffa, La Palma und Gran Canaria. Die wirtschaftliche Bedeutung zeigt sich auch an der Zahl der Beschäftigten von mehr als 10 000 Menschen.

2016 wurden auf den Kanarischen Inseln 430 678 t Bananen geerntet. Anteile nach Inseln, in Prozent

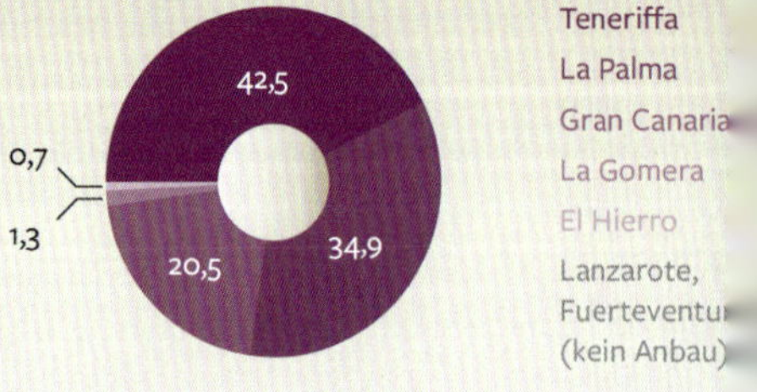

Die Blätter
Die Blätter werden in vielen asiatischen Ländern als Verpackungsmaterial oder Essensunterlage verwendet.

Scheinstamm
Er besteht nicht aus Holz, sondern aus dicht aneinander gepressten Blattscheiden.

Schößling
Um sich zu vermehren, bildet die Staude Ausläufer.
Sie erreichen nach ca. neun Monaten ihre volle Höhe.

▶ **Verbreitung**
Die Bananen wachsen vor allem in tropischen und subtropischen Regionen bei etwa 27 °C mit viel Sonneneinstrahlung und hoher Luftfeuchtigkeit. Der so genannte Bananengürtel ist hier in der Karte grün markiert:

▶ **Produktion**
Bananen werden in über 150 Ländern angebaut. Im Jahr 2018 wurden ca. 150 Mio. Tonnen geerntet. Die wichtigsten Produzenten:

in Prozent (2018)

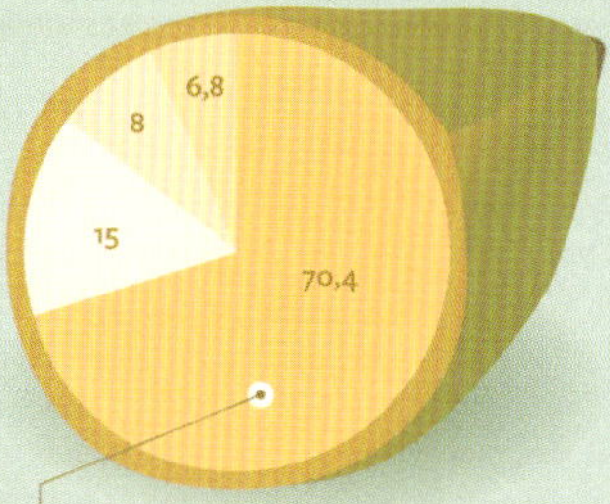

Bananenarten
Es gibt 400 – 900 Bananenarten, wovon etwa 100 essbar sind. Hier einige Vertreter:

TOTGEGLAUBTE LEBEN LÄNGER

1999 erlebte die Insel eine Sensation: Biologen fingen sechs Exemplare des Lagarto gigante ein – einer Rieseneidechse, die nur auf den Kanaren vorkommt und die man auf La Gomera längst für ausgestorben gehalten hatte. Wenige Exemplare hatten jedoch in einem relativ unzugänglichen Gebiet überlebt. Vielleicht gelingt es nun, ihre Population wieder zu vermehren.

Rieseneidechsen (»lagartos gigantes«) hatte es – darin war sich die Wissenschaft einig – einst auf La Gomera gegeben. Knochenfunde belegten das eindeutig. Nachdem man 1974 auf El Hierro und 1996 auf Teneriffa lebende Lagartos gigantes entdeckt hatte, lag die Annahme nahe, dass die Echsen auch auf La Gomera überlebt hätten. Eine Gruppe von Biologen der Universität La Laguna (Teneriffa) unter Juan Carlos Rando nahm die Herausforderung an. Vier Monate lang suchten die Forscher die Insel nach dem Reptil ab. Schließlich der große Triumph: Bei Quiebracanillas (Valle Gran Rey) konnten sie sechs lebende Exemplare einfangen.

Wie sieht die Rieseneidechse aus?

Die **Lagartos gigantes** von La Gomera haben einen kräftigen, gedrungenen Körper, den ein anthrazitfarbener Schuppenpanzer schützt. Sie werden bis zu 50 cm lang und 400 g schwer. Die Männchen haben größere Köpfe, dickere Schwänze und einen kräftigeren Wuchs als die Weibchen. Über das Alter der Lagartos gibt es keine gesicherten Erkenntnisse. In Gefangenschaft werden sie um die 20 Jahre alt, in Freiheit erreichen sie vermutlich kein so hohes Alter. Nach der Winterruhe ernähren sich die Rieseneidechsen vorwiegend vegetarisch, von Blüten, Blättern, Gräsern etc., aber auch Insekten sind beliebte Leckerbissen. Die **Paarungszeit** der Echsen ist im Mai. Einen Monat später legen die Weibchen zwischen vier und 14 Eier, aus denen bis August die Jungen schlüpfen. Einige Weibchen können in dieser Zeit sogar zwei Gelege werfen. Die Jungen, bei der Geburt ca. 2 cm lang und nur 4 g schwer, ernähren sich nach zehn Tagen bereits selbst. Schon im Alter von sechs Monaten erreichen manche eine Körperlänge von 25 cm.

Unterschiede auf den Inseln

Der Lagarto gigante kommt nur auf den Kanaren vor, allerdings unterscheiden sich die Eidechsen von Insel zu Insel. Die Variante auf **Teneriffa** (Lagarto Moteado Canario) ist die kleinste Rieseneidechse auf dem Archipel. Sie hat einen gefleckten Schuppenpanzer und einen langen Schwanz. Mehr Ähnlichkeiten hat der gomerische Lagarto (Gallotia gomerana) mit der Echse von **El Hierro** (Gallotia simonyi), allerdings ist die etwas größer, hat eine hellere Farbe, zitronengelbe Punkte an den Körperseiten und sie hat im Gegensatz zur gomerischen Lagarto keine weiße Bauchseite. Miteinander verwandt sind aber alle drei Echsenarten. Man nimmt an, dass der Lagarto gigante vor über 500 000 Jahren von Teneriffa aus nach La Gomera und dann nach El Hierro gelangte.

Früher waren diese Echsen auf ganz La Gomera verbreitet. Allerdings wurde ihr Lebensraum enorm eingeschränkt, genau wie auf Teneriffa und El Hierro: Die Ureinwohner jagten sie als Nahrung, ein deutlich größeres Problem stellten jedoch die Katzen, Hunde und Ratten dar, die von den Spaniern mitgebracht wurden. Für sie wurden die harmlosen Tiere zur leichten Beute.

Artenschutzprojekt

Da nur noch ausgesprochen wenige Tiere in freier Wildbahn leben, kann die Art bisher nur mithilfe eines speziellen Zuchtprogramms überleben. Die ersten Tiere schlüpften 2001 in Gefangenschaft. Auch in den Folgejahren wurden im **Centro de Recuperación** (mittlerweile in Valle Gran Rey) beachtliche Erfolge verzeichnet. Die Tiere werden später an nahezu unzugänglichen Stellen des Eilands ausgesetzt – das Team der Zuchtstation hofft, dass sich die Echsen dort ungestört vermehren können und dadurch im Lauf der Zeit einen ungefährdeten Bestand erreichen.

Die Rieseneidechsen von La Gomera zählen zu den bedrohtesten Tierarten der Welt.

Wo heute ein Naturpool lockt, wurden einst Bananen verladen. Das belegen die Betonfundamente der Davits.

Lauschiges Plätzchen mit jungen Dragos

Parque El Curato

Etwas unterhalb vom ethnografischen Museum befindet sich mit Rathaus, Post und Touristeninformation das Verwaltungszentrum des Ortes. Gegenüber vom Rathaus liegt der Parque El Curato, ein Park mit kleinem Spielplatz und Boule-Bahn. Zwischen Palmen und jungen Drachenbäumen fließt ein schmaler Wasserkanal, an dessen Ufer Sie Gänse und herumstolzierende Pfauen beobachten können.

Rund um Hermigua

Kleiner Weiler am Meer

Lepe

Das Tal von Hermigua endet in einer breiten Bucht, die von hohen Felswänden umzingelt ist. Man erreicht sie, wenn man im unteren Ortsbereich von Hermigua der Beschilderung zur Playa de Hermigua folgt. 600 m hinter der Abzweigung führt ein Sträßchen nach links zur Küstensiedlung Lepe (Meerschwimmbad kurz nach der Abzweigung rechts). Nach ca. 1 km kommt man mit dem Auto nicht weiter, und Parkplätze gibt es kaum. Die Häuschen mit zauberhaftem Meerblick sind bei den Gomeros begehrt als Wochenenddomizil.

Steiniger Strand vor großartiger Kulisse

Playa de Hermigua

Hält man sich an der Abzweigung nach Lepe rechts, so gelangt man nach 200 m erneut zu einer Kreuzung. Links führt die Straße zum einstigen Schiffsanleger Pescante an der Playa de Hermigua, vor dieser weist rechts ein Schild zur Playa de la Caleta (s.u.). Der felsige Strand ist auch wegen der meist starken Brandung zum Baden ungeeignet, doch im Sommer hat ein Meerwasserschwimmbad geöffnet.

Ein Strand, der entdeckt werden will

★ Playa de la Caleta

Weit reizvoller ist das (Sonnen-)Baden an der Playa de la Caleta. Die etwa 200 m lange Kiessandbucht gilt als **einer der schönsten Strände im Inselnorden**. Man erreicht sie nach etwa einstündiger Wanderung, der Weg beginnt an der zuvor erwähnten Straßenkreuzung. Wer mit dem Auto fahren will, folgt an dieser Kreuzung der Straße rechts durch den Ortsteil Altozano und biegt an den Häusern von Llano Campo links ab. Das schmale Teersträßchen windet sich einen Pass hinauf und schließlich zur Playa hinab. An dem wildromantischen Fleckchen können Sie im Schatten von Tamarisken picknicken.

Zum alten Schiffsanleger

Punta San Lorenzo

Bevor es eine gute Straßenverbindung zur Hauptstadt San Sebastián gab, wurden die landwirtschaftlichen Produkte des Hermigua-Tals von zwei Bootsanlegern verschifft, die dem Meer abgerungen waren. Schon vor dem Pescante (s.o.) an der Playa de Hermigua nutzte man dafür eine kleine Bucht an der Punta San Lorenzo. Da die Strömung meist ruhiger war, ließ die englische Reederei Fyffes hier um 1850 eine Mole errichten. Der alte Weg dorthin, der »Sendero de La Caleta a Punta San Lorenzo« wurde jüngst als Wandweg wieder hergerichtet und ausgeschildert. Er zweigt ca. 1 km vor der Playa de La Caleta von dem schmalen Zufahrtssträßchen ab (ab der Playa de Hermigua braucht man hin und zurück zu Fuß gut 2 Std.).

★★ LOS ÓRGANOS

Dicht an dicht erheben sich die akkurat geformten Basaltsäulen aus dem Wasser, eine neben der anderen: Die imposanten »Orgelpfeifen« an La Gomeras Nordküste nehmen eine ganze Kliffwand in Beschlag. Ganz klar eines der größten Naturwunder der Insel – seine Schönheit erschließt sich jedoch nur vom Meer aus!

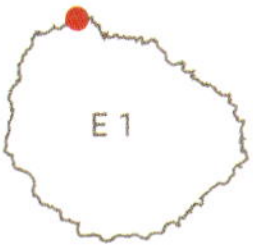

Der Anblick ist surreal: Auf nahezu 200 m Breite und bis zu 80 m Höhe füllen schmale, gleichförmige Steinsäulen wie Orgelpfeifen eine Felswand aus, die steil aus dem Meer aufzutauchen scheint. Die zahllosen

Die Orgelpfeifen-Felsen haben ihren Namen verdient.

Orgelpfeifen aus Stein

Einzelsäulen bringen es auf einen Durchmesser von bis zu einem Meter. Ähnlich wie die Roques (► S. 73) sind sie Zeugen der vulkanischen Entstehungsgeschichte der Insel. Als der Gas- und Magmadruck allmählich nachließ, konnte das Magma nicht mehr abfließen. Es erkaltete und bildete dabei zylindrische Säulen aus. Die starke Brandung an der Nordküste und andere Erosionskräfte haben die Basaltwand im Lauf der Jahrmillionen freigelegt – ein Naturschauspiel der Extraklasse!

Wie kommt man hin?

Schiffsausflug

Die als Monumento Natural (Naturdenkmal) ausgewiesene Felsformation liegt an der Nordküste zwischen der Playa de Vallehermoso und dem Weiler Arguamul. Von Land aus ist sie nicht zugänglich, wer sie sehen will, muss sich einer organisierten Schiffstour anschließen. Vom Hafen Vueltas in Valle Gran Rey steuern mehrmals wöchentlich Boote von Tina Excursiones und Speedy Adventures Los Órganos an. Der zweistündige bis halbtägige Ausflug kostet pro Person ca. 35–40 €. Man schippert die Westküste entlang, auch von dort aus genießt man spektakuläre Ausblicke auf die steil abfallenden Küstenberge und die Dörfer Taguluche und Alojera. Wegen des rauen Seegangs vor der Nordküste ist die Bootstour oft nicht möglich.

Tina Excursiones: Tel. 922 80 54 14 | www.exkursiones-tina.com
Speedy Adventures: Tel. 629 99 06 43 | www.speedy-gomera.com

★ PLAYA DE SANTIAGO

Höhe: Meereshöhe | **Gemeindebezirk:** Alajeró | **Einwohnerzahl:** 1850

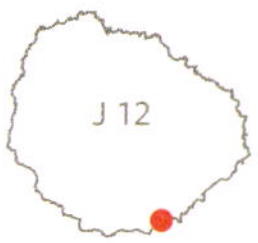

Hier ist die Sonne zu Hause! Kein Ort auf der Insel fährt mehr Sonnentage auf als Playa de Santiago und so verwundert es kaum, dass er neben Valle Gran Rey zum zweitgrößten Ferienort avanciert ist. Dank Golfplatz, Tennisschule und Tauchbasis kommen auch Aktivurlauber auf ihre Kosten.

Sonnendomizil Nr. 1

Die Nase in die Sonne strecken und die Seele baumeln lassen, was braucht man mehr? Seit eine Mole den Strand vor den Atlantikwellen schützt, kann man hier auch ganz gut baden. Mit der rund 30 km entfernten Inselhauptstadt San Sebastián ist Playa de Santiago durch eine gut ausgebaute Straße verbunden. Wer mit dem Flieger anreist, hat es noch bequemer: La Gomeras Flughafen liegt nur 2 km westlich des Ortes. Von Fluglärm werden Sie trotzdem nicht belästigt, derzeit gibt es täglich nur zwei Starts und Landungen. Der Hafen ist Haltepunkt der Fährverbindung der Linie San Sebastián – Valle Gran Rey.

Das Dorf, das sich immer wieder neu erfindet

Geschichte

Noch um 1900 lebten nur einige Fischer im abgeschiedenen Inselsüden, den man damals nur per Boot oder auf Eselspfaden erreichte. Der Aufschwung begann in den 1920er-Jahren mit dem Bau einer Fischkonservenfabrik: Brunnen wurden gebaut, Bananenplantagen angelegt. Schon bald hatte Playa de Santiago rund 900 Einwohner. Doch die goldenen Zeiten des Bananenanbaus waren schnell wieder vorbei, die Einnahmen aus dem Fischfang gingen zurück, zu Beginn der 1980er-Jahre wurde die Konservenfabrik geschlossen. Mit der Eröffnung des Hotels Jardín Tecina begann 1987 eine neue Ära.

Entschleunigen und umherschlendern

Durch den Ort

Eine Umgehungsstraße sorgt dafür, dass es im Ortskern von Playa de Santiago geruhsam zugeht. Man trifft sich am Hafen und schaut dem Aus- und Einlaufen der bunten Fischerboote zu oder genießt die Szenerie von einem der Restaurants entlang der Uferpromenade, der Avenida Marítima. Hier gibt es auch einige Pensionen und eine Touristeninformation. Ein schmales Sträßchen verbindet den Ortsteil am Hafen mit dem etwas höher gelegenen **Laguna de Santiago** inmitten von Bananenfeldern. Die Häuser scharen sich um die Iglesia de Santiago Apóstol aus der Mitte des 20. Jh.s. Sehenswerter als die Kirche selbst ist der hübsche Kirchenvorplatz.

Östlich oberhalb von Playa de Santiago erstreckt sich im Ortsteil **Tecina** die ausgedehnte Anlage des Hotels Jardín Tecina – eine kleine Welt für sich mit Restaurants, Sportkomplex und Boutiquen. Das Hotel und der benachbarte 18-Loch-Golfplatz gehören der Reederei Fred Olsen (▶ Interessante Menschen). Einen schönen Blick auf die unteren Ortsteile haben Sie vom **Mirador Tagoror**. Folgt man der Hauptstraße vom Hotel Jardín Tecina aus noch ca. 200 m nach Norden, so erreicht man den **Parque Las Eras**, eine weitläufige Parkanlage mit teils altem Baumbestand, Riesenwolfsmilchgewächsen, Ziersträuchern aus aller Welt und Bänken zum Zurücklehnen.

Von sandig bis kiesig

Strände

Der Strand vor dem Ort wurde von dicken Steinen befreit und man hat etwas Sand aufgeschüttet, eine Betonmole schützt vor der Brandung und erlaubt zumindest im Sommer gefahrloses Baden. Wasservergnügen verspricht auch der **Club Laurel** mit Swimmingpool und Sonnenliegen. Er gehört zum Hotelkomplex Tecina und steht gegen Gebühr auch Nichthotelgästen offen.

Wer es einsamer haben möchte, sucht sich ein Plätzchen an den Kiesstränden östlich von Playa de Santiago. Sie erreichen die Buchten mit dem Auto oder zu Fuß über eine Straße, die beim Hotel Tecina beginnt und kurz nach dem Golfplatz in eine staubige Piste übergeht. Sie führt zur **Playa de Tapahuga**, die durch einige Ge-

PLAYA DE SANTIAGO ERLEBEN

OFICINA DE TURISMO
Avenida Marítima
Mo.–Sa. 9–13.30, 15.30–18 Uhr
Tel. 922 89 56 50

Juli: Mit der »Fiesta del Carmen« wird der Schutzheiligen der Fischer in einer großen Bootsprozession gedacht.
August: Die ausgelassenen Feierlichkeiten zur »Fiestas de San Roque« ziehen sich eine ganze Woche hin, Höhepunkt ist ebenfalls eine Bootsprozession.

GOMERA JEWELS
Juwelen gibt es in der alten Bananen-Packstation keine, dafür formschönen Schmuck aus Lava und Halbedelsteinen. Jedes Stück ist ein Unikat aus dem eigenen Atelier! Sie finden den Laden am Strand auf dem Weg zum Kap Tecina.
La Banda 28
www.gomerajewels.com

BOUTIQUE DEL PAN Y PASTELERIA LELO
Ob Brot, Torten oder Gebäck, in dieser Konditorei findet jeder was! Sehr lecker sind die portugiesischen Sahnetörtchen. Wer es lieber pikant mag, sollte die gefüllten Empanadas probieren.
Calle La Junta
Tel. 922 89 51 62

FRED. OLSEN EXPRESS
Playa de Santiago liegt an der Linienverbindung von San Sebastián nach Valle Gran Rey, in beiden Orten sind Tagesausflüge möglich.
www.fredolsen.es

TINA EXCURSIONES
Die Jacht Tina startet ab dem Hafen Playa de Santiago bei ruhiger See zum Whale Watching, in der Regel jeweils Mo. und Do.
Tel. 922 80 58 85
www.excursiones-tina.com

4 CLUB LAUREL €€€
Die Lage am Fuß des Kaps von Tecina könnte schöner nicht sein! Das Lokal gehört zum Hotel Jardín Tecina, steht nach vorheriger Reservierung jedoch auch Gästen von außerhalb offen. Auf den Tisch kommt gepflegte spanisch-internationale Küche, zudem gibt es ein Öko-Menü mit Gemüse und Obst aus der eigenen Öko-Finca.
Am Strand unterhalb vom Hotel Tecina
Tel. 922 14 58 50

1 DON TOMATE €€–€€€
Hier wird es typisch italienisch: Das Lokal direkt an der Hafenstraße tischt eine große Auswahl an Pizzen, Pasta und Desserts wie Panna cotta oder Tiramisu auf. Auf der Terrasse spenden Sonnensegel Schatten. Mo. Ruhetag.
Avenida Marítima 56
Tel. 922 89 55 45

2 LA CUEVITA €€
Essen in einer Höhle – und dazu noch so gut! La Cuevita gilt als eines der besten Restaurants im Ort. Allzu hohe Preise müssen Sie dennoch nicht fürchten. Einige Tische sind vor dem Restaurant an der Straße aufgestellt.
Avenida Marítima 60
Tel. 922 89 55 68

1 Don Tomate
2 La Cuevita
3 Bar La Chalana
4 Club Laurel
5 Tasca Parrilla de Carlos

1 Apartamentos Santa Ana
2 Apartamentos Tapahuga
3 Hotel Jardín Tecina

3 BAR LA CHALANA €-€€

Das urige Strandbistro hat seine Tischchen direkt oberhalb von der Playa de Santiago stehen. Hier kommt man mittags auf eine Portion Gambas vorbei oder genießt abends bei einem Cocktail den Blick aufs Meer. Mi. Ruhetag.
Barranco Colón Laguna s/n
Tel. 922 89 59 69

5 TASCA PARRILLA DE CARLOS €€

Nicht nur Wanderer gehen ausgesprochen gern in das rustikale Lokal im Weiler Pastrana, 6 km nördlich von Playa de Santiago. Auch vom Hotel Tecina kommen Gäste – immerhin hat der Koch dort lange gearbeitet. Auf der lauschigen Terrasse werden v. a. Grillgerichte serviert. Mo. Ruhetag.
Pastrana
Calle Barranco de Santiago
Tel. 619 94 87 92

3 HOTEL JARDÍN TECINA €€€€

Die weitläufige Anlage des Reeders Fred Olsen ist eines der schönsten Hotels der Kanaren! Man wohnt in kleinen weißen Häuschen, die über eine große Gartenanlage verstreut sind. Die 434 Zimmer des Vier-Sterne-Hotels sind schlicht, aber komfortabel und freundlich ausgestattet. Für Zeitvertreib ist gesorgt: mit 5 Swimmingpools, 5 Tennisplätzen, 2 Squashplätzen, mit Mehrzwecksportplatz, Golfplatz und Tauchschule sowie einem Spa mit Sauna, Massage und Beautysalon. Dienstags können Sie zudem den Garten der angeschlossenen Öko-Finca besichtigen.
Lomada de Tecina s/n
Tel. 922 14 58 50
www.jardin-tecina.com

❷ APARTAMENTOS TAPAHUGA €€–€€€

Kanarische Holzbalkone zieren das Apartmenthaus an der Uferstraße. Auf zwei Stockwerke verteilen sich 29 gut ausgestattete Ferienwohnungen mit Küche, auf dem Dach erwarten Sie ein kleiner Pool und eine Sonnenterrasse. Sie haben die Wahl zwischen Zimmern mit Blick aufs Meer oder die Berge; ohne große Aussicht, aber dafür günstiger wohnt man in den Apartments, die zum Innenhof ausgerichtet sind.
Avenida Marítima 52
Tel. 922 89 51 59
www.tapahuga.es

❶ APARTAMENTOS SANTA ANA €€

Die kleine Anlage liegt etwa 3 km oberhalb von Playa de Santiago und besteht aus 14 Ferienwohnungen, die sich auf vier kleinere Häuser verteilen. Ein zehnminütiger Abstieg über einen steilen Treppenweg führt zum Meer. Von den hübsch möblierten Balkonzimmern und von der Sonnenterrasse am kleinen Pool genießt man den weiten Ausblick auf die Bucht. Nur für Erwachsene.
Las Trincheras
Tel. 922 89 51 66
buchbar über www.gomera.de

Luxuriöser als im Hotel Tecina kommt man kaum unter auf La Gomera

bäude etwas verschandelt wurde. Reizvoller ist da schon die nächste Bucht, die **Playa del Medio**. Sie erreichen sie nach rund 30-minütigem Fußmarsch vom Hotel Tecina aus. Bis zur Nachbarbucht, der **Playa de Chinguarime**, weiterzulaufen, lohnt sich nicht unbedingt. Hinter der Playa del Medio wird die Piste schmaler und schlechter, sodass man sie mit dem Pkw nicht mehr befahren sollte. Wer am Strand spazieren gehen möchte, muss einen Felsdurchbruch überwinden, um von der Playa del Medio zur Playa de Chinguarime zu gelangen. Bei Hochwasser und Wellengang ist davon allerdings unbedingt abzuraten.

Rund um Playa de Santiago

Ein klassisches gomerisches Dorf im Hinterland

Pastrana

Eine asphaltierte, ca. 4,5 km lange Straße verbindet Playa de Santiago mit der nördlich gelegenen winzigen Siedlung Pastrana inmitten von hohen Bergen. Nur rund 100 Menschen leben in dem Ort, der noch sehr ursprünglich wirkt. Die Straße führt am Grund des Barrancos de Santiago entlang, gewinnt dann etwas an Höhe, die Vegetation wird üppiger, Obstgärten und Palmen beleben das Bild. Unvermittelt endet die Straße unterhalb einer kleinen Kapelle. Ein Fußweg führt von hier aufwärts nach Benchijigua und weiter zum Roque de Agando.

Als hätte die Welt es vergessen

Benchijigua

Der malerische Weiler mit einer Hand voll längst verlassener Häuschen und einer kleinen Kapelle liegt völlig ab vom Schuss im **Barranco de Benchijigua** etwa 600 m ü.d.M. Dank seiner einmaligen Flora wurde das Tal zum **Naturreservat** erklärt – besonders im Frühjahr ist es die reinste Augenweide! Um Benchijiguas leere Häuser tummeln sich verwilderte Agaven-, Feigen- und Mandelbäume, Palmen fächern ihre Wedel, Wolfsmilchgewächse haben die Terrassen erobert. Ort und Tal sind heute im Besitz der Reederfamilie Olsen, die das Dorf in den 1990er-Jahren zum Modellprojekt des ländlichen Tourismus ausbauen wollte. Mit EU-Geldern wurden die teils halb verfallenen Bauernkaten instand gesetzt, doch nach nur mäßiger Nachfrage stellte man die Vermietung wieder ein. So dürfen Ort und Tal weiterhin im Dornröschenschlaf schlummern.
Die Anfahrt nach Benchijigua ist ein kleines Abenteuer: Von der GM-3, die San Sebastián mit Playa de Santiago verbindet, zweigt rund 6 km vor Playa de Santiago eine 4 km lange holprige Piste ab, die Fahrer und Fahrzeug einiges abverlangt. Nicht viel einfacher haben es Wanderer, die auf einem relativ langen und anfangs ziemlich steilen Weg von der GM-1 am Fuß des Roque Agando durch Benchijigua nach Playa de Santiago absteigen (▶ Baedeker Wissen, S. 194).

UNTER DUFTIGEN MANDELBLÜTEN

Ab Ende Januar blühen die ersten Mandelbäume und es ist, als hätte man die Bergdörfer La Gomeras mit luftig-leichter Zuckerwatte überzogen. Gerade die Umgebung von Benchijigua wird in ein weißrosa Blütenmeer getaucht, das herrlich duftet und einen ganz behutsam an den Zauber des Frühlings erinnert.

Refugium für Aussteiger

Lo del Gato

Auch der Weiler Lo del Gato (»Katzenbuckel«) südlich von Benchijigua ist bislang nur über eine Nebenstraße erreichbar. Sie zweigt etwa 600 m vor Benchijigua ab und ist zwar ziemlich schmal, doch überraschenderweise asphaltiert. Auch im Weiler Lo del Gato stehen etliche der Häuser leer, in anderen haben sich Aussteiger eingerichtet. Bis auf einige Wanderer, die auf ihrem Abstieg vom Roque de Agando nach Playa de Santiago hier durchkommen oder von Guarimiar und Pastrana aufsteigen, ist der Ort kaum vom Tourismus berührt.

★ SAN SEBASTIÁN

Höhe: Meereshöhe | **Gemeindebezirk:** San Sebastián
Einwohnerzahl: 8700 (ges. Bezirk)

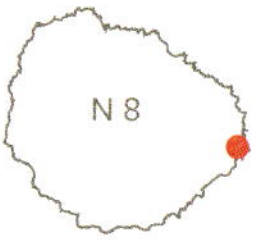

Für eine Hauptstadt ist alles sehr überschaubar – und doch könnte es keinen besseren Ort geben, um auf La Gomera anzukommen! Obwohl mittlerweile auch Kreuzfahrer durch die hübsche Altstadt schlendern, ticken die Uhren in San Sebastián sympathischerweise noch merklich langsamer als anderswo.

Die kleine Metropole

Für gomerische Verhältnisse geht es in der 6000 Einwohner starken Hauptstadt zwar geradezu lebhaft zu. Doch wer mit der Fähre vom umtriebigen Teneriffa übersetzt, findet die Ruhe in der kleinen Inselhauptstadt im ersten Moment fast gespenstisch. Bewegung kommt eigentlich nur auf, wenn an der Mole eine Fähre aus Teneriffa oder ein Kreuzfahrtschiff festmacht. Für viele Touristen ist San Sebastián jedoch nur Durchgangsstation auf dem Weg in die Feriendomizile im

Süden, Ausflugsbusse aus Teneriffa brechen von hier zur Fahrt in den Nationalpark auf. Schade! Denn die Kleinstadt im Mündungsbereich des Barranco de la Villa hat einiges an Flair zu bieten.

Als Kolumbus von hier aus die Neue Welt entdeckte

La Gomeras berühmtester Gast

Warum Kolumbus gerade das kleine La Gomera als letzten Ankerplatz vor seiner Reise in die Neue Welt wählte, liegt auf der Hand: Der Kanarische Archipel war damals der letzte Vorposten Europas. Die größeren Nachbarinseln Teneriffa und La Palma waren allerdings noch nicht erobert. In La Gomera dagegen gab es nicht nur einen relativ geschützten Hafen, sondern auch eine von den Spaniern erbaute kleine Siedlung. Die ersten Häuser ließ Hernán Peraza d. Ä. um 1440 errichten. Kolumbus soll seinen Fuß erstmals am 12. August 1492 auf gomerischen Boden gesetzt haben, um hier Lebensmittel zu bunkern und die Wasservorräte aufzufüllen. Den Inselannalen zufolge blieb er zwei Wochen und hielt sich dann nochmals vom 5. bis 7. Oktober 1493 und am 19. Juni 1498 in San Sebastián auf – für die Gomeros Grund genug, ihre Insel mit dem Beinamen **Isla Colombina** (»Kolumbusinsel«) zu schmücken (▶ Das ist ..., S. 20).

Vom Piratenmagnet zum Tourismuserfolg

Durch die Jahre

Doch die Inselhauptstadt lockte auch weniger wünschenswerte Besucher an. Mehrfach zogen **Piraten** plündernd und brandschatzend durch die Stadt, so etwa 1571 unter dem Hugenotten Jean Capdeville und 1599 unter dem Holländer Van der Does. Einen Angriff des Engländers Francis Drake konnten die Gomeros 1585 immerhin abwehren und, wie ein Gemälde in der Pfarrkirche von San Sebastián bezeugt, musste 1743 auch sein Landsmann Charles Windham unverrichteter Dinge abdrehen. Erst die zweite Hälfte des 18. Jh.s brachte **Stabilität und Aufschwung**: 1802 hatte San Sebastián 1800 Einwohner, denen Hafen, Verwaltung und Fischerei ein bescheidenes Auskommen bescherten. Richtig Geld kam jedoch erst ab den 1990er-Jahren in die Gemeindekasse – durch den Tourismus. Etliche historische Gebäude wurden seither restauriert, die Stadt legte eine schöne Uferpromenade an und leistete sich mit dem Cabildo Insular einen repräsentativen Verwaltungsbau für den Inselrat.

Der Überblick fällt hier nicht schwer

Orientierung

Dreh- und Angelpunkt jeglicher Unternehmungen ist die Plaza de las Américas, auf die man nach Verlassen der Hafenanlagen zwangsläufig stößt. Hier beginnen die beiden Hauptstraßen von San Sebastián, die Calle Real und die Calle Ruiz de Padrón. Fast alle historisch bedeutsamen Gebäude logieren in der **Calle Real**. In der **Calle Ruiz de Padrón** reihen sich Geschäfte, Restaurants und die ein oder andere Pension aneinander. Nach einem Rundgang durch das Geschäftsviertel lohnen auch eine Besichtigung des Torre del Conde in einem hübschen Park, ein Bummel auf der Uferpromenade entlang der Avenida de los Descubridores sowie der Aufstieg zum Parador.

1 La Forastera
2 Tasca la Salamandra
3 La Tasca
4 La Fortuna
5 La Cabaña
6 Kiosco las Carabelas
7 El Ambigú

1 Parador de la Gomera
2 Hotel Torre del Conde

SAN SEBASTIÁN ERLEBEN

PATRONATO INSULAR DE TURISMO DE LA GOMERA

Die Touristeninfo finden Sie in der jüngst restaurierten Casa Bencomo aus dem 19. Jh. gegenüber der Pfarrkirche. Zu den Bürozeiten können Sie einen Blick in den hübschen Innenhof mit Holzgalerie werfen.

Calle Real 32
Mo.–Sa. 9–13 u. 16–18,
So. 10–13 Uhr
Tel. 922 14 15 12
ww.lagomera.travel

Januar: Zur Ehre des Schutzheiligen der Stadt feiert man am Wochenende um den 20. Januar mit viel Folklore die »Romería de San Sebastián«.
Oktober: Das größte Inselfest ist die alle fünf Jahre abgehaltene »Bajada de Nuestra Señora de Guadalupe« (nächster Termin: 2023).

MERCADO MUNICIPAL

Die Markthalle ist zwar etwas klobig geraten, aber hier können Sie sich gut mit Obst, frischem Grünzeug oder kulinarischen Spezialitäten wie Almogrote, Palmhonig und Inselweinen eindecken. Nebenan gibt es mit dem Hipermercado Tu Trébol den einzigen großen Supermarkt auf der Insel.

Avenida de Colón s/n
Mo.–Sa. 8–20 Uhr

TIENDA BURRITO LA GOMERA

Auf der Suche nach T-Shirts, Basecaps und anderen Textilien mit dem Logo eines Gomera-Esels? Dann ist das hier der perfekte Ort.

Plaza de la Constitución 5
www.burritolagomera.es

ARTESANÍA SANTA ANA

Für die traditonelleren Mitbringsel: Das Souvenirgeschäft gegenüber der Pfarrkirche befindet sich in einem der ältesten Häuser der Stadt. Angeboten werden u.a. Töpferware, Seidenschals und Handarbeiten.

Calle Real 41

GALERÍA DE ARTE LUNA

Für Kunstfreunde die beste Anlaufstelle der Insel: In dieser Galerie stellen außer kanarischen und spanischen Künstlern auch die deutsche Malerin Barbara Beisinghoff und der Österreicher Guido Kolitscher aus.

Calle Real 48, Tel. 922 87 06 66
www.galerialuna.com

❷ TASCA LA SALAMANDRA €€–€€€

Das Altstadtlokal in der autofreien Bummelmeile gehört zu den besten Adressen der Stadt! Zum Glück heißt das nicht automatisch, dass man hier viel tiefer in die Tasche greifen muss. Eine Spezialität ist Spanferkel, doch es gibt auch leckere vegetarische Alternativen.

Calle Real 16
Tel. 662 23 30 01
www.lasalamandragastrobar.com

❶ LA FORASTERA €€

Egal ob Tapas, Burger oder »Quiche de la Mama«, in dem französischen Bistro mit dem Namen einer Weinrebe findet jeder das Passende. Achten Sie auch auf die Tagesgerichte! Die Weine sind gut, und wer das will, kann sogar ein Gläschen Inselwein probieren. Man sitzt ruhig auf dem Bürgersteig der Fußgängerzone – allerdings gibt es nur sechs Tischchen, Sie sollten also reservieren. So. Ruhetag.

Calle Real 15
Tel. 636 77 12 18

❸ LA TASCA €–€€

Hier trifft man sich abends gemütlich auf ein Glas Gomera-Wein, außerdem gibt es natürlich auch guten Rioja vom spanischen Festland. Auf der kleinen Speisekarte stehen vornehmlich Pizzen und Tortillas.
Calle Ruiz de Padrón 36
Tel. 922 14 1598

❹ LA FORTUNA €–€€

Eine große Auswahl zu günstigen Preisen – damit punktet dieses chinesische Lokal nahe dem Parque de la Torre del Conde. Sie können hier auch thailändische Spezialitäten probieren.
Calle Ruiz de Padrón 11
Tel. 922 14 12 65

❺ LA CABAÑA €–€€

Typischer geht es kaum: In der rustikalen Bretterhütte mit Imbissatmosphäre und hohem Lärmpegel hat man sich auf Grillgerichte und Kaninchen spezialisiert, auch die Käsecreme Almogrote ist einen Versuch wert. Das Lokal im Weiler El Langrero im Barranco de la Villa wird von den Gomeros vor allem am Wochenende besucht. Zu den Stoßzeiten sollten Sie etwas Zeit mitbringen, reservieren kann man nämlich nicht. Vorsicht, die Portionen sind riesig! Do. Ruhetag.
El Langrero
Carretera a Chejelipes, km 2
Tel. 922 87 02 59

❻ KIOSCO LAS CARABELAS €

Der Treffpunkt schlechthin! Die Terrasse vor dem Art-déco-Gebäude wird von mächtigen Indischen Lorbeerbäumen beschattet, bei einem Bier oder einem Milchkaffee können Sie dem Treiben der Stadt zuschauen oder das An- und Ablegen der Fähre verfolgen. Der Name spielt übrigens auf die drei Karavellen an, mit denen Kolumbus einen Steinwurf entfernt in die Neue Welt aufbrach.
Plaza de la Constitución s/n
Tel. 922 87 06 55

❼ EL AMBIGÚ €

Sandwiches und frisch gepresste Fruchtsäfte unter großen Sonnensegeln direkt auf der Plaza – so lässt es sich aushalten! Kein Wunder ist das Café neben dem Rathaus ist ein beliebter Treffpunkt.
Plaza de las Américas
Tel. 922 87 16 68

❶ PARADOR DE LA GOMERA €€€€

Schon die Lage ist reizvoll: auf einem Felsplateau an der Steilküste, 60 m über dem Meeresspiegel! Das auch von Geschäftsleuten und Lokalpolitikern gebuchte Vier-Sterne-Haus wurde 1972 im altkanarischen Stil erbaut; auch bei der Gestaltung der gediegenen Salons standen altkanarische Adelshäuser Pate. Entspannung pur bieten der Swimmingpool oder die Sonnenterrasse im blühenden Hotelgarten mit entzückender Aussicht. Das Restaurant verwöhnt den Gaumen mit kanarischen, spanischen und internationalen Gerichten. Zum Strand und zum Stadtzentrum sind es ca. 20 Min. zu Fuß.
Lomo de la Horca, Tel. 922 87 11 00
www.parador.es

❷ HOTEL TORRE DEL CONDE €€

Das vierstöckige Drei-Sterne-Stadthotel mit 38 Zimmern liegt in einer zumindest tagsüber ziemlich unruhigen Straße. Angenehmer sind die Zimmer mit Blick nach hinten hinaus zum Grafenturm, sie kosten dafür auch etwas mehr. Auf dem Dach erwartet Sie eine aussichtsreiche Sonnenterrasse.
Calle Ruíz de Padrón 19
Tel. 922 87 00 00
www.hoteltorredelconde.com

Wohin in San Sebastián?

Von hier aus brach Kolumbus nach »Indien« auf

Plaza de las Américas

Ganz klar, wo Kolumbus war, muss auch etwas an ihn erinnern, oder, wie im Falle der Plaza de las Américas, an den »versehentlich« von ihm entdeckten neuen Kontinent. Auf dem von Palmen beschatteten Platz treffen sich Einheimische und Touristen gleichermaßen. Blickfang ist an der Ostseite das Rathaus (Ayuntamiento) im kanarischen Stil mit seinen prächtigen Holzbalkonen und einem aufgesetzten schmucken Uhrenturm. Nördlich schließt sich die Plaza de la Constitución (Platz der Verfassung) an, an der unter jahrhundertealten Lorbeerbäumen ein schattiges Terrassenlokal zum Verweilen einlädt.

Das Wasser, mit dem Amerika getauft wurde

Casa de Aduana

Das Gebäude an der Ecke Plaza de la Constitución/Calle Real ist das alte **Zollhaus** (Casa de Aduana) aus dem 17. Jh., das schon als Speicher und Kerker fungierte. Heute beherbergt es ein kleines **Museum** zum Kolumbusaufenthalt. Im lauschigen Innenhof liegt der **Pozo de Colón**, der Kolumbusbrunnen. Angeblich ließ der damals relativ unbekannte Seefahrer daraus Wasser schöpfen, mit dem er seine Vorräte auffüllte – und später die Neue Welt weihte. Auf diese Ereignisse weist eine Gedenktafel hin: »Con esta agua se bautizó América«, übersetzt: »Mit diesem Wasser wurde Amerika getauft«.

Mo.–Fr. 10–18 Uhr | Eintritt: 2,50 €

Im Hafen von San Sebastián ist Platz für große und für kleine Schiffe.

Kolumbus soll in La Asunción zum letzten Mal gebetet haben, bevor er in See stach, um Indien zu suchen.

Calle Real

Ungestört bummeln in der schönsten Häuserzeile der Insel

Die Calle Real (»die Königliche«) kann sich als Flaniermeile der Hauptstadt sehen lassen! Aus der schmucken Fußgängerzone müssen selbst Lieferautos draußen bleiben, so kann man ungestört von Laden zu Laden schlendern. Sitzbänke laden zur Rast ein, hübscher Blumenschmuck sorgt für ein Lächeln. In der Hausnummer 38 macht die **Casa del Conde** aus dem 17. Jh. auf sich aufmerksam, in dem einst die Grafen von La Gomera residierten. Schräg gegenüber davon stellt hinter einer farbenfrohen Fassade die Galería de Arte Luna Kunst aus (▶ S. 99).

Iglesia Nuestra Señora de la Asunción

Gelebte Inselgeschichte in Kirchenform

Etwas zurückversetzt in der Calle Real steht die Iglesia de la Asunción (Mariä Himmelfahrt). Hier soll **Kolumbus** ein letztes Mal gebetet haben, bevor er zur Reise ins Ungewisse aufbrach. Der Grundstein wurde schon im 15. Jh. gelegt, allerdings brannte die Kirche mehrmals nieder und wurde von Piraten geplündert, sodass sie sich heute weitgehend als Bau des ausgehenden 18. Jh.s präsentiert. Im Inneren verdienen der hölzerne Barockaltar, die Statue der Nuestra Señora de la Asunción aus dem 18. Jh. sowie die Figur des gekreuzigten Christus von Luján Pérez Beachtung. Außerdem erzählt ein Wandgemälde von 1760 im linken Seitenschiff gelebte Stadtgeschichte: Der

einheimische Künstler José Mesa verewigte den Angriff des englischen Admirals **Charles Windham** von 1743, der von den Gomeros erfolgreich zurückgeschlagen wurde.
Eine besondere Bedeutung hat auch das linke Kirchenportal mit der **Puerta del Perdón** (Tor der Begnadigung). **Beatriz de Bobadilla**, die Gattin des damaligen Inselherrschers, benutzte es, um mithilfe einer List die aufständigen Ureinwohner zu richten (▶ Baedeker Wissen, S. 178). Die originale Puerta wurde 1618 durch ein Feuer zerstört, heute steht hier eine Nachbildung.

Wie war es hier, bevor die Spanier kamen?

Museo Arqueológico de La Gomera (MAG)

Nebenan informiert das archäologische Inselmuseum in einem restaurierten Kolonialgebäude über die Geschichte und Kultur der gomerischen Ureinwohner. Allzu viele Exponate aus vorspanischer Zeit dürfen Sie nicht erwarten, dafür gibt es informative Schautafeln. Themenschwerpunkte der vier Säle sind u.a. die Besiedlung der Insel, Begräbnisriten und von den Ureinwohnern hinterlassene Felsritzungen. Die Tafeln sind alle auf Spanisch gehalten, aber an der Rezeption bekommen Sie eine deutsche Übersetzung.
Calle Torres Padilla 6 | Mo.–Fr 9–14 und 15–17 Uhr | Eintritt: 2,50 €

Von Seefahrern und Seemannsgarn

Casa de Colón

Noch ein weiteres Haus erinnert in der Calle Real (Nr. 56) an den berühmten Seefahrer: die Casa de Colón. Tatsächlich gewohnt haben kann Kolumbus in diesem Haus aus dem 17. Jh. natürlich nicht – selbst wenn manche es hartnäckig behaupten. Auch ob er im 1618 abgebrannten Vorgängerbau nächtigte, ist nicht nachweisbar. Dafür ist er Star der Ausstellungen über Seefahrtsgeschichte.
Mo.–Fr. 10–18 Uhr

Sie war hier vor allen anderen

Ermita de San Sebastián

Wenige Schritte weiter gelangen Sie zur Ermita de San Sebastián. Errichtet wurde sie Mitte des 15. Jh.s zu Ehren des Schutzpatrons der Inselhauptstadt, das macht sie vermutlich zum **ältesten Kirchenbau der Insel**. Piraten zerstörten die Kapelle 1571 und 1618 weitgehend. Vom ersten Bau erhalten ist der Seiteneingang mit Spitzbogen.

Einer muss ja die Stellung halten

★ Torre del Conde

Auf dem Rückweg beweist ein weiterer Oldie sein Durchhaltevermögen. Um zum »Turm des Grafen« zu gelangen, wechseln Sie auf die parallel verlaufende Calle de Ruiz de Padrón. Wenn Sie sich noch vor der Plaza de las Américas rechts halten, kommen Sie zu dem kleinen Park, in dem der alte Wehrturm die Stellung hält. Hernán Peraza der Ältere ließ ihn 1447 im kastilischen Stil als Teil der Stadtbefestigung erbauen, schon bald darauf verschanzte sich hier **Beatriz de Bobadilla** nach der Ermordung ihres Gatten (▶ Baedeker Wissen, S. 178).

Nicht einmal Piraten konnten die Torre del Conde knacken.

Ob in dem Turm tatsächlich auch die Gold- und Silberschätze aus der Neuen Welt zwischengelagert wurden, ist nicht gesichert. Aber man weiß, dass Piraten den 16 m hohen Turm immer wieder angriffen – einnehmen konnten sie ihn aber nie. Heute werden hier historische Karten der Kanaren sowie alte Stiche von San Sebastián gezeigt. Verpassen Sie nicht einen gemütlichen Spaziergang im schönen Park mit feuerroten Flammenbäumen, Kapok- und jungen Drachenbäumen!
Mo.–Fr. 10–18 Uhr

Luxuriöse Wohnoase auf aussichtsreicher Klippe

Parador de la Gomera

Eines der schönsten Hotels des Kanarischen Archipels, der Parador Nacional Conde de la Gomera, prunkt hoch über der Stadt. Sie erreichen ihn über eine Gasse, die bei der Iglesia de la Asunción von der Calle Real abzweigt. Der Bau von 1973 erinnert an kanarische Landhäuser. Beim Aufstieg zum Parador blicken Sie auf halbem Weg vom **Mirador de la Hila** schön auf die Stadt zurück.

Wo die Hauptstädter baden gehen

Playa de San Sebastián, Playa de la Cueva

Baden mit Blick auf den Hafen ist nicht jedermanns Sache. Die 500 m lange **Playa de San Sebastián** liegt unmittelbar westlich vom Hafenbecken und profitiert zwar von seiner schützender Mole, allerdings beeinträchtigt der Schiffsverkehr leider die Wasserqualität. Der dunkelsandige Vulkanstrand wird von einer großzügigen Uferpromenade mit Sitzbänken und Bars eingefasst. Eine reizvolle Alternative ist die feinsandige **Playa de la Cueva** nur wenige Schritte nordöstlich vom Hafen, von der man ein großartiges Panorama auf den Pico del Teide hat! Direkt am Strand liegt das Areal des Club Náutico, zu dem ein Restaurant gehört, das in eine Höhle gebaut wurde.

Rund um San Sebastián

Einer der schönsten Strände der Insel überhaupt

Playa de Avalo

Die Playa de Avalo erstreckt sich 6 km nördlich von San Sebastián. Die Anfahrt zum unverbauten Strandidyll erfolgt über die Straße, die am Parador vorbeiführt. Kurz hinter ihm hält man sich links und folgt dem geteerten Camino del Lomo del Cavo zum Strand hinab. Am Wochenende ist die teils sandige, teils kieselige Bucht ein beliebtes Ziel der Einheimischen, unter der Woche muss man sie jedoch meist mit nicht allzu vielen Menschen teilen. Einziger Wermutstropfen: Der ehemalige Geheimtipp hat durch ein geplantes Großhotel, derzeit brachliegende Baustelle, viel von seiner Ursprünglichkeit verloren.

Hier wartet Maria auf ihren nächsten großen Einsatz

Ermita de Señora de Guadalupe

Von der Playa de Avalo führt eine Piste weiter zur rund 4 km entfernten Ermita de Señora de Guadalupe von 1542. Einsam und allein auf weiter Flur steht die Kapelle unterhalb einer Felswand – und doch kommt sie alle fünf Jahre zu Ruhm: Denn dann steht ihre Marienstatue im Mittelpunkt einer großen Fiesta und wird in einer Schiffsprozession nach San Sebastián gebracht (das nächste Mal 2023).

Fast wie in Rio

Monumento al Sagrado Corazón de Jesús

Wenn Sie San Sebastián auf der Carretera del Sur (der Hauptstraße ins Inselzentrum) verlassen, dann passieren Sie nach ca. 2 km links die Abzweigung zum Monumento al Sagrado Corazón de Jesús. Nach kurzem Aufstieg erreichen Sie die 7 m hohe **Christusstatue**, die 1958 auf einem 10 m hohen Sockel aufgestellt wurde. Von hier oben hat man eine gute Sicht auf San Sebastián und Teneriffa.

Abgeschiedene Talschaft im Rücken der Hauptstadt

Barranco de la Villa

Von San Sebastián führt eine Asphaltstraße landeinwärts in den Barranco de la Villa. Schnell lässt man die kleine Industriezone der Inselhauptstadt hinter sich und dringt in das fruchtbare Tal vor. Im zunächst noch breiten Talgrund gedeihen Bananen und verschiedene Obst- und Gemüsesorten. Bald rücken die Felswände enger zusammen. In Stauseen unterhalb der Straße wird das kostbare Nass gesammelt. Nach etwa 11 km endet die Straße in dem **Weiler La Laja**. Hier starten verschiedene Wanderwege, u. a. kann man von La Laja zum Roque de Agando (▶ S. 73, 194) aufsteigen.

★★ TENERIFFA

Inselfläche: 2034 km² | **Einwohnerzahl:** 889 000
Hauptstadt: Santa Cruz de Tenerife

Lichtdurchflutete Architekturtempel, beeindruckende Landschaften, denkmalgeschützte Altstädte, ursprüngliche Bergdörfer und der höchste Berg Spaniens – die größte Insel der Kanaren hat für jeden das Passende im Repertoire. Und sie ist nur 60 Minuten mit der Fähre entfernt. Lust auf einen Ausflug?

Die große Schwester

Von vielen Orten auf La Gomera hat man eine spektakuläre Aussicht auf Teneriffas ebenmäßig geformten Vulkankegel, den 3718 m hohen Pico del Teide. Warum nicht mal den Spieß umdrehen und vom Teide aus nach La Gomera hinüberschauen? Einen flüchtigen Eindruck von der größten Kanareninsel haben Sie vermutlich schon während der Anreise nach La Gomera gewonnen. Doch dass Teneriffa weitaus mehr als Autobahnen und Bettenburgen bietet, erkennen viele erst auf den zweiten Blick. Mit außergewöhnlichen Landschaften, Freizeitparks und Städten zwischen Tradition und Moderne finden Sie sicher das Richtige für sich!

Jede denkbare Landschaft, vereint auf nur einer Insel

Vielfalt

Keine andere Kanareninsel ist höher oder weiträumiger als Teneriffa. Die Insel mag weniger Fläche haben als das Saarland – trotzdem gilt sie als **Kontinent im Kleinen**! Eine vergleichbare landschaftliche und botanische Vielfalt hat keine andere Kanareninsel. Teneriffas verschiedene Vegetationszonen ändern sich mit zunehmender Höhe: angefangen von den trockenen Küstenzonen, in denen vor allem anspruchslose Wolfsmilchgewächse zu Hause sind, über thermophile Busch- und immergrüne Lorbeerwälder bis hinauf zu den lichten Kiefernwäldern über den Passatwolken und schließlich der subalpinen Gebirgsflora in der ausgebrannten Vulkanlandschaft rund um den Teide. Unterbrochen werden die Gebirgszüge von tief eingekerbten und teils erwanderbaren Schluchten, etwa dem Barranco del Infierno (»Höllenschlucht«) bei Adeje oder dem Barranco de Masca nahe von dem gleichnamigen Bergdorf im Teno-Gebirge. Das Inselzentrum rund um die Teide wurde 1954 zum Nationalpark erklärt, seit 2007 ist es Weltnaturerbe der UNESCO.

Was Sie wissen müssen

Organisation

Da die Überfahrt von La Gomera aus nur 50–60 Min. dauert, kann man gut einen Tagesausflug nach Teneriffa machen – aber für einen

Über San Sebastián geht der Blick hinüber nach Teneriffa mit dem alles überragenden Pico del Teide.

einzigen Tag hat die große Nachbarinsel viel zu viel zu bieten! Um wenigstens einen Teil der Sehenswürdigkeiten angemessen zu würdigen, sollten Sie mind. zwei oder drei Tage einplanen. Bedenken Sie auch, dass die Entfernungen auf Teneriffa teils beachtlich sind. Zwar ist das Straßennetz hervorragend ausgebaut, doch die Wege vor allem in den Nordteil der Insel sind weit. Wer wirklich nur einen Tag übrig hat, macht am besten einen Ausflug in den **Nationalpark** und besucht den majestätischen Pico del Teide. Einen Mietwagen können Sie sich am Fährterminal in Los Cristianos bereitstellen lassen.

OCÉANO ATLÁNTICO
La Matanza
La Victoria
Puerto de la Cruz
Punta Brava
Santa Úrsula
San Juan
La Romántica
Los Realejos
La Orotava
San Marcos
Buenavista
La Caleta
Garachico
Cruz Santa
Los Silos
Icod
La Guancha
El Tanque
La Vega
Valle de la Orotava
Las Portelas
Erjos
El Portillo
Masca
Santiago del Teide
Laderas del Teide
3718
Pico de Teide
Pico Viejo
2994
Mña Rajada
2507
Volcán de Fasnia
2176
Arguayo
Parque Nacional del Teide
Las Cañadas
Puerto de Santiago
Chío
2717
Guajara
2534
El Sombrero
Guía de Isora
Arico El Nuevo
Lomo de Arico
Tijoco de Abajo
Vilaflor
Las Vegas
El Rio
Granadilla
Chimiche
Callao Salvaje
Armeñime
Adeje
Escalona
Charco del Pino
Las Palomeras
Arona
Valle de San Lorenzo
San Miguel
La Caleta
San Isidro
Playa de las Américas
Chayofa
Buzanada
Aldea Blanca
Los Cristianos
El Médano
Aeropuerto Reina Sofia
Los Abrigos
Palm-Mar
Costa del Silencio
TF-5
TF-42
TF-82
TF-21
TF-24
TF-38
TF1
TF-28
TF-51
TF-64
TF-65
TF-66
TENERIFFA
5 km
© BAEDEKER

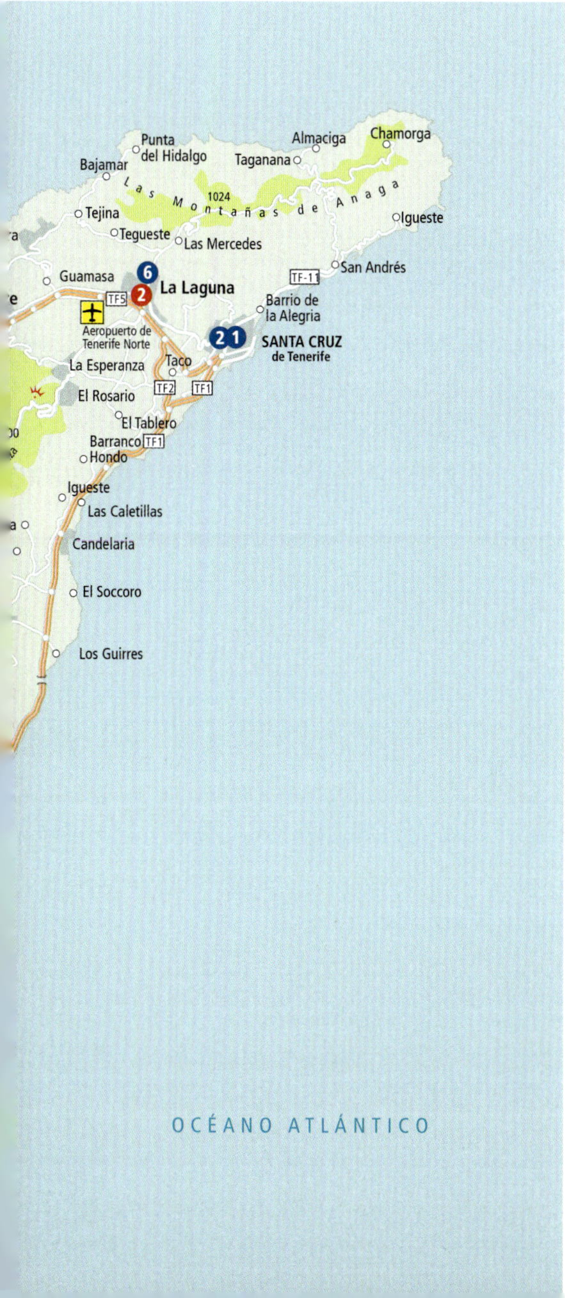

1. Taberna Ramón / Santa Cruz
2. Café Bistró Auditorio/Santa Cruz
3. Casa del Vino / El Sauzal
4. Régulo / Puerto de la Cruz
5. Café Palmelita / La Laguna
6. Agora / Puerto de la Cruz

1. Arona Gran Hotel/Los Cristianos
2. Aguere/La Laguna
3. Hotel Tigaiga / Puerto de la Cruz
4. Parador de Cañadas del Teide / Parque Nacional del Teide

TENERIFFA ERLEBEN

OFICINA DE INFORMACIÓN TURÍSTICA
Santa Cruz de Tenerife
Plaza de España (Pavillon am Seeufer)
Tel. 922 28 12 87
www.todotenerife.es

ANREISE
Mit der Fähre kommt man schnell und unkompliziert von La Gomera nach Teneriffa – täglich fahren sie alle ein bis zwei Stunden. Wer bereits auf La Gomera einen Mietwagen hat, kann ihn auf die Fähre mitnehmen (Paketpreis für Pkw und zwei Personen etwa 70 € für die einfache Überfahrt).
Vom Regionalflughafen La Gomera gibt es tgl. zwei Flüge mit Binter Canarias zum Flughafen Teneriffa-Nord.
Fähren: San Sebastián Los Cristianos ca. 45 Min. (Fred Olsen, Naviera Armas); Valle Gran Rey – Los Cristianos ca. 90 Min. (Naviera Armas)
www.fredolsen.es
www.navieraarmas.com
Flug: www.bintercanarias.com
www.iberia.es

ARTENERIFE
Ein original kanarisches Mitbringsel? Finden Sie im Artenerife! Keramik, Schmuck und sonstiges Kunsthandwerk werden garantiert auf den Kanaren produziert.
Santa Cruz (Kiosco Plaza de España)
Puerto de la Cruz (Kiosco neben der Casa de la Aduana am alten Fischerhafen)
www.artenerife.com

CASA DE LOS BALCONES
Das wunderschöne Balkonhaus in der historischen Altstadt von La Orotava offeriert eine riesige Auswahl an Stickereien und Handarbeiten.
La Orotava
Calle San Francisco 3
Tel. 922 33 06 29
www.casa-balcones.com

4 RÉGULO €€€
Gehobene Küche, freundlicher Service und Speisen im überdachten Patio eines kanarischen Herrenhauses – so lässt es sich aushalten! Abends sollte man reservieren.
Puerto de la Cruz
Calle Pérez Zamora 16
Tel. 922 38 45 06

3 CASA DEL VINO €€–€€€
Zum Weinmuseum gehört ein rustikales Lokal mit kreativer kanarischer Küche. Bei sonnigem Wetter genießt man draußen auf der Terrasse den Ausblick auf den Teide – natürlich bei einem vollmundigen Glas Wein aus der Region! Um hinzukommen, nehmen Sie auf halbem Weg von La Laguna nach Puerto de la Cruz die Autobahnausfahrt El Sauzal; von hier ist der Weg zu dem Weinmuseum am Ortsrand gut ausgeschildert.
El Sauzal
Calle San Simón 49
Tel. 922 56 38 86
www.casadelvinotenerife.com
Mo. Ruhetag

1 TABERNA RAMÓN €€
In der urigen Tapas- und Weinbar kommt deftige spanische Küche von Blutwurst bis Spanferkel auf den Tisch – lecker und zu Recht beliebt!

Santa Cruz
Rambla de Santa Cruz 56
Tel. 922 24 13 57

❷ CAFÉ BISTRÓ AUDITORIO €€

Auf der Kaffeeterrasse des Konzerthauses können Sie die außergwöhnliche Architektur dieses Wahrzeichens der Hauptstadt ganz in Ruhe auf sich wirken lassen. Unter der Woche gibt es hier ein relativ preiswertes Tagesmenü.
Santa Cruz
Avenida Constitución 1
(im Auditorio de Tenerife)
Tel. 922 56 86 00

❺ CAFÉ PALMELITA €

Sie wollen sich nach dem Stadtbummel kurz zurücklehnen? Dieses Café auf dem Kirchplatz der Iglesia de la Concepción ist ideal für eine Kaffe-und-Kuchen-Pause. Vollkornbrot und Rosinenzopf gibt es auch zum Mitnehmen.
La Laguna
Plaza de la Concepción
Tel. 922 25 04 05
www.palmelita.es

❻ AGORA €

Auf der autofreien Plaza in der Altstadt isst man im Schatten von Palmen eine Kleinigkeit oder lässt bei Kaffee und Kuchen die Seele baumeln.
Puerto de la Cruz
Plaza Pérez Galdós 6
Tel. 634 34 47 35

❶ ARONA GRAN HOTEL €€€€

Dieses große Resort mit seiner bombastischen Lobby und einem Spa-Bereich gibt es schon eine ganze Weile – aber es wurde immer wieder auf den neuesten Stand gebracht! Das Arona grenzt direkt an die Uferpromenade, auf der man in einer Viertelstunde zu Fuß zum Hafen von Los Cristianos kommt.
Los Cristianos
Avenida Juan Carlos I. 38
Tel. 922 75 06 78
www.springhoteles.com

❷ AGUERE €€€

Mehr Historie geht kaum noch! Der ehemalige Bischofswohnsitz liegt mitten in der als Weltkulturerbe geschützten Altstadt. In Sachen Komfort muss man allerdings ein paar Abstriche machen.
La Laguna
Calle Obispo Rey Redondo 55
Tel. 922 31 40 36
www.hotelaguere.es

❸ HOTEL TIGAIGA €€€€

Mehr Palmen als Hotelbetten? Das gibt es nur hier! Das gepflegte Vier-Sterne-Haus mit eigenem botanischen Garten liegt außerordentlich ruhig hoch über der Altstadt von Puerto de la Cruz. Stammgäste schätzen den perfekten Service und die hervorragende Küche, Umweltfreunde loben die nachhaltige Hotelführung.
Puerto de la Cruz
Parque Taoro 28
Tel. 922 38 35 00
www.tigaiga.com

❹ PARADOR DE LAS CAÑADAS €€€

Nirgends auf den Kanaren können Sie höher schlafen und die Sterne heller funkeln sehen! Das gute Mittelklassehaus im Nationalpark liegt auf 2200 m ü.d.M. und überzeugt vor allem im Sommer. Das restliche Jahr ist es nachts allerdings empfindlich kühl, manchmal schneit es sogar! Fragen Sie ruhig nach einem Zimmer mit Teide-Blick.
an der TF-21 im Nationalpark Teide
Tel. 922 38 64 15
www.parador.es

Fahrt in den Teide-Nationalpark (1. Tag)

Taktische Kniffe für den Pico del Teide

Planung

Am und auf dem Teide ist immer einiges los! Spätestens mittags ist der Andrang vor der Seilbahnstation riesig, oft herrscht ein Verkehrschaos. Brechen Sie deshalb am besten auf, sobald Ihre Fähre in Los Cristianos angelegt hat. Für die Auffahrt sollten Sie etwa 90 Min. einplanen. Wer die Wartezeit an der Seilbahn abkürzen will, reserviert im Internet ein Ticket mit Zeitfenster (www.volcanoteide.com).

Wo sich die Sonnenanbeter tummeln

Start in Los Cristianos

Für Ausflügler aus La Gomera ist Los Cristianos in der Regel der Ausgangspunkt für alle Unternehmungen auf Teneriffa. Zusammen mit den westlich angrenzenden Ferienstädten Playa de las Américas und Costa Adeje bietet es Platz für mehr als 100 000 Gäste – und ist damit eines der größten touristischen Ballungszentren Europas. Von zwei alten Häuserzeilen abgesehen, wird man keinen gewachsenen Ortskern finden, selbst die hellen Sandstrände wurden künstlich erschaffen. Wer hier Urlaub macht, sucht Sonne und Badevergnügen, größere Sehenswürdigkeiten gibt es nicht.

Frische Bergluft schnuppern

Vilaflor

Vom Hafen in Los Cristianos fährt man nordwärts Richtung Arona und weiter nach Vilaflor, das man nach rund 20 km erreicht. Der höchstgelegene Ort Teneriffas (1 400 m ü. d. M.) wird im Süden von Obst- und Gemüsepflanzungen umgeben, nach Norden hin schließen sich Kiefernwälder an. Einen schönen Blick auf den luftigen Ort Haben Sie vom **Mirador de San Roque** am nördlichen Ortsausgang, oberhalb der Durchgangsstraße.

Durch eine Mondlandschaft hindurch

★★ Caldera de las Cañadas

Oberhalb von Vilaflor macht der Kiefernwald plötzlich einer grandiosen Vulkanlandschaft Platz. Spätestens an der großen Straßengabelung **Boca del Tauce**, man hält sich hier rechts, meint man, auf dem Mond angekommen zu sein! Die Caldera de las Cañadas ist ein Riesenkrater mit einem Durchmesser von 16 km, der durch Einsturz und Erosion entstanden ist. Eingerahmt wird sie von bis zu 500 m hohen Felswänden, nach Norden hin begrenzt sie der Pico del Teide. Auf der Ebene erstrecken sich ausgedehnte Schlackenfelder und Lavaströme. Die Gesteinsschichten kleiden sich in die unterschiedlichsten Farbtöne, von rot und ocker bis zu schwarz. Der jüngste Vulkanausbruch in dieser Region ereignete sich 1798, damals floss drei Monate lang Lava aus Öffnungen des Pico Viejo, einem Nebenkrater des Teide. Der **Pico del Teide** selbst ist das Ergebnis mehrerer Schübe, seine heutige Gestalt entstand vor etwa 500 000 Jahren. Am Fuß des Teide führt die Straße durch die Ebene von Ucanca und erreicht

schließlich mit den Los Roques die bekannteste Felsformation Teneriffas. **Los Roques** sind Reste des Urvulkans, die genau wie die Kraterränder der Caldera de las Cañadas beim Einsturz zurückblieben. Am markantesten ist der 30 m hohe **Roque Cinchado** – von den Einheimischen »Steinerner Baum« oder »Finger Gottes« genannt. Gegenüber der Zufahrt zu Los Roques können Sie auf der Terrasse des Hotels Parador de Cañadas eine kleine Pause machen.

Wandern im Angesicht des Teide

Wanderung nach La Catedral

Wer genügend Zeit im Gepäck hat, kann vom Wendeplatz **Mirador de la Ruleta** am Fuß des Roque Cinchado eine 4,3 km lange Rundwanderung unternehmen. Auf dem etwa eineinhalbstündigen Rundweg bleiben Sie durchgängig auf über 2000 m Höhe, die Auf- und Abstiege beschränken sich auf ca. 150 Höhenmeter. Der Pfad ist relativ gut ausgebaut, dennoch sollte man feste Wanderschuhe tragen. Gerade im Sommer gilt: Sonnenschutz und Wasser nicht vergessen! Der mit Nr. 3 markierte Weg zieht zunächst an den Felsen entlang nach Nordwesten zu den Los Roques Blancos. An der dortigen Verzweigung halten Sie sich links und steigen über Lavahänge zu einem Felsendom namens **La Catedral** in der Ebene von Ucanca ab. Von dort erreichen Sie nach kurzem Anstieg wieder den Wendeplatz.

★★ Pico del Teide

In acht Minuten (fast) auf den Gipfel
3718 m! Ganz egal, ob vom Flugzeug oder vom Schiff aus, immer ist der höchste Gipfel Spaniens der Blickfang schlechthin – und beherrscht souverän die ganze Insel. Entsprechend groß ist der Besucherandrang. Sofern Wind und Wetter es zulassen, fährt die Seilbahn täglich von 9 bis 17 Uhr und bringt Sie in rekordverdächtigen acht Minuten bis zur **Rambleta**, einer Aussichtsplattform auf 3555 m Höhe. Um die Natur zu schonen, darf man sich nur eine Stunde an der Rambleta aufhalten. Wer zum Gipfel möchte, braucht dafür eine kostenlose Genehmigung (s.u.); die Besucherzahl ist begrenzt und die Tickets sind im Sommer oft Monate im Voraus ausgebucht. Achtung: Zum Gipfel steigen Sie zwar in nur 30 Min. auf, doch die Luft ist hier merklich dünner, was den Weg sehr anstrengend macht.
Ohne Genehmigung können Sie von der Bergstation auf einem gut ausgebautem Weg in 20 Min. zum **Mirador de Pico Viejo** am Südwestrand der Rambleta wandern. Von hier haben Sie einen spektakulären Blick in den Kraterkessel des Vulkans Pico Viejo! Etwas kürzer ist der Weg zum **Mirador de la Fortaleza** am Nordrand der Ramble-

Im Mai sprenkeln die Natternköpfw etwas Farbe in die karge Ödnis am Teide.

ta. Auch von hier haben Sie eine famose Aussicht über den gleichnamigen Felsriegel, der die Caldera de las Cañadas nach Norden abschließt, bis zur Küste herab. Selbst für diese beiden kleineren Wanderungen sind bequeme Wanderschuhe angebracht.
Genehmigung für den Gipfel: www.reservasparquesnacionales.es

Bezaubernde Natternköpfe

Centro de Visitantes El Portillo

Im Bergfrühling von Ende Mai bis Mitte Juni erstaunt hier eine Pflanzenvielfalt, die man der sonst so ausgebrannten Vulkanlandschaft gar nicht zugetraut hätte! Einige der Pflanzen kommen ausschließlich hier im Nationalpark vor – und der große Star ist eindeutig der **Teide-Natternkopf**: Bis zu 2 m hoch scheinen sich Hunderte roter und blauer Blüten an den kegelförmigen Pflanzen zu stapeln! Wollen Sie gern wissen, welche Pflanzen Sie eigentlich im Nationapark gesehen haben? Dann bietet sich ein Abstecher an in den kleinen **Botanischen Garten** des Besucherzentrums El Portillo am Nordrand des Nationalparks an. Dort erklärt zudem eine sehenswerte Dauerausstellung, wie Teneriffa entstanden ist.
El Portillo: tgl. 9–16 Uhr

Sternwarte und Pyramiden

Rückfahrt in den Inselsüden

Auf der Route, die Sie schon von der Herfahrt kennen, kommen Sie am schnellsten zurück nach Los Cristianos. Neue Landschaftseindrücke verspricht jedoch die Abfahrt von El Portillo nach Güímar, wobei Sie zunächst am **Observatorio del Teide** vorbeikommen, das exponiert auf den Bergrücken Izaña gesetzt wurde. Seine futuristisch anmutenden Teleskope sind Teil der Europäischen Nordsternwarte. Im weiteren Verlauf der Strecke jagt ein spektakulärer Blick zur Küste den nächsten (vorausgesetzt, die Passatwolken verhindern nicht jegliche Sicht). Etwa 18 km hinter El Portillo zweigt von der TF 24 rechts die Straße nach Arafo ab. Nach ca. 18 kurvenreichen Kilometern erreichen Sie den Ort inmitten von Obstgärten und Weinbergen. Nur 4 km südlich von Arafo liegt Güímar, das wegen der hier entdeckten Pyramiden in die Schlagzeilen geriet – man hielt sie für Kultstätten der Urbevölkerung. Das Gelände ist als **Parque Etnográfico Pirámides de Güímar** zugänglich. Von Arafo und Güímar haben Sie Anschluss zur Autobahn, die parallel zur Südostküste verläuft. Über sie kommen Sie zügig zurück zum Ausgangspunkt der Rundfahrt.
Parque Etnográfico Pirámides: tgl. 9.30–18 Uhr | Eintritt: 11,90 €

Santa Cruz und La Laguna (2. Tag)

Die neue und die alte Hauptstadt

Schon lange sind die beiden Großstädte nahtlos miteinander zusammengewachsen. Mit mehr als 350 000 Einwohnern bilden sie eine Metropolregion, die wie fast alle urbanen Ballungsräume nicht ganz von gesichtslosen Vorstädten und Verkehrsstaus verschont blieb. Doch beide haben einen attraktiven Kern, in dem man ein Stück kanarische Lebensart kennenlernt, wie man sie in den eher künstlichen Ferienstädten vergebens sucht. Santa Cruz wartet mit einem Zentrum auf, das von lebhaften Plätzen und moderner Architektur geprägt wird, die Universitätsstadt La Laguna glänzt hingegen mit einer von der UNESCO zum Welterbe geadelten Altstadt, die vielerorts noch ein getreues Abbild der Kolonialzeit vermittelt. Was beiden Großstädten gemein ist? Der chronische Parkplatzmangel. Wer im Mietwagen unterwegs ist, steuert in Santa Cruz am besten das Parkhaus im zentralen Bus- und Straßenbahnhof Intercambiador an. Nach der Besichtigung von Santa Cruz kann man von dort ganz bequem und entspannt mit der Straßenbahn nach La Laguna fahren.

★★ Santa Cruz de Tenerife

Hafenmetropole mit Stararchitektur

Weltoffene Großstadt

Als gerade keiner hingeschaut hat, hat sich Santa Cruz ordentlich herausgeputzt: Die zweitgrößte Stadt der Kanaren (über 200000 Einwohner) punktet mit lebhaften Plätzen, attraktiven Museen und nicht zuletzt mit guten Einkaufsmöglichkeiten. Neben ihrer Funktion als Inselhauptstadt ist Santa Cruz zugleich Verwaltungssitz der gleichnamigen spanischen Provinz, zu der die Nachbarinseln La Gomera, La Palma und El Hierro gehören.

Ihre Bedeutung verdankt die Stadt am Fuß des Anaga-Gebirges dem konsequenten Ausbau des Hafens seit Mitte des 18. Jahrhunderts. 1723 übernahm Santa Cruz schließlich die Hauptstadtfunktion vom benachbarten La Laguna. Der boomende Kreuzfahrttourismus beschert ihr heute Hunderttausende von Tagesgästen im Jahr.

Aushängeschild der runderneuerten Innenstadt …

Innenstadt

… ist die wunderschöne **Plaza de España**, die jüngst von dem renommierten Architekturbüro Herzog & de Meuron neu gestaltet wurde. Ihr Fußgängerbereich öffnet sich nun zum Hafen. Ebenfalls Fußgängern vorbehalten ist die **Calle de Castillo**, die Haupteinkaufsmeile; zu den Geschäftszeiten mischen sich hier Hauptstädter mit Ausflüglern und Kreuzfahrttouristen. Stadteinwärts geht der Spanische Platz in die **Plaza de la Candelaria** über. Mittelpunkt des Platzes ist die Skulptur »Triumph der Candelaria«. Die Gestalten zu Füßen der Schutzheiligen des Archipels stellen Guanchenfürsten dar.

In Inselgeschichte abtauchen

Kirche, Museum

Einige hundert Meter südlich der Plaza de la Candelaria steht die älteste und bedeutendste Kirche der Stadt, die **Iglesia de Nuestra Señora de la Concepción**, die bis ins 16. Jh. zurückreicht. Im alten

Hospital gegenüber der Kirche logiert das **Museo de la Naturaleza y el Hombre**, das umfassend über Geschichte und Kultur der Ureinwohner aufklärt. Neben der naturwissenschaftlichen Abteilung ist v.a. die archäologische Sammlung sehenswert.

40 Millionen Euro

TEA (Tenerife Espacio de las Artes)

… ließ sich die Stadt den neuen Kulturtempel von Herzog & de Meuron kosten – und der Erfolg gibt ihr Recht. Schon das Gebäude des multifunktionalen Kunst- und Kulturzentrums ist absolut spektakulär und einen Abstecher wert, es liegt in der unmittelbaren Nachbarschaft am Südufer des Barranco de Santos. Das TEA zeigt auf verschiedenen Ebenen wechselnde Ausstellungen zeitgenössischer Kunst. Eine Dauerausstellung behandelt das Werk des kanarischen Surrealisten Óscar Domínguez. Zu dem bedeutendsten Kulturforum der Kanarischen Inseln gehören auch eine Bibliothek, eine gut sortierte Kunstbuchhandlung und ein Kino für Autorenfilme.
Di.–So. 10–20 Uhr | www.teatenerife.es

Von Kulinarik über Kunst zu Kultpalmen

Markt, Konzertsaal, Botanischer Garten

Ganz andere Eindrücke verspricht ein Besuch auf dem **Mercado de Nuestra Señora de África** (nur vormittags geöffnet): Obst, Gemüse, Blumen, Fisch und auch lebende Tiere suchen hier Abnehmer. Im neuen Viertel Cabo Llanos beschließt das **Auditorio de Tenerife** den Hauptstadtbummel. Der kühn geschwungene Konzerttempel ist eine Arbeit des renommierten Architekten Santiago Calatrava.
Wer den sattgrünen Dschungel in der Großstadt sucht, ist im nur wenige Schritte entfernten **Palmetum** perfekt aufgehoben. Zur Sammlung gehören rund 400 Palmenarten aus aller Welt.

Ausspannen unter Palmen

★ Playa de las Teresitas

Hier haben Sie die Chance, einen Postkartenstrand mit hellem und feinem Sand zu genießen, der von Palmen gesäumt ist! Dass das fast 1 km lange Areal kein Naturstrand ist, sondern wie so oft auf Teneriffa künstlich aufgeschüttet wurde, fällt dabei nicht ins Gewicht. Von Santa Cruz aus folgen Sie einfach der Uferstraße ins 5 km entfernte Dorf San Andrés, dort gibt es auch ganz gute Fischlokale.

★★ La Laguna

Von der UNESCO zum Welterbe geadelt

Die erste Hauptstadt

Seit 1999 darf sich La Laguna »Kulturerbe der Menschheit« nennen! Prächtige Bürgerhäuser, repräsentative Adelspaläste und verschwiegene Klöster von Augustinern, Franziskanern und Dominikanern prägen die Altstadt und demonstrieren eindrucksvoll den spanischen Kolonialstil des 16. und 17. Jh.s. Mit ihrem Straßennetz im Schachbrettmuster wurde die Stadt Modell für neue Ortsgründungen in Übersee. Das 1496 gegründete La Laguna war bis 1723 nicht nur Hauptstadt von Teneriffa, sondern der ganzen kanarischen Inselgruppe. Heute leben in der Universitätsstadt rund 150000 Menschen – und trotzdem hat sie sich erstaunlich viel kleinstädtischen Charme erhalten, wenn man einmal von ihrer Peripherie absieht.

Der lauschige Startpunkt des Rundgangs

Plaza del Adelantado

Für einen Rundgang durch La Laguna brauchen Sie ein bis zwei Stunden, mit Besichtigung der Kirchen und Museen natürlich länger. Als Ausgangspunkt eignet sich die schattige **Plaza del Adelantado**. Prächtigster Profanbau hier ist der Palacio de Nava (Hausnr. 1) vom Ende des 16. Jh.s. Der Palast ist ein typisches Beispiel des spanischen Kolonialbarocks. Die Calle Obispo Rey Redondo führt zur Kathedrale (**Santa Iglesia Catedral**), die einige kostbare Kunstschätze birgt. Die älteste Kirche der Stadt ist jedoch die **Iglesia de Nuestra Señora de la Concepción**, die am Nordwestende der Calle Obispo Rey Redondo aufragt. Sie entstand 1502–1543, erfuhr aber im Laufe der Jahrhunderte mehrfach bauliche Veränderungen.

Schlendern, schauen und entdecken

Calle San Agustín

Zurück geht es über eine nördliche Parallelstraße, die Calle San Agustín. Sie passieren das Instituto »Cabrera Pinto« mit hübschem Glockenturm sowie das heute zerfallene Convento de San Agustín. Wer mehr über die Inselgeschichte wissen will, besucht das **Museo de Historia de Tenerife**. Untergebracht ist es in einem Herrenhaus aus dem ausgehenden 16. Jh., das schon allein eine Besichtigung Wert ist. Die Calle San Agustín stößt schließlich auf die Calle Nava y Grimón, die gen Süden zurück zur Plaza del Adelantado führt.

Museo de Historia: Di.–Sa. 9–20, So./Mo. 10–17 Uhr | Eintritt: 5 €

Wild zerklüftetes Gebirge in immergrünem Kleid

★★ Las Montañas de Anaga

Sowohl von Santa Cruz als auch von La Laguna aus bietet sich ein Abstecher in die nordöstlichste Inselecke an. Die Anaga-Halbinsel ist seit 2015 **UNESCO-Biosphärenreservat**. Hier konnten sich, genau wie auf La Gomera, prächtige Lorbeerwälder erhalten. Den kaum besiedelten bis zu 1000 m hohen Bergzug überzieht ein dschungelartiges Grün, das durch ein gut markiertes Wanderwegenetz erschlossen ist. Ein aussichtsreicher Anlaufpunkt ist das Centro de Visitantes am **Cruz del Carmen** (tgl. 9.30–16, im Sommer bis 15 Uhr), in dem Sie sich über die schönsten Wanderrouten informieren können. Wie die Menschen in der abgeschiedenen Region noch bis vor wenigen Jahrzehnten lebten, sieht man im **Höhlendorf Chinamada**. Größte Siedlung ist das reizvoll über der Nordküste gelegene Dorf Taganana, das landwirtschaftliche Zentrum der Region.

Erst mal ein Kaffee an der Plaza del Adelantado, bevor der Spaziergang durch La Laguna beginnt.

Teneriffas grüner Norden (3. Tag)

Rund um die Insel

Planung

Wenn man in Los Cristianos startet, kommt eine Fahrt durch die Landstädtchen im Norden praktisch einer Inselumrundung gleich. Angesichts der rund 200 km langen Strecke bleibt für Besichtigungspausen relativ wenig Zeit, daher sollten Sie bereits im Vorfeld Prioritäten setzen. Aber die Rundfahrt kann Ihnen einen ersten Eindruck von Teneriffas Vielseitigkeit vermitteln!

Gartenstadt mit berühmtem Tierpark

★ Puerto de la Cruz

Von Los Cristianos kommt man auf der Autobahn relativ zügig über La Laguna (siehe 2. Tag) nach Puerto de la Cruz. Die zweitgrößte Ferienstadt Teneriffas hat mit ihrem beschaulichen Altstadtkern durchaus Flair: Man findet schöne Häuserzeilen im kanarischen Stil und von Indischem Lorbeer beschattete lauschige Plätze.

Zentraler Treff ist die **Plaza del Charco**. Westlich davon liegt das alte Fischerquartier La Ranilla, heute ein Ausgehviertel mit vielen ansprechenden Restaurants. Wenn die Sonne scheint, und das ist in Puerto nicht selbstverständlich, entwickeln die großen Meerwasserpools des **Lago Martiánez** eine magische Anziehungkraft. Gestaltet wur-

den sie vom Lanzarotiner Künstler César Manrique. Pflanzenliebhaber begeistert der **Jardín Botánico**: Der bereits 1788 angelegte Botanische Garten trumpft u.a. mit einer luftwurzelnden Würgefeige, Leberwurstbäumen und stachelübersäten Kapokbäumen auf.
Wesentlich tiefer in die Tasche greifen muss man für den **Loro Parque**. Damit sich das Eintrittsgeld lohnt, sollten Sie für den Tierpark mind. drei Stunden reservieren, am besten sogar einen extra Reisetag. Die Highlights: das Pinguinhaus, das Aquarium mit Haifischtunnel und die Papageiensammlung – mit ca. 350 Arten weltweit die größte. Dazu gibt es Tiershows mit Seelöwen, Delfinen und Orcas.
Jardín Botánico: tgl. 9–19 Uhr | Eintritt 3 €
Loro Parque: tgl. 8.30–18.45 Uhr | Eintritt: Erwachsene 38 €, Kinder 26 €

★ La Orotava

Charmant und ursprünglich

Wenn Sie Zeit haben, sollten Sie sich einen Abstecher ins Orotava-Tal und in die Stadt La Orotava nicht entgehen lassen! Das Tal oberhalb von Puerto de la Cruz begeisterte schon Alexander von Humboldt. Ausgangspunkt für einen Bummel durch die Altstadt ist die blumengeschmückte **Plaza de la Constitución**, dank ihres Ausblicks auch »Balkon von La Orotava« genannt. Den Platz begrenzen im Nordosten die Kirche und das einstige Kloster San Agustín (1694).
Durch die Calle del Escultor Estévez kommen Sie zum spätklassizistischen Rathaus, hier biegen Sie rechts (in nördlicher Richtung) ab und erreichen nach ca. 200 m die **Iglesia de Nuestra Señora de la Concepción**. Mit ihrer wuchtigen Kuppel und den beiden kleinen Türmen ist die Kirche ein Meisterwerk des Barock mit Stilelementen des Rokoko. Südliche Verlängerung der Calle Colegio ist die Calle San Francisco mit einigen der schönsten Bauten von La Orotava, darunter die **Casas de los Balcones**. Das Doppelhaus (1632–1670) mit seinen fein gedrechselten Holzbalkonen gilt als Musterbeispiel kanarischer Architektur. Der üppig begrünte Innenhof ist wirklich zauberhaft – gehen Sie kurz rein! Von der hinteren Terrasse des schlichten Renaissancebaus gegenüber haben Sie einen schönen Blick über das Orotava-Tal. Links zweigt die Calle Hermano Apolinar ab und führt vorbei an einem kleinen botanischen Garten zum östlich gelegenen **Jardín Victoria**, dessen Blumenpracht sich über verschiedene Terrassen zieht. Er beherbergt nicht nur das Mausoleum eines Marquis, sondern bietet auch einen hochherrschaftlichen Blick über die Altstadt! Nördlich unterhalb des Parks breitet sich die Plaza de la Constitución aus, der Ausgangspunkt des kleinen Rundgangs.

★ Icod de los Vinos

Der Greis unter den Drachenbäumen

In das alte Weinstädtchen Icod de los Vinos fährt man schon allein, um dem mächtigsten Drachenbaum der Insel seine Aufwartung zu machen. **Drago Milenario** (»Tausendjähriger Baum«) nennen ihn die Einheimischen stolz, doch da Drachenbäume keine Jahresringe ha-

ben, ist ihr Alter schwer zu schätzen. Doch obwohl er vermutlich »nur« 500 Jahre zählt, ist der Drachenbaum von Icod das älteste Exemplar seiner Gattung – und mit seiner schirmartigen Krone aus viel verzweigten Ästen eines der beliebtesten Fotomotive Teneriffas. Um den Baum hat man einen **Botanischen Garten** angelegt mit Pflanzen, die ausschließlich auf den Kanaren vorkommen. Um den Drago zu sehen, müssen Sie aber nicht unbedingt das Eintrittsgeld zahlen, Sie können ihn auch aus erhöhter Warte vom Kirchplatz aus bewundern.
Parque del Drago: tgl. 9.30–19.30, Okt.–März 10–18 Uhr | Eintritt 5 €

Wiedererstanden aus Schutt und Asche

★ Garachico

Das Landstädtchen westlich von Icod de los Vinos verfügte einst über einen bedeutenden Exporthafen – bis der Vulkan ausbrauch und den Hafen sowie den zugehörigen Ort 1706 unter glühenden Lavamassen begrub. Nur die kleine Hafenfestung **Castillo de San Miguel** aus dunklem Basaltstein blieb wie durch ein Wunder verschont. Doch die Einwohner bauten ihre Stadt unverdrossen wieder auf. Bei einem Spaziergang durch den kleinen Altstadtkern glaubt man, es hätte hier nie eine Naturkatastrophe gegeben: Im Kolonialstil errichtete Bürgerhäuser scharen sich um die große **Pfarrkirche Santa Ana**, auch die hübsch angelegte Plaza de la Libertad atmet mit dem angrenzenden **Palacio Condes de La Gomera** noch ganz den Geist des 18. Jh.s. In dem lang gestreckten Palast aus akkurat behauenen Quadersteinen residierten einst die Grafen von La Gomera; sie zogen das Leben im weltoffenen Garachico dem bäuerlich geprägten La Gomera vor.

Stimmt. Masca muss man gesehen haben (► S. 122).

»Masca muss man gesehen haben!«

Masca

Diesen Satz hört man auf den Kanaren oft. Tatsächlich finden tagtäglich Tausende von Ausflüglern den Weg in den bis vor wenigen Jahrzehnten völlig abgeschiedenen Ort, und das trotz der nach wie vor engen und kurvenreichen Bergstraßen. Die Anfahrt durch das **Teno-Gebirge** ist ziemlich aufwendig, und um die Mittagszeit lohnt es sich kaum, da man selten einen freien Parkplatz findet. Frühmorgens und spätnachmittags jedoch ist das ins Gebirge eingepasste Dorf pures Idyll: Gepflasterte Treppenwege führen an Bauernkaten vorbei, die von Palmen und Mandelbäumen eingerahmt werden, und trittsichere Wanderer mit Kondition können den **Barranco de Masca** entdecken, eine der spektakulärsten Schluchten der Kanaren!

Zurück durch Teneriffas »Wilden Westen«

Los Gigantes

Hoch über der Westküste macht zunächst das Landstädtchen **Santiago del Teide** mit einer maurisch anmutenden Kuppelkirche auf sich aufmerksam. Von seiner schönsten Seite zeigt sich die Region im Februar zur Mandelblüte, das ganze Jahre über begeistert jedoch die Aussicht auf den hoch über dem Städtchen thronenden Teide. Von Santiago del Teide kündigt sich schon Acantilado de los Gigantes an, die **Steilküste der Riesen**. Jäh bricht hier das Teno-Massiv senkrecht zum Meer ab. Etwas südlich davon entstand mit dem Doppelort Los Gigantes / Puerto de Santiago ein weiteres großes Ferienzentrum für Sonnenanbeter. Von dort kommt man auf der alten Landstraße TF-47 nach Los Cristianos zurück, zügiger geht es natürlich über die parallel dazu verlaufende Autobahn.

VALLE GRAN REY

Höhe: 0 – 800 m ü. d. M. | **Gemeindebezirk:** Valle Gran Rey
Einwohnerzahl: 4400 (ges. Bezirk)

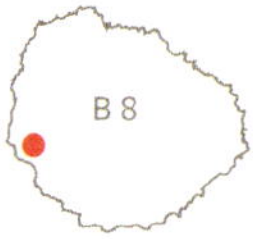

Palmen über Palmen füllen das traumhafte Tal inmitten mächtiger Berge, auf saftig grünen Terrassenfeldern reifen Bananen, Papayas und Mangos. Schon bei der Anfahrt zeigt sich das »Tal des Großen Königs« in seiner ganzen Schönheit – ohne Wenn und Aber eine der spektakulärsten Landschaften der Kanaren!

Wer Gomera sagt, meint oft eigentlich das Valle Gran Rey. Sein mildes und überwiegend trockenes Klima macht es zu einem hervorragenden Standort für Wanderer und Ausflügler, auch Strandfreunde finden hier einige gute Badeplätze. Doch ein ursprüngliches Idyll, wie

Das schönste Tal der Insel

es unter Hippies und Aussteigern lange Zeit gepriesen wurde, ist das Valle nicht mehr. Vor allem am Meer hat der Tourismus sichtbare Spuren hinterlassen. Verglichen mit den ausufernden Ferienstädten auf Teneriffa oder Gran Canaria sind die 3200 Gästebetten an der breiten Talmündung allerdings nur Peanuts. Überdimensionierte Hotelkomplexe gibt es hier nicht, im Ortsteil La Puntilla und in La Playa stehen lediglich mittelgroße Anlagen, ansonsten urlaubt man in privat geführten kleineren Häusern. Hohe Berge umrahmen das Tal, das vom Hochland zum Meer hin abfällt, und schaffen in den unteren Lagen ein ideales Klima für die Landwirtschaft. Für das nötige Nass sorgt die Quelle von Guadá, die im Barranco del Agua entspringt, einem Seitental des Valle Gran Rey.

Mietwagen, Bus oder Fähre?

Ankommen

Bis vor wenigen Jahren kamen die meisten Gäste mit dem Linienbus, per Taxi oder mit einem Mietwagen, den sie im Hafen von San Sebastián in Empfang genommenen hatten. Da es keine direkte Straße entlang der Küste gibt, müssen Sie für die kurvigen 50 km eine Anfahrtszeit von einer Stunde einplanen, mit dem Linienbus gar eineinhalb Stunden. Busse fahren in der Regel wenige Minuten nach Ankunft der Fähre von Los Cristianos ab (So. eingeschränkter Verkehr). Seit 2017 wieder eine Fährverbindung ihren Betrieb aufgenommen hat, wählen viele Reisende nach kurzem Zwischenhalt in San Sebastián die Fähre von San Sebastián nach Valle Gran Rey (Fahrzeit inkl. Zwischenstopp in Playa de Santiago: 70 Min.).

Doch, Valle Gran Rey ist das schönste Tal der Insel.

Vom Bananental zur Hippiekolonie

Geschichte

Die Ur-Gomeros nannten das Gebiet des heutigen Valle Gran Rey »Orone«. Hier hatte der mächtigste Inselkönig seinen Sitz – das erklärt den spanischen Namen »**Tal des großen Königs**«. Nachdem die Spanier die Insel vereinnahmt hatten, besiedelten sie den fruchtbaren höheren Talbereich. In der Talmündung entstanden die ersten Häuser erst in der zweiten Hälfte des 18. Jh.s. Seit dem Ende des 19. Jh.s entwickelte sich der Tomaten- und Bananenanbau im unteren Tal zum profitablen Erwerbszweig, daraufhin stieg die Bevölkerungszahl in Küstennähe stark an.

In Valle Gran Rey begann Anfang der 1970er-Jahre der **Tourismus** auf La Gomera. Damals ließen sich in dem palmenbestandenen Tal viele »Aussteiger« nieder, vor allem aus Deutschland (▶ Das ist …S. 8). Schon lange kommen nicht nur Hippies und Rucksacktouristen hierher, sondern auch Individualreisende, die einen gewissen Komfort schätzen. Zudem zieht es immer mehr Pauschalurlauber ins grüne Tal – das ergibt eine bunt zusammengewürfelte Gästeschar und gerade die trägt zum Reiz des Valle Gran Rey als Ferienziel bei.

VALLE GRAN REY ERLEBEN

OFICINA DE TURISMO

Calle La Noria 2
La Playa,
Mo.–Sa. 9–13.30 u. 16–18,
So. 10–13 Uhr
Tel. 922 80 54 58

Dank der Linienverbindung vom Hafen Vueltas nach San Sebastián bietet sich mit dem Linienschiff Benchi Express (Reederei Fred.Olsen) ein relativ preisgünstiger Tagesausflug in die Hauptstadt oder nach Playa de Santiago an. Bei ruhiger See lohnt ein Ausflug nach ▶ Los Órganos an die Nordküste oder die Teilnahme am sanften Whale Watching. Auskünfte und Termine im Hafen von Vueltas oder unter:

Fred. Olsen Express:
www.fredolsen.es
Oceano: www.oceano.gomera.com
Tina Excursiones:
www.excursiones-tina.com

Januar: Am Dreikönigstag zieht während der »Fiesta de los Reyes Magos« von La Calera eine Prozession zur Ermita de los Reyes.
Juni: Am Johannistag (24. Juni) wird im Tal die »Fiesta San Juan« gefeiert.

FINCA ECOLÓGICA LOMO DEL RIEGO

Knackige Salate, Tomaten, Paprika, Mangos oder Papayas: Hier können Sie sich mit zertifiziertem Bio-Obst und -Gemüse eindecken – dank des subtropischen Klimas ist vieles das ganze Jahr über frisch verfügbar. Das

meiste wächst auf den Feldern neben dem Hofladen, in dem auch viele Naturkostprodukte aus Deutschland zu haben sind. Biogärtner Manuel Chinea hat seine Ausbildung in einem deutschen Demeter-Betrieb gemacht.
La Calera
Calle Lomo Riego
(am Busbahnhof)
Tel. 922 80 62 53

NATURVALGRANREY
Der vielleicht am besten sortierte Bioladen im Tal offeriert ein breites Angebot von Tofu und Sojajoghurt bis zu ungespritzten Bananen und Apfelsinen. Das Geschäft liegt an der Hauptstraße, die zum Hafen führt, schräg gegenüber vom Supermarkt.
Vueltas 15
Tel. 922 80 58 59
www.naturvalgranrey.com

ARTE EN PIEL
Schuhe nach Maß? Die alteingesessene Schuhmanufaktur braucht dafür je nach Auftragslage nur 4–5 Werktage. Außerdem gibt es hier Gürtel, Taschen und Portemonnaies aus Leder, alles aus eigener Herstellung. Die Werkstatt liegt etwas versetzt zur Straße von La Calera nach La Playa.
La Calera
Avenida La Calera 12

ALGO DIFERENTE
In ihrem Laden an der Hauptstraße stellen Andrea und Antje seit fast 20 Jahren erfolgreich T-Shirts mit dem für Gomera typischen Gecko-Motiv her, neuerdings auch in Bio-Qualität. Eine Klage vom französischen Branchenriesen Lacoste, dass der Gecko zu sehr einem Krokodil ähneln würde, wurde erfolgreich abgewiesen. Tut er ja auch gar nicht.
Borbalán
Avenida El Llano 25
Tel. 922 80 61 86
www.algo-diferente.com

TIMAH SHOP
Wandersocken vergessen? In dem Wanderladen von Timah gibt es auch Tagesrucksäcke, Teleskopstöcke und was man sonst noch alles im Bergland braucht. Geführte Tageswanderungen können Sie hier auch gleich buchen!
La Puntilla
Avenida Marítima la Playa s/n
Tel. 922 80 70 37

EL FOTÓGRAFO
Auch wenn die klassische Ansichtskarte in Zeiten von WhatsApp und Instagram einen schweren Stand hat, bei El Fotógrafo kann man kaum widerstehen! Die etwa 500 Motive des größten Postkartensortiments der Insel stammen alle aus eigener Produktion. Außerdem gibt es im Kodakladen direkt auf der Promenade auch eine große Auswahl an Modeschmuck.
La Playa
Paseo Las Palmeras s/n

PIANOBAR
Wenn gerade ein Livekonzert oder ein Flamenco-Abend stattfindet, ist hier viel los! Das Lokal befindet sich im Apartmenthaus Gomera Lounge direkt an der Promenade von La Playa. Geöffnet in der Regel Di.–Sa. ab 20.30 Uhr.
La Playa
Paseo Las Palmeras 9
Tel. 922 80 51 95

8 EL BAIFO €€–€€€
In kulinarischer Hinsicht ohne Frage eine der besten Adressen der Insel! Der malaiische Koch bereitet jedes Gericht ganz frisch zu – etwas Geduld muss man daher mitbringen. Probieren Sie das Huhn auf malaiische Art oder die vorzügliche Ente. Reservie-

rung erforderlich. Fr. Ruhetag, sonst ab 19 Uhr geöffnet.
La Playa
Calle Normara 1
Tel. 922 80 57 75

9 LA SALSA €€–€€€

In dem ehemals rein vegetarisch geführten gelben Haus in Vueltas gibt es außer Gemüsetempura und Currys nun auch Fisch- und Fleischgerichte.
Vueltas
Calle Telémaco 11
Mo.–Sa. ab 18 Uhr
Tel. 922 80 52 32

10 LA ORQUIDEA €€

Auf der Aussichtsterrasse mit prächtigem Blick zum Meer wird kanarische Hausmannskost gereicht, die nicht immer überzeugt. Aber es ist ein toller Platz, um zuzusehen, wie die Sonne langsam im Meer versinkt! Sa. Ruhetag.

La Calera
Calle La Orquidea s/n
Tel. 922 80 51 81

❸ TAMBARA €€
Zum Sonnenuntergang ist es meist bis auf den letzten Platz gefüllt: In dem Szenelokal mit kleiner Terrasse werden passend zum orientalischen Interieur Kichererbsen und Couscous offeriert, doch es gibt natürlich auch Fisch oder Pasta mit Meeresfrüchten. Mo. Ruhetag
Vueltas
Calle La Ciudadela 12
Tel. 928 80 70 95

❺ COLORADO €€
In dem freundlichen Lokal gleich hinter der kleinen Promenade haben Sie die Wahl zwischen Pizza, Pasta, Tapas, mediterranen und internationalen Klassikern – und alles schmeckt super! Reservieren.
La Playa
Calle La Noria
Di.–So. 13–15 und ab 18 Uhr
Tel. 922 80 62 17
www.teggee.com/de/colorado

❻ MANGO €€
In bester Lage erwartet Sie dieses Terrassenlokal direkt in der von Palmen gesäumten Flanierzone über dem Strand. Hier können Sie morgens ab 9 Uhr frühstücken, ab Mittag gibt es dann verschiedene Tapas und warme Küche. Mo. Ruhetag.
La Playa
Paseo Las Palmeras 2
Tel. 922 80 53 62

❼ LA ISLITA €–€€
Der Italiener liegt etwas ab vom Schuss an der Straße zur Playa del Inglés. Außer der üblichen Auswahl an Pizzen – mit dünnem Teig und sehr gut belegt – gibt es auch ein täglich wechselndes Angebot an frischem Fisch. Freundliche und flotte Bedienung. So. Ruhetag.
La Playa
Edificio Casanova
Calle Playa del Inglés s/n
Tel. 922 80 55 00

❷ EL PUERTO €–€€
Hier sind Fische und Meeresfrüchte wirklich frisch – das wissen Einheimische und Touristen zu schätzen! Spezialität ist Zarzuela (Fischtopf).
Vueltas
Calle Las Vueltas s/n (am Hafen)
Tel. 922 80 52 24

❶ CACATUA €
In dem lauschigen Garten in einer ruhigen Seitengasse bekommen Sie ein echt gomerisches Frühstück mit Ziegenkäse und Palmhonig, außerdem gibt es Bocadillos und kleine warme Gerichte! Die gleichnamige Bar neben dem Terrassencafé ist ein Treff für Nachtschwärmer. So. Ruhetag.
Vueltas
Calle Telemaco 5
Tel. 922 80 61 04

❹ PAN DE VUELTAS €
Vermissen Sie Schwarzwälder Kirschtorte und Linzertorte? Dann ist das Café der deutschen Konditorei die richtige Adresse für Sie! Zum Mitnehmen gibt es frische Brötchen und kernige Vollkornbrote.
Borbalán
Calle El Llano s/n
Tel. 922 80 60 91

❶ HOTEL PLAYA CALERA €€€–€€€€
Nur wenige Schritte vom Strand entfernt: Das Viersternehaus punktet mit modern eingerichteten Zimmern in guter Lage. Überzeugend ist auch der aussichtsreiche Dachpool, nur beim gastronomischen Angebot muss man Abstriche machen. Am besten buchen Sie nur mit Frühstück, in der Nähe gibt es viele gute Lokale.

BAEDEKER MAGISCHE MOMENTE

JETZT ERST MAL ANKOMMEN

Dieses gleißende Licht, schnell die Sonnenbrille raus! Ein baumhoher Weihnachtsstern vor dem Zimmerbalkon, summende Insekten – untrügerische Zeichen, dass Sie gelandet sind und dem grauen mitteleuropäischen Winter ein Schnippchen geschlagen haben! Nach dem Einchecken dann der erste Spaziergang, natürlich ans Meer, zur Promenade von La Playa. Jetzt einen Café con leche. Oder doch lieber ein Gläschen vom roten Inselwein?

La Playa
Calle Punta Calera 2
Tel. 922 80 57 79
www.hotelplayacalera.com

8 HOTEL GRAN REY €€€–€€€€

Nur eine Straße trennt das Hotel vom Strand! Vom Dach des Hauses, auf dem es einen Frühstücksraum, einen Swimmingpool und eine Sonnenterrasse gibt, haben Sie einen schönen Blick auf Meer und Tal. Auch die 120 hellen, komfortablen Zimmer – alle mit Balkon – garantieren eine beeindruckende Aussicht. Das Restaurant wartet mit einem reichhaltigen Büffet auf. Für sein vorbildliches Umweltmanagement wurde das Hotel mehrfach prämiert.
La Puntilla
Avenida Marítima 1
Tel. 922 80 58 59
www.hotelgranrey.es

2 PARAÍSO DEL CONDE €€€

Besonders schön ist der Ausblick von den Wohnungen im Obergeschoss! Von der deutsch geführten kleinen Anlage mit 12 großen Apartments sind es nur ein paar Schritte bis zum »Baby Beach« Charco del Conde.

La Puntilla
Avenida Marítima 20
Tel. 922 80 59 21
www.paraiso-del-conde.eu

5 GOMERA LOUNGE €€€

Bali, Marrakesch oder Hawaii? Jedes der 12 Apartments ist anders eingerichtet und soll an ein Traumziel erinnern. Mit einer besonders tollen Aussicht aufs Meer und das Tal trumpft das Apartment Casa Romana in der dritten Etage auf. Die Gomera Lounge mit zugehöriger Pianobar liegt an der kleinen Flanierpromenade über dem Strand von La Playa. Ihren kleinen Spa-Bereich mit Sauna, Jacuzzi und Massageangebot dürfen auch Externe nutzen.
La Playa
Paseo Las Palmeras 9
Tel. 922 80 51 95
www.gomeralounge.de

3 JARDÍN DE LA CALERA €€

Selbstversorger, die weder Rezeption noch Zimmerservice brauchen, sind hier bestens aufgehoben! Die kleine Apartmentanlage liegt in aussichtsreicher Hanglage im autofreien Treppenviertel von La Calera. Die Wohnküche hat alles, was man zum Kochen

braucht, und von der Terrasse haben Sie einen tollen Blick auf die Dörfer im Talausgang und das Meer.
La Calera
Calle La Gurona 29
buchbar über La Paloma:
Tel. 922 80 60 43
www.gomera.de

6 APARTAMENTOS LOS TARAJALES €€

Die gut geführte Anlage an der (nicht störenden) Straße zur Playa del Inglés gehört bereits zu den älteren Unterkünften im Tal. Wahlweise gibt es Studios oder etwas größere Apartments, Stammgäste wissen vom Balkon aus den tollen Meerblick zu schätzen.
La Playa
Carretera Playa del Inglés 9
Tel. 922 80 53 01
www.tarajales.net

7 APARTHOTEL BAJA DEL SECRETO €€

Die terrassenförmige Anlage hat helle, geschmackvolle Zimmer. Man kann zwischen Apartments mit ein oder zwei Schlafzimmern wählen. Auf der Dachterrasse sorgt ein Pool für Abkühlung, auf den Liegen können Sie Sonne tanken – und Sie haben von hier eine wunderschöne Aussicht.
La Puntilla
Charco del Conde 1
Tel. 922 80 57 09
www.bajadelsecreto.com

9 HOTEL JARDÍN CONCHA €€

Klein, aber fein: Das Hotel liegt in einer autofreien Gasse im alten Dorf. Die neun Zimmer sind zwar recht klein, haben jedoch einen hübschen Holzbalkon.
La Calera
Calle La Orquidea s/n
Tel. 9 22 80 60 63
www.hotelconcha.net

4 APARTAMENTOS CHARCO DEL CONDE €

Von außen wirkt die zweistöckige Pauschalanlage am Baby Beach relativ nüchtern, doch die 100 Apartments sind recht freundlich eingerichtet. Von der Hälfte der Wohneinheiten haben Sie einen schönen Blick aufs Meer, die anderen liegen zum begrünten Innenhof hin. Vom Flughafen Teneriffa Süd wird ein Shuttle-Service inkl. Fähre und Bus angeboten.
La Puntilla
Avenida Charco del Conde 13
Tel. 922 80 55 97
www.charcodelconde.com

Wohin im Valle Gran Rey?

Von ländlich bis touristisch

Ortsteile

Vom Tourismus weitgehend unberührt sind bis heute die Orte im oberen Teil des Valle Gran Rey: El Retamal, Los Descansaderos, El Hornillo und Los Granados. Die Bewohner leben nach wie vor primär von der Landwirtschaft. Doch je weiter man ins Tal hinabfährt, desto touristischer wird es. **El Guro** ist ein malerischer Weiler, in dem viele Ausländer Grundbesitz erworben haben. Auch in **Casa de la Seda** werden einzelne Ferienhäuschen vermietet. Vor allem aber konzentriert sich der Tourismus im Tal auf das an den Hang geschmiegte La Calera, auf den Hafenort Vueltas, das nördlich anschließende La Puntilla und auf La Playa mit seiner hübschen Strandpromenade.

Das alte Gomera grüßt

★★ La Calera

Neben ▶ Agulo ist es das hübscheste Inseldorf – und für Autos gänzlich ungeeignet. Das weiß getünchte La Calera schmiegt sich an den Hang und macht aus der Not eine Tugend, indem es ein ganz besonderes Flair entwickelt mit Treppenwegen und einem engen Gassengewirr, in dem man leicht die Orientierung verliert. Da eine Palme und ein Mangobäumchen, dort blüht eine Bougainvillea oder eine Kübelblume vor farbenfrohen Häusergiebeln, dazu räkeln sich Katzen faul in der Sonne… Auch das eine oder andere Lokal versteckt sich in dem Labyrinth. Natürlich kann man sich in La Calera auch in einem der einfachen, dafür familiengeführten Apartmenthäuser einmieten und von der Dachterrasse zum Meer hinabschauen.
Unten an der Durchgangsstraße liegt mit dem modernen Rathaus das Verwaltungszentrum der Gemeinde Valle Gran Rey, außerdem gibt es ein Kulturzentrum (Centro Cultural), in dem gelegentlich Musikgruppen auftreten und Folkloretänze gezeigt werden. Auf der Plaza del Riego neben dem Busbahnhof hat sich der **Mercadillo**, der Sonntagsmarkt (9–15 Uhr), zur festen Institution entwickelt. Im Schatten der Indischen Lorbeerbäume wird außer Hippieschmuck, bunten Klamotten und Mitbringseln aus Filz und Holz auch Bio-Gemüse angeboten. Zur Marktzeit viel umlagert ist die Bar Lomo del Riego.

Ein Hafen voller Möglichkeiten

Vueltas

Von La Calera führt die Hauptstraße vorbei an Bananenplantagen und den Neubauten von Borbalán nach Vueltas, wo sie am **Hafen** unvermittelt endet. Kamera zücken: Die bunten Fischerboote vor der 500 m hohen Felswand sind das geborene Fotomotiv! An der jüngst ausgebauten Mole machen neben Fähren auch kleinere Kreuzfahrtschiffe fest. Vom Hafen legen mehrmals in der Woche Ausflugsschiffe von Oceano und Tina Excursiones zu **Wal- und Delfinbeobachtungen** ab (▶ Baedeker Wissen, S. 132). Außerdem werden Bootstouren nach ▶ Los Órganos an der Nordküste angeboten.
Vueltas ist auf der Insel bekannt für sein »Nachtleben«. Tatsächlich ist hier in einigen Bars auch in den späten Abend- und Nachtstunden noch etwas los. Auch sonst gibt es alles, was man bracht: diverse Restaurants, eine Mountainbike-Station und auf Selbstversorger eingestellte kleine Supermärkte. Außerdem sollte man mindestens einmal bei Capitán Claudio vorbeischauen, der im Ortszentrum einen Laden für Angelbedarf betreibt – vor allem gibt er aber die deutschsprachige Inselzeitung heraus, den Valle-Boten.

Süße Früchtchen in Hülle und Fülle

Fruchtgarten Argaga

Im **Barranco de Argaga**, südöstlich von Vueltas, hat sich ein deutsches Ehepaar ein kleines Paradies geschaffen: den Fruchtgarten Argaga. Dorthin kommen Sie von Vueltas aus zu Fuß. Vom Hafen aus gehen Sie auf einer Piste am Meer entlang, die nach rund 10 Min. am

BAEDEKER ÜBERRASCHENDES

6X DURCHATMEN

Entspannen, wohlfühlen, runterkommen

1. WILD-ROMANTISCH

Kein Hotel, kein Liegestuhlverleih, nicht mal ein Kiosk – und das an der **Playa del Inglés**, dem bekanntesten Inselstrand! Wer hier herkommt, genießt die wildromantische Szenerie. Zum Baden meist zu gefährlich, nicht aber zum Sonne tanken. (▶ **S. 137**)

2. FARBENFROH

Im sympathischen **Hafen von Vueltas** dümpeln bunte Fischkutter vor der senkrechten Klippenküste im Wasser. Schnellere Bewegung sieht man nur, wenn ein Kreuzfahrtschiff festmacht – ausgesprochen selten. (▶ **S. 130**)

3. VERTRÄUMT

An der großartigen Natur kann es nicht liegen, dass heute niemand mehr in **Benchijigua** leben will! DieKaten inm stillen Palmenhain liegen im Dornröschenschlaf, über allem wacht der riesige Roque Agando. Einfach hierher ziehen? (▶ **S. 95**)

4. WELTFERN

Wo ist man auf La Gomera am weitesten weg von allem?. Vielleicht Weiler Arguamul im Nordwesten – die Straße hört dort einfach auf. Steigen Sie einfach kurz zum Meer hinab, schauen sich die bizarren Felstürme an, die aus dem Wasser ragen, und atmen einmal tief durch! (▶ **S. 52**)

5. RELAXT

Wandern in den Bergen, Wohnen am Meer: In **Playa de Santiago** lässt sich beides wunderbar verbinden. Nach einem entdeckungsfreudigen Wandertag ist die Beachbar La Chalana genau richtig, um den Tag bei einem kalten Drink ausklingen zu lassen. (▶ **S. 93**)

6. VERWUNSCHEN

Eigentlich sollte im Tal von **Vallehermoso** ein botanischer Garten entstehen, wurde jedoch nie ganz fertiggestellt; jetzt erobert sich die heimische Flora das verlorene Terrain in dem geheimen Garten zurück. (▶ **S. 142**)

WALE IN SICHT!

BAEDEKER WISSEN

Hier eine Rückenflosse, da tanzt ein Delfin munter ums Boot, und dort spritzt Wasser in einer riesigen Nebelfontäne in die Luft: Selten kommt man den Riesen der Meere so nahe wie beim »Whale watching«. Schiffsausflüge zur Beobachtung von Walen und Delfinen sind eine der größten Touristenattraktionen von La Gomera.

Hollywood auf den Kanaren: Vor den Küsten des Archipels wurde sowohl »**Moby Dick**« mit Gregory Peck gedreht als auch »Im Herzen der See«, ein Actionfilm über das reale Vorbild für die Moby-Dick-Geschichte. Die kanarischen Gewässer bieten sich dafür aber auch einfach an, immerhin kommen 26 von weltweit 80 Wal- und Delfinarten hier vor. Die Vulkaninseln weisen vor der Küste abrupte Meerestiefen auf und hier tut sich für die Meeressäuger das reinste Buffet auf voller Kopffüßler, Fische und Krustentiere.

Große Vielfalt

Zu den Delfinarten in der Region gehört der seltene, bis zu 2,5 m lange **Rauzahndelfin** mit dunkler Haut und weißen oder gelblichen Flecken. Auch der **Gewöhnliche Delfin** hält sich im Winter und Frühling vor den Kanaren auf. Die hohen Töne des eleganten Schwimmers mit dunklem Rücken und weißem Bauch kann man manchmal sogar an der Oberfläche hören! Natürlich fehlt auch der ca. 3 m lange **Große Tümmler** nicht. Das manchmal schüchterne, zuweilen sehr neugierige Tier gilt für viele seit der Fernsehserie »Flipper« als der Delfin schlechthin.

Häufig zu Gast ist auch der **Grindwal**, einer der am weitesten verbreiteten Delfine, leicht zu erkennen an seinem gedrungenen Kopf. Die Männchen werden bis 6 m lang und 3,5 t schwer, Weibchen bis zu 4,5 m lang. Grindwale leben in Verbänden von zehn bis 50, ja manchmal bis zu 200 Tieren. Die Herden bestehen meist aus erwachsenen Weibchen mit ihrer Sippe und bleiben ein Leben lang zusammen. Gruppenmitglieder schützen die Mutter beim Gebären und kümmern sich um das Junge, wenn die Mutter zur Nahrungssuche auf Tauchgang geht. Eine starke Bindung entwickelt sich auch zwischen dem Jungen und dem Muttertier, das mit 40 Jahren in die Wechseljahre gerät und bis dahin höchstens fünfmal schwanger werden kann. Frühmorgens kann man vor La Gomera ganze Gruppen von Grindwalen sehen, die unbeweglich und völlig lautlos an der Wasseroberfläche treiben, um sich auszuruhen. Studien zufolge haben sie einen interhemisphärischen Schlaf, d. h. eine Gehirnhälfte schläft und die andere ist aktiv und lässt das Tier mögliche Gefahren wahrnehmen.
Auch riesige **Pottwale**, die eine Länge von bis zu 18 m erreichen können, machen auf ihren Wanderungen Station nahe der Kanarischen Inseln. Das Vorbild für Moby Dick kann auf der Jagd nach seinem Leibgericht, riesigen Tiefseekraken, bis zu 3000 m tief tauchen!

Stress für die Wale?

Der Lebensraum der Meeressäuger ist jedoch bedroht – nicht zuletzt durch den Tourismus. Früher wurden die Tiere auf Walsafaris regelrecht gejagt, weil

Whale Watching ist ein lukratives Geschäft. Die vielen Besucher bedeuten für die Tiere hochgradigen Stress. Abhilfe sollen strikte Vorschriften für die Anbieter schaffen.

Boote ihren Kunden unbedingt etwas »bieten« mussten. Auch heute noch bedeuten die Fährschiffe und ein Übermaß an Beobachtungsbooten Stress für die Tiere. Deshalb hat die kanarische Regierung Bestimmungen erlassen, nach denen sich die Ausflugsboote Walen und Delfinen **nur bis zu 60 m nähern dürfen**, die Motoren müssen bereits in 600 m Entfernung ausgeschaltet werden. Auf La Gomera bietet z. B. Oceano (► S. 124) sanftes Whale Watching an, bei dem ausgebildete Guides kleinere Boote mit maximal zehn Teilnehmern führen. Außerdem werden im Oceano-Büro in Vueltas (Calle Quema 7) montags um 18 Uhr Infoabende zum Thema Wal veranstaltet; das Team arbeitet auch mit dem deutschen Verein M.E.E.R. (https://m-e-e-r.de/) zusammen.
Seriöse Veranstalter erkennen Sie an dem Gütesiegel **»barco azul«** auf einer gelben Flagge.

Steinstrand beim Meditationszentrum Argayall endet. Hier zweigt ein beschilderter, leicht ansteigender Weg links zum 5 Min. entfernten Fruchtgarten Argaga ab. Die Öffnungszeiten variieren und es kann sein, dass die Betreiber zeitweise keine Besucher empfangen – deshalb ruft man sicherheitshalber am besten vorher an. Mittlerweile sprießen in dem einst privaten Garten rund 160 Obst- und Gemüsearten aus aller Welt. Bei einem geführten Spaziergang (auf Deutsch und Spanisch) erfährt man viel über seltene Pflanzenarten und kann je nach Jahreszeit von der ein oder anderen Frucht kosten, sei es Kumquat, Peramelon, Guave, Tamarinde oder Kapstachelbeere. Die Besichtigung dauert 70–90 Min.

in der Regel Di. und Fr. 10–16 Uhr | Tel. 922 69 70 04 | Eintritt: 10 €

BAEDEKER MAGISCHE MOMENTE

DIE BLAUE STUNDE DER BLUMENKINDER

Nun ist María nicht mehr da. Doch vor ihrer Bar trifft sich im Winter zur blauen Stunde wie eh und je ein buntes Völkchen, um mit einer Flasche Bier in der Hand zuzusehen, wie die Sonne in den Atlantik abtaucht. Nach wie vor wird getrommelt, was die Congas hergeben, mitunter wirbeln Jongleure brennende Fackeln durch die Luft und oft sitzt jemand mittendrin in versunkener Yogastellung auf dem dunklen Strand.

Monumentales Denkmal für einen Aufständischen

La Puntilla

Von Vueltas aus führt die Avenida Marítima nach La Puntilla. Hier entstanden in den letzten Jahren etliche komfortable Ferienunterkünfte. Sehr beliebt sind die Apartmentanlagen nahe dem Charco del Conde (»Baby Beach«); das Hotel Gran Rey ein Stück weiter nördlich wurde von der UNESCO für seine Umweltfreundlichkeit ausgezeichnet. Ein halbes Dutzend Restaurants machen die Uferstraße zum perfekten Ort, um den Tag bei Fisch oder Paella ausklingen zu lassen. Künstlerisches Wahrzeichen im Tal ist die heroische **Bronzeskulptur Homenaje a Hautacuperche** an der Uferpromenade, die der grancanarische Bildhauer Luis Arencibia 2007 schuf. Mit stolzen vier Metern Größe huldigt sie dem Kämpfer Hautacuperche vom Stamm der Mulaga. Er wurde von den gomerischen Ureinwohnern als Volksheld verehrt und führte 1488 einen Aufstand gegen die verhassten spanischen Eroberer an, wobei er den königlichen Statthalter Hernán Peraza d. J. tötete (▶ Baedeker Wissen, S. 178). Hautacuperche selbst starb wenig später bei Kämpfen gegen die Spanier.

Das touristische Zentrum des Valle Gran Rey ...

La Playa

... ist mittlerweile La Playa, nördlich von La Puntilla. Der Erfolg verwundert kaum, immerhin gibt es hier den längsten Strand von La Gomera. Man trifft sich auf dem Platz bei der kleinen Kapelle am Meer oder an der kurzen gefliesten **Strandpromenade**. Legendär ist die Casa María an der Strandpromenade, von der sich die Szene seit den 1970er-Jahren zum Sonnenuntergang trifft. Das Lokal wartet nach dem Tod der Gründerin auf einen neuen Pächter. Unterhalb der Promenade werden auf der Boule-Bahn fast jedes Wochenende Wettbewerbe ausgetragen, die meisten Spieler sind in Mannschaften organisiert. Hübsche Apartments liegen an der Straße zur Playa del Inglés.

Strände im Valle Gran Rey

Vor der Kulisse der imposanten Steilküste

Playa de Vueltas

Direkt beim Hafen von Vueltas können Sie in einer geschützten kleinen Sandbucht baden. In der Saison ist hier bei schönem Wetter jedes Plätzchen belegt, die Wasserqualität im Hafenbecken lässt allerdings mitunter zu wünschen übrig.

Ziemlich rau und felsig

Playa de Argaga

Wer mit seinen Nachbarn nicht so sehr auf Tuchfühlung gehen möchte, kann auf die südlich gelegene Playa de Argaga beim Meditationszentrum Argayall ausweichen. Sie erreichen sie nach ca. 10 Min. Fußmarsch (kaum Parkmöglichkeiten) vom Hafen aus auf staubiger Piste. Allerdings gibt es hier nur riesige kugelige Steine.

Playa del Inglés heißt Baden vor grandioser Kulisse. Aber die Strömung ist nicht zu unterschätzen!

Refugium von Aussteigern und Blumenkindern

Playa de las Arenas

Wenn Sie am Strand bzw. später auf schmalem Pfad entlanggehen, gelangen Sie in weiteren 10 Min. zur Nachbarbucht, der Playa de las Arenas, in Insiderkreisen »**Schweinebucht**« genannt. Der Kies-/Steinstrand mit kurzem sandigen Abschnitt war bis ins neue Jahrtausend hinein ein beliebtes Campinggelände für Hippies.

Wer mit Kleinkindern unterwegs ist ...

Charco del Conde

... kommt am »Baby Beach« im Ortsteil La Puntilla kaum vorbei! Felsen trennen die Badebucht nahezu völlig vom Meer ab, eine Brandung muss man hier also nicht fürchten. Das Wasser ist nur einen halben Meter tief – der Wasseraustauch aber natürlich begrenzt.

Mal sandig, mal steinig

Playa de Valle Gran Rey

Zwischen La Puntilla und La Playa erstreckt sich über etliche Hundert Meter ein langer Strand. Der gesamte südliche Abschnitt ist steinig, nur im Sommer gibt es hier bei ruhiger See auch mal einen schmalen Sandstreifen. Im Winter konzentriert sich das Strandleben nahezu ausschließlich auf die Sandflächen nahe der Promenade von La Playa.

Schön, aber gefährlich

Playa del Inglés

Er ist nicht nur der schönste Strand im Valle Gran Rey, sondern auf der gesamten Insel: Playa del Inglés. Um hinzukommen, verlassen Sie La Playa nach Norden. Parallel zur Küste verläuft eine Straße, die auch mit dem Auto befahrbar ist und die an der Playa del Inglés endet. Zu Fuß erreicht man den Strand vom Ortsteil La Playa aus nach rund 10 Min. An dem dunklen Sandstrand vor der imposanten Felskulisse können Sie Sonne und Meer so richtig genießen! Wegen der meist starken Brandung müssen aber selbst gute Schwimmer beim Baden vorsichtig sein, es wird vor Unterwasserfelsen und gefährlichen Strömungen gewarnt – es gab hier schon mehrere tödliche Badeunfälle. Wie an den abgeschiedenen Stränden Playa de Argaga und Playa de las Arenas ist auch an der Playa del Inglés FKK weit verbreitet.

Wanderungen ab Valle Gran Rey

Auf Entdeckungstour in einem versteckten Seitental

Zum Wasserfall im Barranco de Arure

Wenn man in Valle Gran Rey wohnt, ist der Wasserfall in der Schlucht von Arure das Wanderziel Nr. 1 – immerhin kann man quasi von der Haustür aus losziehen. Die Tour ist nicht allzu lang, aber mitunter ziemlich anstrengend, da sie streckenweise ohne Weg über Stock und Stein an einem Flussbett entlangführt. Je 260 Höhenmeter sind im An- und Abstieg zu bewältigen, man braucht für den reinen Weg ca. 2,5 Stunden. Wer will, kann bereits an der Tankstelle in La Calera starten. Gegenüber davon führen ein paar Stufen in das breite Bett des Barranco de Valle Gran Rey hinab, in dem eine Piste taleinwärts läuft. Kurz vor der Ermita de los Reyes (25 Min.) führt die Tour nach links auf den gepflasterten Weg zur Landstraße in **El Guro**.

Wer die 2 km von La Calera mit dem Auto fährt, parkt in Casa de la Seda am Straßenrand. Am Ortsschild El Guro gehen Sie links den Pflasterweg hinab, queren sogleich auf einer Brücke ein Barranco-Bett und steigen dann auf der Calle La Cuestita del Guro in den Weiler auf. Nach 5 Min. weist an einem Haus mit dreieckigem Fenster rechts ein Schild zum Wasserfall. Der zunächst bequeme Pfad läuft an einem Wasserrohr entlang. Ein gelb-blaues Wegzeichen leitet bald links hangaufwärts, Steinmännchen übernehmen nun die Führung durch das mitunter unübersichtliche Gelände. Über aufgelassene Terrassen erreichen Sie das Bachbett des Barranco de Arure, an dem die Route mal am rechten, mal am linken Ufer oder direkt im Flussbett schluchteinwärts läuft. Es geht über glitschige Steine und durch teils dschungelartiges Gestrüpp, bis schließlich der stattliche **Wasserfall** erscheint (ca. 90 Min.)! Zurück geht es etwas schneller.

AUF DEM ALTEN KÖNIGSWEG INS TÖPFERDORF

Bevor es Straßen gab, dienten mehr als ein halbes Dutzend »Caminos reales« als Zugang ins Valle Gran Rey. Fast alle dieser gepflasterten Königswege gibt es bis heute; sie wurden für den Wandertourismus restauriert und markiert. Zwei davon stellt diese Rundwanderung vor.

Eins vorab: Die Rundwanderung erfordert **sehr gute Kondition und Trittsicherheit** – sie bietet dafür aber auch wirklich schöne Ausblicke. Vom Ausgangspunkt am Buswartehäuschen des Ortsteils Retamal folgen Sie der schmalen Calle San Antonio gut zehn Minuten, bis ein Treppenweg (Calle Los Descansaderos) die Straße quert. Hier beginnt links der ausgeschilderte Steilaufstieg nach El Cercado. Sobald Sie letzten Häuser hinter sich gelassen haben, öffnet sich vor Ihnen ein **grandioses Panorama** auf das gesamte Valle Gran Rey.
Nach einem wirklich steilen Aufstieg auf überwiegend gepflastertem Pfad erreichen Sie nach knapp 1,5 Std. eine Aussichtsplattform mit Geländer und einer langen Steinbank, von der aus sich der ultimative Talblick vor Ihnen ausbreitet. Nun passieren Sie bei sanftem Anstieg einen Weg, der nach Las Hayas abgeht; zehn Minuten darauf biegen Sie rechts auf den Weitwanderweg GR 131 ab. Nach Querung eines Barrancos steigt er an und erreicht an der Bar María die Dorfstraße von ▶ El Cercado. Folgt man ihr ortseinwärts, kommt man schnell zu den berühmten Töpferwerkstätten.

Wiederabstieg ins Tal

Nach einer eventuellen Rast in der **Bar María** nehmen Sie von dort das Teersträßchen in Richtung La Vizcaina, das bequem auf einem Bergrücken entlangführt mit immer wieder reizenden Ausblicken auf den Tafelberg Chipude. Nach wenigen Minuten biegen Sie vor einem Gehöft vom Teerweg nach rechts auf einen Wanderweg ab. Der Pfad senkt sich bald steil am Rand des Barranco de la Matanza hinab und mündet nach einer guten Stunde kurz nach einem Wasserhaus in La Vizcaina auf die Dorfstraße. Wenn Sie sich auf ihr rechts halten, kommen Sie in 15 Minuten wieder zum Ausgangspunkt zurück.

ANFAHRT:
Startpunkt ist die Bushaltestelle Lomo del Balo im Ortsteil Retamal. Dort biegt in einer scharfen Linkskurve der Hauptstraße (GM-1, km: 59,1) die geteerte Calle San Antonio in Richtung La Vizcaina/El Hornillo ab. Von Valle Gran Rey aus nehmen Sie am besten den Bus um 8 Uhr (Linie 1); kleiner Parkplatz gegenüber vom Buswartehäuschen.

AUSRÜSTUNG
Festes Schuhwerk, Regen- und Sonnenschutz, im Winter eine warme Jacke oder Fleece-Weste sowie ausreichend Trinkwasser. Wanderstöcke entlasten die Knie.

MARKIERUNG:
Der Rundweg ist gelegentlich mit gelb-weißen Wegzeichen markiert, die wichtigsten Verzweigungen sind ausgeschildert.

GEHZEIT UND HÖHENUNTERSCHIED:
Gut 4 Stunden; jeweils 700 m im An- und Abstieg.

OBEN: Eine Einkehr bei María in El Cercado sollte man sich überlegen ... UNTEN: ... genauso wie einen Einkauf im Töpferdorf: Man müsste ihn zurückschleppen.

Grandioser Abstieg mit fabelhaft weiten Blicken

Von Arure nach La Calera

Diese ca. dreistündige Wanderung von Arure nach La Calera wird gern unterschätzt, weil die beiden Orte relativ nah aneinander liegen. Allerdings müssen Sie beim Abstieg 800 Höhenmeter überwinden – und das auf gerölligem, teils rutschigem Pfad. Zudem kann es im Sommer sehr heiß werden. Um die Aussicht beim Abstieg in den Spätnachmittagsstunden zu genießen, fahren Sie am besten erst nachmittags mit dem Bus von Valle Gran Rey nach Arure. Wer die Tour in anderer Richtung absolvieren möchte, sollte frühmorgens aufbrechen, bei Hitze ist der Aufstieg sehr anstrengend.
In Arure gehen Sie von der Bushaltestelle an der Bar Conchita auf der Dorfstraße zum südlichen Ortsausgang hinab und biegen rechts in einen geteerten Fahrweg ab (Schild »Mirador del Santo«). Nach knapp 100 m lohnt sich rechts ein kurzer Abstecher durch den Rundbogen von einem Aquädukt zum **Mirador del Santo**: Der Blick ins Tal von Taguluche ist beeindruckend. Zurück auf dem Fahrweg gehen Sie weiter Richtung Valle Gran Rey (GR 132). Der Asphaltweg führt an Häusern vorbei und geht dann in eine ungeteerte Piste über, die auf die andere Seite des Bergkammes wechselt. Rund 30 Min. nach Arure verlässt der GR 132 den breiten Fahrweg rechts in einen alten Pflasterweg. Als Camino real war er jahrhundertelang die wichtigste Verbindung zwischen Arure und dem Valle Gran Rey. Sie passieren einen großen Ziegenstall und der Weg schlängelt sich weiter über die Hochebene La Mérica; rechts zweigt ein schmaler Pfad zu einer Vermessungssäule ab. Der Hauptweg führt hingegen an den Rand der Hochfläche, die zum Meer hin abfällt. In Höhe einer Hausruine passieren Sie einen runden ehemaligen Dreschplatz direkt am Wegrand.
Nach einer Gehzeit von ca. 1 Std. 45 Min. beginnt der mit Ausblicken gesegnete Abstieg auf dem Serpentinenweg nach La Calera. Bis zu den ersten Häusern des Dorfes können Sie den Weg gar nicht verfehlen. Auf einem Treppenweg steigen Sie zu den Apartments »Bella Cabellos« an der oberen Dorfstraße ab und folgen dieser rechts über eine Brücke dorfeinwärts. An einer Gabelung geht der Weg nochmals nach rechts und kommt am Supermarkt »Victor« vorbei, von wo eine Steintreppe nach links unten zur Hauptstraße führt.

Rund um Valle Gran Rey

Dreikönigsfest unter Palmen

Ermita de los Reyes

3 km nordöstlich von Calera, etwa auf der Höhe der Orte El Guro bzw. Casa de la Seda steht sie am gegenüberliegenden Berghang. Die Ermita de los Reyes hält adrett die Stellung inmitten einer wildromantischen Landschaft und wartet auf ihren großen Tag: Am 6. Januar ist die Kapelle Schauplatz eines der größten Inselfeste (► S. 124). Ein Pfad quer durchs Tal führt dorthin. Eine erste Kapelle wurde hier

DIE SCHÖNHEIT DES SCHAUENS

Dieser Mann hatte ein sicheres Gespür für das Außergewöhnliche! Genau an der richtigen Stelle ließ der Künstler César Manrique einen Mirador anlegen, von dem sich das Tal des Großen Königs in seiner ganzen Schönheit zeigt: Wie von Riesenhand modelliert, stapeln sich terrassierte Felder die Hänge hinauf, Dattelpalmen rahmen die Ortsteile ein und ganz weit unten glitzert eine weiße Kapelle im Sonnenlicht.

bereits 1515 errichtet, doch sie wurde zu Beginn des 20. Jh.s vollkommen umgebaut. Nur das Weihwasserbecken und ein kleines Altargemälde stammen vom Vorgängerbau.

Das königliche Tal aus der Vogelperspektive

Mirador César Manrique

An der GM-1 von Valle Gran Rey nach Arure fällt etwa 9 km nach La Calera ein Windspiel auf einem igluförmigen Hirtenunterschlupf auf. Es macht aufmerksam auf den geschickt in die Landschaft integrierten Mirador del Palmarejo. Die Entwürfe für ihn stammen vom Lanzarotiner Künstler und Architekten **César Manrique** (1920–1992), dessen Werke vielerorts auf den Kanaren begegnen. Von der Anlage, die sich kühn an die Abbruchkante des Barranco del Valle Gran Rey hervorwagt, öffnet sich ein spektakulärer Blick auf die Terrassenkulturen der Talschaft. Das Restaurant am Mirador hat schon seit Jahren geschlossen.

★ VALLEHERMOSO

Höhe: 186 m ü. d. M. | **Gemeindebezirk:** Vallehermoso
Einwohnerzahl: 3000 (ges. Bezirk)

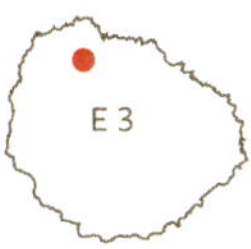

»Schönes Tal« – der Name von Vallehermoso ist Programm! Malerisch breitet sich der Ort am Fuß des Roque Cano über sanft abfallende Hänge am Zusammenschluss mehrerer Barrancos aus. Wer hierher kommt, möchte vor allem wandern. Lohnende Ziele: der kleine Stausee oder die Ermita de Santa Clara.

Am Weiß-haarigen Felsen

Wahrzeichen des Ortes ist der 650 m hohe **Roque Cano**, ein Felsmonolith, der das Umland um mehr als 100 m überragt. Wie die anderen Roques ist auch er der Schlot eines ehemaligen Vulkans und wurde über Jahrtausende durch Erosion freigelegt. Sein Name, »Weißhaariger Felsen«, ist dem Wetter geschuldet, denn besonders am frühen Vormittag kann sein »Haupt« in Wolken eingehüllt sein.
Bis auf Tagesausflügler und Wanderer spielt der Tourismus in Vallehermoso kaum eine Rolle. Haupteinnahmequelle ist nach wie vor die Landwirtschaft, wichtigste Anbauprodukte sind Bananen sowie Kartoffeln, Mais und Früchte. Vallehermoso ist außerdem das bescheidene Zentrum der Weinproduktion der Insel. In der **Weinbaugenossenschaft** »Bodega Insular« (am Ortsausgang in Richtung Agulo) wird die Lese von Winzern aus ganz Gomera gekeltert.

Frisch herausgeputzt und beschaulich

Ortsbild

Mittelpunkt der Ortschaft ist die verkehrsberuhigte **Plaza de la Constitución**, der kürzlich eine optische Frischzellenkur verpasst wurde. Hier können Sie sich auf einer Sitzbank im Schatten von Palmen zurücklehnen und die Atmosphäre aufnehmen. Die Westseite des Platzes nimmt das Rathaus ein, dessen Fassade ein kanarischer Balkon ziert. Durch einen Seiteneingang gelangen Sie ins Untergeschoss zur winzigen Markthalle. Treff von Einheimischen und Ausflüglern gleichermaßen sind die beiden Bars neben dem Rathaus; die Post, eine Bankfiliale, das Gesundheitszentrum und ein paar Läden komplettieren die bescheidene Infrastruktur. Auf einem kurzen Spaziergang kommen Sie von der Plaza aus in nördlicher Richtung durch eine Gasse mit noch recht ursprünglicher Bebauung zur **Iglesia San Juan Bautista**. Die Pfarrkirche wurde zwar schon Ende des 17. Jh.s errichtet, später aber in neugotischem Stil umgebaut. Rund um den schlanken Campanile scharen sich einige sehenswerte ältere Bürgerhäuser.

Rund um Vallehermoso

Der Strand im schönen Tal – und ein geheimer Garten

Playa de Vallehermoso

Eine Stichstraße verbindet Vallehermoso mit dem knapp 4 km entfernten gleichnamigen Strand. Etwa auf halber Strecke liegt ein **Botanischer Garten**. Ursprünglich sollte er Pflanzen aus aller Welt vorstellen, die von den Spaniern auf La Gomera eingebürgert wurden. Dazu entstand u.a. ein Besucherzentrum, aber aufgrund fehlender Ressourcen wurde der Garten nie eröffnet. Bisweilen ist das mittlerweile sehr vernachlässigte Areal frei zugänglich.
An der Playa de Vallehermoso lockt ein **Meerwasserschwimmbad** (nur im Sommer) mit Umkleidemöglichkeiten, Süßwasserduschen und einer Cafeteria. Um die Anlage vor dem Meer zu schützen, das im Winter oft ungestüm ist, wurden etliche Wellenbrecher aus Beton

VALLEHERMOSO ERLEBEN

OFICINA DE INFORMACIÓN TURÍSTICA
Plaza de la Constitución 1
(im Rathaus)
Tel. 922 80 00 00
www.vallehermoso.info

TASCA EL CARRACA €€
Eine beliebte Adresse für typisch kanarische Küche! Außer Klassikern wie mariniertem Kaninchen und Ziegenfleischragout können Sie auch ein geschmortes Rindfleischgericht namens Ropa Vieja (»Alte Wäsche«) mit Kichererbsen probieren. Mo. Ruhetag.
Calle Nueva Creación 5
Tel. 922 80 10 21

AMAYA €–€€
Die einfache Bar mit Restaurant ist zur Plaza hin geöffnet – so können Sie das Treiben auf sich wirken und nebenbei einen Imbiss einnehmen oder einen Café con leche genießen. Die Küche ist eher durchschnittlich.
Plaza de la Constitución 2
Tel. 922 80 00 73

BAR CENTRAL €
Von der Terrasse vor der Bar haben Sie alles im Blick, was auf der Plaza gerade läuft. Angeboten werden typisch gomerische Spezialitäten, etwa Maulbeerwein (Vino de Mora), Mistela und Almogrote. So. Ruhetag.
Plaza de la Constitución 7
Tel. 922 80 00 23

HOTEL RURAL TAMAHUCHE €€–€€€
Das 1896 erbaute Herrenhaus wurde zu einem schmucken Landhotel mit zehn Zimmern ausgebaut. Es liegt zentral, 200 m von der Plaza entfernt. Ein Highlight ist die ökologische Hotelführung: Solarzellen sorgen für Warmwasser, mit geklärtem Brauchwasser wird der Garten gewässert.
Calle La Hoya 20, Tel. 922 80 11 76
www.hoteltamahuche.com

HOSTAL AMAYA €
Ausgesprochen schlicht möbliert, dafür sehr günstig und zentral – die Low-Budget-Pension liegt mitten im Zentrum. Mit etwas Glück bekommen Sie ein Balkonzimmer nach vorne raus, auf ein eigenes Bad muss man allerdings verzichten. Aus dem kleinen Biogarten hinter dem Haus dürfen sich auch Gäste bedienen.
Plaza de la Constitución 2
Tel. 922 80 00 73
Reservierungen z.B. über
www.booking.com

vor der Küste versenkt. Im Sommer gibt auch der mit groben Kieseln durchsetzte Naturstrand eine passable Bademöglichkeit ab, im Winter sollte man angesichts der starken Brandung und gefährlichen Unterströmung lieber aufs Baden verzichten.

Wildromantische Burg oder Verladerampe für Bananen?

Castillo del Mar

Wie eine kleine Festung hält es auf einem Küstenfelsen über dem Meer trotzig Wind und Wetter stand: das Castillo del Mar, westlich vom Strand von Vallehermoso. Ursprünglich entstand die burgartige

Befestigung zum Schutz einer Bananenverladestation (um 1890). In der Packstation im Untergeschoss wurden die Bananen für den Export gewaschen, sortiert und verpackt. Als Hafen von Vallehermoso war sie zugleich ein wichtiger Umschlagplatz für Importware, so wurde hier z. B. das erste Auto auf die Insel gebracht. Der deutsche Fotograf Thomas K. Müller entdeckte die Anlage in den 1980ern und machte sie nach umfangreicher Restaurierung 2003 wieder zugänglich – als **Kulturzentrum** mit Konzerten, Partys und Brunch. Mittlerweile ist das Castadillo geschlossen, weil es nie ans offizielle Stromnetz angeschlossen werden durfte. Eine Initiative bemüht sich um die Wiedereröffnung. Weitere Infos: www.castillo-del-mar.com

Beliebtes Wanderziel: Stausee in den Bergen

Embalse de Encantadora

Wenn Sie dem Sträßchen von der zentralen Plaza in Vallehermoso südwärts folgen, kommen Sie nach 2,5 km zum **Stausee** Encantadora. Der Name »die Zauberhafte« mag übertrieben sein, aber die Szenerie ist sehr idyllisch! Das wissen auch Einheimische zu schätzen, die ihre Häuschen mit üppigem Blumenschmuck umgeben – Schönheit verpflichtet eben.

Verschwiegenes Picknickplätzchen an rauer See

Playa de la Sepultura

Verlässt man Vallehermoso in östlicher Richtung, so zweigt 800 m nach dem zweiten Tunnel von Vallehermoso links eine Piste zur Playa de la Sepultura ab. Sie passieren einige Natursteinhäuser und teils brachliegende Terrassenfelder. Nach 3,5 km geht es nur noch zu Fuß weiter! Der zunächst breite, später schmale und geröllige Pfad führt hinab zur Playa de la Sepultura (ca. 15 Gehminuten). Der Steinstrand verführt nicht gerade zum Baden, aber vielleicht zum Picknicken?

Wohnen neben Schwein und Ziege

Tamargada

Rund 500 m weiter ist die Abzweigung nach Tamargada beschildert. Lust auf einen kleinen Spaziergang, um das alte Dorf zu erkunden? Es lohnt sich! Die Häuser des Weilers schmiegen sich unterhalb der Durchgangsstraße an die grünen Berghänge. Ungewöhnlich ist vor allem die Bauform der Häuser, man findet sie kaum sonst auf den Kanaren: Die einstöckigen Bauernhäuschen mit Ziegeldach sind nämlich außergewöhnlich lang. Wohnbereich und Stallungen befinden sich bei den **Langhäusern** unter einem Dach.

Rundwanderung bei Vallehermoso

Ein Wandergenuss …

Planung

… durch eine verschwiegene Landschaft mit tollen Ausblicken, das verspricht der dreistündige Rundweg ins Hochland von Vallehermoso. Für den Halbtagesausflug auf stellenweise gerölligen Pfad sollten

Sie trittsicher sein und etwas Kondition mitbringen. Immerhin müssen Sie etwa 500 Höhenmeter überwinden!

Picknick bei Santa Clara

Ausgangspunkt: Botanischer Garten

Die Wanderung beginnt beim Botanischen Garten, der etwa auf halber Strecke zwischen Vallehermoso und Playa de Vallehermoso liegt. Beim grünen Geländer gegenüber dem Eingang befindet sich der Einstieg in die Tour. Eine Steintreppe führt zur oberhalb verlaufenden Nebenstraße. Auf ihr gehen Sie ca. 20 m nach rechts, bis links ein weiteres grünes Geländer auftaucht. Dort spazieren Sie die Rampe in Richtung Santa Clara hinauf und ignorieren links die erste Möglichkeit, die zu einem Haus hinaufführt. Stattdessen nehmen Sie die zweite Treppe nach oben, die an einem anderen Haus vorbei zum Wanderweg leitet. Dieser zieht sich am Hang entlang und gewinnt nach und nach immer mehr an Höhe.
Auf dem Sattel haben Sie eine fantastische Aussicht! Überwältigend ist der Blick in das Tal von Vallehermoso, das vom mächtigen Roque Cano überragt wird. Zur anderen Seite schweift der Blick in den Barranco de los Guanches hinab. Einige Terrassenfelder werden hier noch kultiviert. Der Weg zieht sich auf der linken Barrancoseite zunächst auf gleicher Höhe weiter. Dann geht es leicht hinauf zu einigen Terrassenfeldern, die Sie links liegen lassen. Durchqueren Sie den Barranco. Nachdem die Hütte auf der anderen Barrancoseite erreicht ist, beginnt der steilere Teil des Aufstiegs. Der Weg ist weiterhin eindeutig, wenn auch schmal und geröllig. Pfade, die rechts abgehen, ignorieren Sie einfach. Kurz nach einem verfallenen Ziegenstall führt der Weg nach rechts zur oberhalb verlaufenden Piste. Wenn Sie ihr nach links folgen, kommen Sie zur **Ermita Santa Clara** in 690 m Höhe. Die Holztische bei der Kapelle bieten sich für ein Picknick an.

Durch den Barranco de la Era Nuevo

Wiederabstieg nach Vallehermoso

Nach einer Rast an der Kapelle nehmen Sie am Ende des gepflasterten Vorplatzes den Weg in Richtung Vallehermoso. Auf einer Art Hohlweg passieren Sie zunächst einige Eukalyptusbäume. Beim ersten Blick in den Talkessel von Vallehermoso beginnt der Abstieg auf einem breiten, angenehmen Weg. Er wechselt nach ca. 45 Min. (ab der Kapelle) auf die linke Barrancoseite. Bei der Weggabelung an der Zedernwacholdergruppe halten Sie sich links: Der Weg steigt kurz an, der Roque Cano gerät wieder ins Blickfeld. Bald darauf erreichen Sie die ersten Häuser von Vallehermoso. Über eine Steintreppe gelangen Sie zum Friedhof hinab. Die Asphaltstraße führt dann links zurück zum Ausgangspunkt der Tour am Botanischen Garten.

H

HINTER-
GRUND

Direkt, erstaunlich, fundiert

Unsere Hintergrundinformationen beantworten (fast) alle Ihre Fragen zu La Gomera.

In der Kirche Nuestra Señora de Asunción in San Sebastián betete Kolumbus für eine glückliche Überfahrt. ►

DIE INSEL UND IHRE MENSCHEN

Nur knapp eine Stunde Fährüberfahrt trennt La Gomera von Teneriffa – und doch ist es eine Reise in eine andere Welt! Zum Glück blieb die zweitkleinste Kanareninsel vom Massentourismus verschont. So kann man hier umso besser das großartige Naturparadies genießen, durch nebelverhangenen Lorbeerwald wandern oder bei Bootsausflügen die imposante Steilküste erkunden.

Entstehung des Archipels

Schon die Autoren der Antike waren von den Kanaren fasziniert. Plutarch nannte sie »glückselige Inseln«, Platon hielt sie für Reste des untergegangenen Atlantis. So rankten sich von Beginn an Mythen um die entfernten paradiesischen Eilande.

In erdgeschichtlichen Dimensionen gedacht, sind die Kanaren ziemlich jung, wobei das Alter von Insel zu Insel stark variiert. Während Lanzarote und Fuerteventura auf ein Alter von 16–20 Mio. Jahre geschätzt werden, ist La Gomera vermutlich nur halb so alt. Doch wie sind die Inseln überhaupt entstanden? Eine mittlerweile überholte Theorie besagt, dass sie sich vom afrikanischen Kontinent abgespaltet haben. Die heutige Forschung hält die Kanaren jedoch für Erhebungen der rund 4000 m tiefen Schollenbruchstücke des Atlantikbodens, der hier zwischen 150–180 Mio. Jahre alt ist. Als die europäische und die afrikanische Platte zusammenstießen, entwickelten sich **tektonische Kräfte**, die den Ozeanboden stauchten, zerbrachen und ineinanderpressten. Dabei schoben sich die Schollen wie Keile nach oben. Entlang der Bruchstellen quoll seit dem mittleren Tertiär vor 30 bis 40 Mio. Jahren Magma aus dem Erdmantel nach oben. Die Kanarischen Inseln haben sich also in zahlreichen Eruptionen und in mehreren Entstehungsphasen vom Meeresboden her aufgebaut – und die Landmasse, die man oberhalb des Wassers sehen kann, ist nur das »i-Tüpfelchen« dieser Eruptionen.

Zeugen des Vulkanismus

Egal ob Sie sich mit dem Flugzeug oder der Fähre nähern: Die ebenmäßig geformte Insel taucht wie ein üppig begrünter Felsklotz aus dem azurblauen Atlantik empor. Das Inselzentrum wird nur unwesentlich vom **Alto de Garajonay** (1487 m ü. d. M.) überragt; markanter, wenn auch über 200 m niedriger sticht einige Kilometer weiter westlich die Fortaleza de Chipude (1241 m ü. d. M.) hervor, ein zu allen Seiten schroff abfallender Tafelberg. Die jüngste vulkanische Aktivität liegt auf La Gomera schon rund eine Million Jahre zurück. Dementsprechend fehlen typische Erscheinungsformen wie Vulkankegel oder erstarrte Lavaströme im Landschaftsbild. Dennoch kann La Gomera genauso wie seine Nachbarinseln den vulkanischen Charakter nicht verbergen. Auffällige Landmarken sind die sogenannten **Roques** (»Felsen«), die wie Zuckerhüte ihre Umgebung oft mehr als 100 m überragen. Es handelt sich dabei um die Schlotfüllungen ehemaliger Vulkane. In der Endphase vulkanischer Tätigkeit vermindert sich der Druck, das immer zäher werdende Magma füllt die Schlote auf. Während das umliegende Gestein durch Erosion allmählich abgetragen wird, bleiben die harten Vulkangesteine, die ehemaligen Schlotfüllungen, dem Landschaftsbild als markante Felsnasen erhalten. Beispiele hierfür sind der Roque de Agando (1250 m ü.d.M.) oder Roque Ojila (1168 m ü.d.M.). Auch Los Órganos, imposante Basaltsäulen an der Inselnordküste, sind das Ergebnis des Zusammenwirkens von Vulkanismus und Erosion.

Barrancos und Küstenlandschaften

Vom Inselzentrum graben sich **rund 50 Erosionsschluchten** den Weg zum Meer. Diese Einschnitte sind für alle Kanarischen Inseln typisch und werden Barrancos genannt. Viele davon sind im Oberlauf unzugänglich, im meist breiten Mündungsbereich ist Platz für Siedlungen und Kulturland. Die knapp 100 km lange Küste besteht zu etwa 80 % aus steil abfallenden Kliffs, anderenorts prägen Strände aus Geröll und Kies das Küstenbild. **Sandstrände** gibt es nur wenige und im Gegensatz zu den Postkartenstränden auf Gran Canaria oder Fuerteventura sind sie nicht hellsandig, sondern dunkel bis fast schwarz.

La Gomera im Brennglas am Barranco de Taguluche: schroffe Felsen, tiefe Schluchten und eine besondere Pflanzenwelt

VULKANISCHE INSELWELT

Die Kanarischen Inseln, am Ostrand des bis über 6500 m Tiefe hinunterreichenden Kanarischen Beckens gelegen, sind ein Archipel, der seine Entstehung einem ortsfesten Hotspot unter der Afrikanischen Platte verdankt.

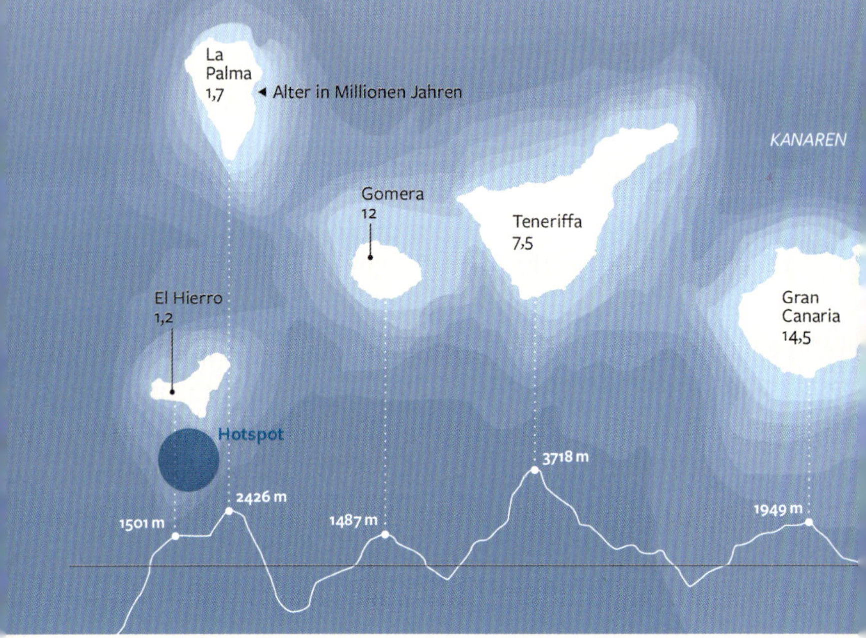

▶ **Plattentektonik und Hotspots**
Die Afrikanische Platte driftet in nordöstliche Richtung, der Hotspot bleibt jedoch ortsfest. Deshalb lagen die östlichen Inseln Gran Canaria, Fuerteventura und Lanzarote schon vor längerer Zeit über dem Hotspot, die westlichen Inseln La Gomera, Teneriffa und La Palma und Hierro jedoch erst in jüngerer Zeit und der untermeerische Vulkan vor El Hierro seit Herbst 2011.

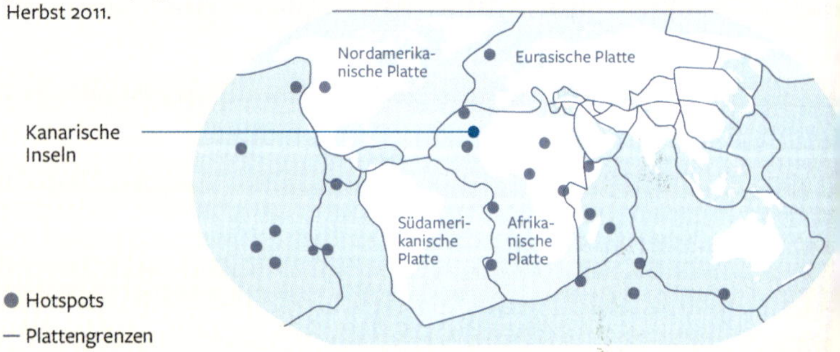

e 500 km lange selkette führt stematisch von st nach West. Das ter nimmt stetig). Diese Tatsache t als Beweis für e Hotspot-heorie.

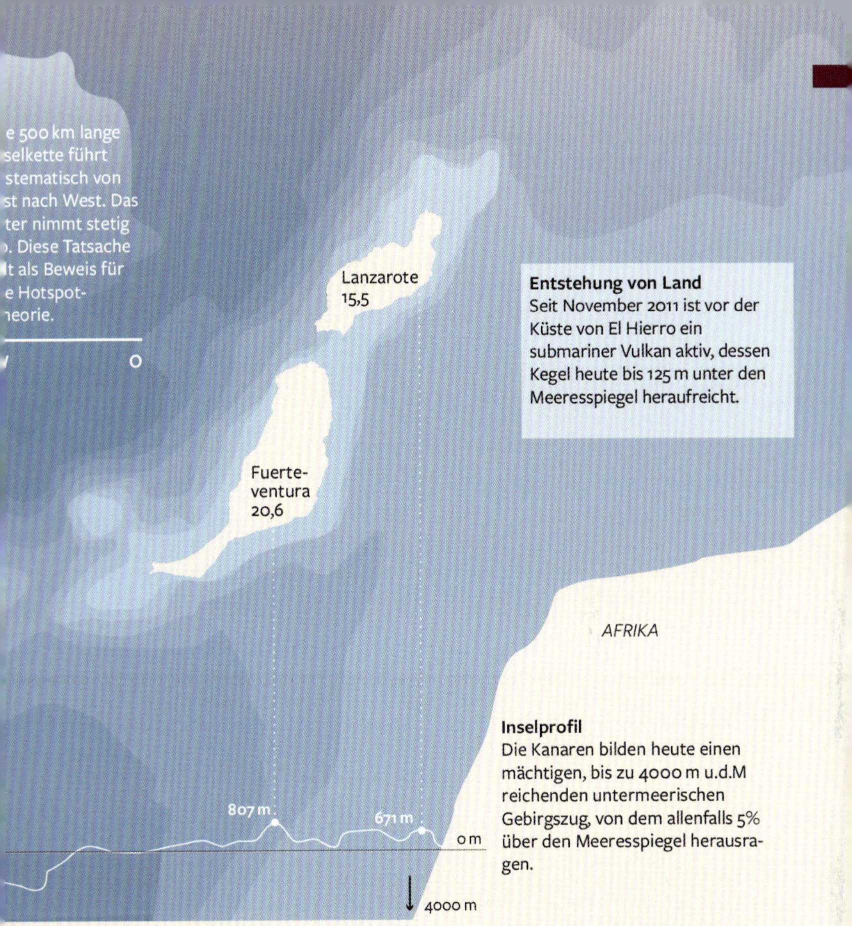

Entstehung von Land
Seit November 2011 ist vor der Küste von El Hierro ein submariner Vulkan aktiv, dessen Kegel heute bis 125 m unter den Meeresspiegel heraufreicht.

Inselprofil
Die Kanaren bilden heute einen mächtigen, bis zu 4000 m u.d.M reichenden untermeerischen Gebirgszug, von dem allenfalls 5% über den Meeresspiegel herausragen.

Hotspot-Theorie
»Ein Hotspot ist eine dünne Stelle im oberen Erdmantel, durch die heißes Magma nach oben aufsteigen und die Erdkruste aufschmelzen kann« formulierte der Vulkanologe John T. Wilson in den 1960er-Jahren.

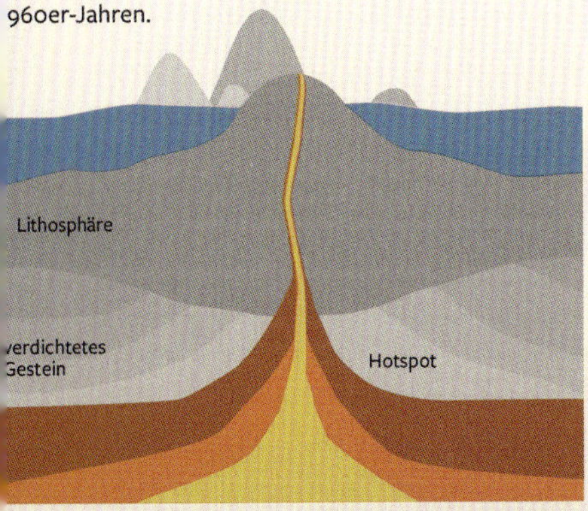

▶ Vulkanausbrüche auf den Kanaren
In den letzten 500 Jahren gab es zehn große und mehrere kleine. Diese fanden nur lokal statt und betrafen nicht die gesamte Inselwelt.

Teneriffa	1492 1604, 1605 1704–1706, 1798 1909
La Palma	1585 1646, 1677 1712 1971, 1949
Lanzarote	1730–1736 1824
El Hierro	2011, 2012

Pflanzen und Tiere

Vielfältige Flora

Die Flora der Kanarischen Inseln ist gleich in zweierlei Hinsicht einzigartig: Einerseits kommen in einem relativ begrenzten Gebiet Pflanzen vor, die fast allen Vegetationszonen der Erde angehören. Andererseits beeindruckt der hohe Prozentsatz **endemischer Arten**, also von Pflanzen, die ausschließlich hier vorkommen. Insgesamt umfasst die kanarische Flora mehr als 2000 Arten – fast ein Drittel davon ist endemisch. Allein auf La Gomera kommen mehrere Dutzend Arten vor, die es sonst nirgendwo auf der Welt gibt.
Einst wuchsen einige der Kanarenpflanzen auch noch im Mittelmeerraum, im Alpengebiet und in Südrussland. Doch nach den Klimakatastrophen des ausgehenden Tertiärs wurde es für viele Wärme liebende Arten zu kalt, und sie starben dort aus. Dank der isolierten Lage und dank des subtropischen Klimas konnten viele davon auf den Kanaren überleben. Außerdem ermöglichten die beträchtlichen Höhenunterschiede der Inseln den Pflanzen, sich durch Höhenmigration den ständig wechselnden klimatischen Bedingungen anzupassen.

Dattelpalme

Die Vegetation auf La Gomera teilt sich je nach Höhe in Zonen ein, wobei dem Einfluss des Passats eine wichtige Rolle zukommt. Die Übergänge sind fließend, etliche Arten sind in mehreren Stufen vertreten. Dazu gehört z.B. die Kanarische Dattelpalme (Phoenix canariensis), die vom Meer aus bis in Lagen von über 1000 m anzutreffen ist. Auf La Gomera ist diese Palmenart besonders zahlreich, man geht von mehr als 100000 Exemplaren aus! Im Unterschied zur Echten Dattelpalme (Phoenix dactylifera) bringt die Kanarische Palme allerdings keine wohlschmeckenden Früchte (Datteln) hervor, sie taugen lediglich als Viehfutter. Doch wird aus dem Palmsaft ein wohlschmeckender Palmhonig (»miel de palma)« gewonnen (▶ Baedeker Wissen, S. 200).

Drachenbaum

Der wohl typischste Vertreter der Kanarenflora ist der sagenumwobene Drachenbaum (**Drago**). Einen der ältesten wild wachsenden Dragos finden Sie bei Alajeró (▶ S. 47), jüngere Exemplare schmücken Gärten und Parkanlagen. Der Drachenbaum (Dracaena draco) ist in Wirklichkeit gar kein Baum, sondern gehört zur **Familie der Spargelgewächse**. Charakteristisch für die bis zu 20 m hohen Pflanzen ist die weit gabelig verzweigte Krone aus flaschenartig aussehenden Ästen. Da der Baum bis zu seiner ersten Blüte etwa zehn Jahre lang unverzweigt wächst, haben die jungen Bäume mit den alten kaum Ähnlichkeit. Dragos haben keine Jahresringe, das Alter kann nur nach der Anzahl der Verästelungen geschätzt werden.

Küstenzone

An der Küste sind die Niederschläge am geringsten, daher überleben hier nur salz- und trockenresistente Pflanzen. Vorherrschend sind der

sogenannte Sukkulentenbusch mit vielen **Wolfsmilchgewächsen**, der Oleanderblättrigen Kleinie (Kleinia nerifolia) und der Kanarenbeifuß (Artemisia thuscula). Einer der auffälligsten Vertreter der Wolfsmilchgewächse ist die Kanaren-Wolfsmilch (Euphorbia canariensis), die wegen ihrer säulenartigen Stämme oft für ein Kaktus gehalten wird. Sie wächst sehr langsam und kann bis zu 2,5 m hoch werden, manche Exemplare sind über 100 Jahre alt. Am wohlsten fühlt sie sich an trockenen Berghängen und in Schluchten, auf La Gomera etwa im Barranco de Santiago. Wie die meisten anderen Wolfsmilcharten enthält sie einen giftigen Milchsaft, der sie vor Ziegenverbiss schützt.
Während die Kanaren-Wolfmilch auf allen sieben Kanarischen Inseln anzutreffen ist, gibt es die Bravoana-Wolfsmilch (Euphorbia bravoana) ausschließlich auf La Gomera. Ihre purpurroten Blütenkapseln sorgen für Farbtupfer an felsigen Standorten im Nordosten. Ein anderes Wolfsmilchgewächs ist die Balsam-Wolfsmilch (Euphorbia balsamifera), auf den Kanaren wird die bis zu 2 m hohe und stark verästelte Pflanze auch Süße Wolfmilch (Tabaiba dulce) genannt.

Lorbeerwald

Jetzt wird es grün: Das größtenteils als Nationalpark geschützte Hochland wird von märchenhaftem Lorbeerwald überzogen. Dieser subtropische Bergwald nimmt die Höhelagen zwischen 500 und 1400 m ein, die dafür notwendige Feuchtigkeit erhält er durch den Passat. Die Baumstämme sind vielerorts in Moos eingepackt, von den Ästen hängen lange Bartflechten herab – man wähnt sich geradezu im Urwald! Ansehnliche Lorbeerwälder gibt es auch auf Teneriffa und

La Palma, doch das größte zusammenhängende Waldstück findet man auf La Gomera. Die Region ist seit 1986 Weltnaturerbe der UNESCO. Botaniker verstehen unter dem Lorbeerwald eine artenreiche Pflanzengesellschaft, zur der außer dem Hauptvertreter, dem Kanarischen Lorbeerbaum (Laurus novocanariensis), und drei weiteren Lorbeerarten insgesamt 20 Gehölze gehören, darunter der Erdbeerbaum (Arbutus canariensis) und der Kanarenschneeball (Viburnum tinus subsp. rigidum). Im Unterwuchs sind Preziosen wie die Kanarenglockenblume (Canarina canariensis) und der Kanaren-Storchschnabel (Geranium reuteri) zu Hause.

BAEDEKER MAGISCHE MOMENTE

WIE IM MÄRCHEN

Meist dringt nur diffuses Streulicht durch das dichte Kronendach. Dicke Moospolster überziehen die Baumstämme, von den Ästen baumeln filigrane Bartflechten, rankendes Efeu, und meterlange Farnwedel geben dem gomerischen Lorbeerwald einen verzauberten Anstrich. Ein wenig fühlt es sich an, als würde man durch die Kulisse eines Märchenfilms schreiten …

Fayal-Brezal-Wald

Wo früher einmal Lorbeerwald stand, hat sich die sogenannte Fayal-Brezal-Formation angesiedelt. Benannt ist dieser Mischwald nach den beiden Hauptvertretern, dem **Gagelbaum** (span. faya) und der **Baumheide** (span. brezo). Die Baumheide (Erica arborea) macht ihrem Namen alle Ehre und wird vielerorts bis zu 15 m hoch. Nur wenige Meter niedriger wächst der Gagelbaum (Myrica faya), dessen essbare Beerenfrüchte früher getrocknet und zu Mehl vermahlen wurden. Im Unterholz tummeln sich wie im Lorbeerwald verschiedene Farne, an Wegrändern und auf Lichtungen wuchern das goldgelb blühende Kanaren-Johanniskraut (Hypericum canariense) und die Gomera-Gänsedistel (Sonchus gomerensis).

Dickblattgewächse

Zwischen 300–400 m, im feuchten Norden ab 200 m, beginnt ein halbfeuchtes bzw. halbtrockenes Klima, das sich auf die Region der Hochtäler, Berge und Höhenzüge mit Ackerböden, Wiesen und Weideland beschränkt. Hier wachsen Dickblattgewächse der Gattung **Aeonium**: Pflanzen mit fleischigen, rosettenartig angeordneten Blättern, die pyramidenförmige Blütenstände hervorbringen. Auf La Gomera gibt es davon sechs Inselendemiten, darunter das Aeonium rubrolineatum mit rötlicher Strichelung in der Blattmitte sowie das Aeonium gomerense, das v.a. an steilen Felswänden im Nordwesten der Insel zu Hause ist. Auf heute bewässerten Terrassen im Nordwesten des Eilands gedeiht auf bemoosten Stämmen das goldgelb blühende Aichryson laxum.

Zierpflanzen aus aller Welt

Üppig, bunt und weit gereist: In Parks und Gärten können Sie unzählige Ziergewächse aus den Tropen und Subtropen entdecken. Viele davon blühen rund ums Jahr, etwa Bougainvillea, Hibiskus und der aus dem Mittelmeerraum stammende Oleander. Besonders hübsch sind im Winter die roten **Weihnachtssterne**, die überall am Straßenrand stehen und bis zu 3 m hoch werden. Auch Hausgärten zieren exotische Gewächse, etwa südafrikanische Königsproteen und die auch als Paradiesvogelblume bekannte Strelitzie.

Kulturpflanzen

Im Siedlungsbereich der unteren Lagen werden verschiedene Kulturpflanzen angebaut. Neben etwas Wein, Avocados und Zitrusfrüchten bestimmen vielerorts **ausgedehnte Bananenplantagen** das Landschaftsbild. Die Banane wurde vor gut 100 Jahren auf den Kanaren eingeführt und hat sich zur mit Abstand wichtigsten Exportfrucht hochgearbeitet. Bananen können das ganze Jahr über geerntet werden, da jede Staude ihren eigenen Rhythmus hat. Gleich nach der Eroberung brachten die Spanier aus Übersee eine andere Nutzpflanze nach La Gomera: den **Feigenkaktus** (Opuntia ficus-indica). Auf seinen Blattscheiben wurde lange Zeit die Cochenille-Schildlaus gezüchtet, aus der ein roter Farbstoff gewonnen werden kann. Heute besetzen verwilderte Feigenkakteen (Opuntien) vielerorts die Hänge oberhalb der Küsten, häufig verdrängen sie durch ihr ungestümes Wachstum einheimische Arten.

Das Gomera-Aeonium (Aeonium gomerense) wächst gern an steilen Felswänden im Nordwesten der Insel.

Artenarme Fauna

Bedeutend ärmer als die Pflanzen- ist die Tierwelt. Größere wild lebende **Säugetiere** sind bis auf Kaninchen, Igel und Fledermaus auf den Kanaren nicht heimisch. Beruhigend ist die Tatsache, dass es weder giftige Schlangen noch Skorpione gibt. Dagegen sieht man allerorten die **Kanareneidechse** (Gallotia galloti), von der es mehrere Arten gibt. Nachtaktiv sind Geckos, die mitunter gern menschliche Behausungen aufsuchen und im Lampenlicht Motten und Falter jagen. Mit ihren saugnapfähnlichen Haftzellen können sie sich auch an glatten Wänden und Zimmerdecken äußerst schnell fortbewegen. Im Sommer 1999 wurden sechs Exemplare der Gomera-Rieseneidechse entdeckt. Die Echsenart Lagarto gigante galt bis zu diesem Zeitpunkt auf der Insel als ausgestorben (▶ Baedeker Wissen, S. 84).

Vögel

Vogelfreunde aufgepasst! Für Sie hat La Gomera einiges zu bieten: An den Küsten können Sie etliche Seevögel beobachten, im Lorbeerwald u.a. den Kanarenbuchfink (Fringilla coelebs canariensis). Nur mit viel Glück werden Sie dagegen die Lorbeertaube (Columba bollii) entdecken und in freier Natur hält man auch vergeblich nach dem hübsch trillernden **Kanarienvogel** Ausschau. Dafür hört man vielerorts den Kanarengirlitz (Serinus canaria) – den Urahn des daraus gezüchteten Harzer Rollers, den wir als den typischen gelben »Kanarienvogel« kennen. Auch der kleine Zilpzalp ist präsent auf der Insel.

An der Küste hört man natürlich das Geschrei verschiedener Möwenarten, an den Häfen sieht man vor allem Mittelmeermöwen, aber auch Lach- und Heringsmöwen. Das offene Meer bevorzugt der Gelbschnabelsturmtaucher, mit etwas Glück können Sie ihn während einer Bootsfahrt im Sommer sichten; im Winter zieht es ihn hingegen in die wärmeren Gefilde Südafrika und Südamerika.

Schmetterlinge

Dank des milden Klimas flattern auf den Kanaren das ganze Jahr über Schmetterlinge durch die Lüfte! Darunter finden sich »Alteingesessene« wie der Kanarische Admiral (Vanessa vulcanica), aber auch etliche »Neubürger« wie der schon Ende des 19. Jh.s eingewanderte Amerikanische Monarchfalter (Danaus plexippus).

Meerestiere

Die Gewässer rund um die Kanarischen Inseln sind voller Leben! Taucher können etwa Tintenfische, Rochen, Muränen und Barrakudas entdecken und manche Arten wie der Papageienfisch (span. vieja) stehen in fast jedem Fischlokal auf der Speisekarte. Haie gibt es zwar auch, doch sie tauchen nur selten in Küstennähe auf. Zur Touristenattraktion haben sich die **Wale und Delfine** entwickelt, die vor der Küste La Gomeras leben. Außer dem Großen Tümmler und Fleckendelfin sichtet man u.a. auch Grindwale, insgesamt mehr als 20 Arten! Je nach Wetterlage und Meeresströmung werden an die Küsten gelegentlich Portugiesische Galeeren (Physalia physalis) angeschwemmt, eine Quallenart, die bei Hautkontakt mit ihrem Nesselgift schmerzhafte Verätzungen verursacht. Also aufpassen!

Klima

Ideales Reiseziel zu jeder Jahreszeit

Das Zauberwort heißt »mild«: La Gomera hat, wie die übrigen Kanarischen Inseln, ein **warmgemäßigtes subtropisches Klima.** Die Winter sind sehr mild, die Sommer mäßig warm, die Temperaturschwankungen halten sich in Grenzen. Das vor Westafrika aufquellende kühle Wasser des **Kanarenstroms** sorgt für mittlere Jahrestemperaturen der Luft von 20 bis 22 °C, was deutlich unter den Werten liegt, die für diesen Breitengrad üblich sind (▶ Baedeker Wissen, S. 163 und ▶ Reisezeit, S. 222).
Maßgeblich beeinflusst wird das Klima der Kanaren durch den Feuchtigkeit spendenden **Passat**, der beständig aus Nord bis Nordost weht. Durch ihn ist La Gomera zweigeteilt: Auf der einen Seite steht die relativ feuchte Nordseite, auf der anderen liegt die sehr trockene Südseite im Regenschatten der Berge. Der Passat nimmt vom Meer feuchte Luft auf, die er an die Nordhänge der höheren Kanarischen Inseln heranträgt. Dort zwingen die Nordflanken der Berge die Luftmassen zum Aufsteigen. Dieser Auftrieb wird durch die Erwärmung der Berghänge am Tag noch unterstützt, sodass sich im Tagesverlauf

NEBELWÄLDER UND PALMENTÄLER

Keine andere Kanareninsel zeigt sich auf engstem Raum so wild und zerklüftet! Vom dicht bewaldeten Hochland stürzen tief eingekerbte Schluchten zum Meer hinab, die La Gomera seinen unverkennbaren Charakter verleihen.

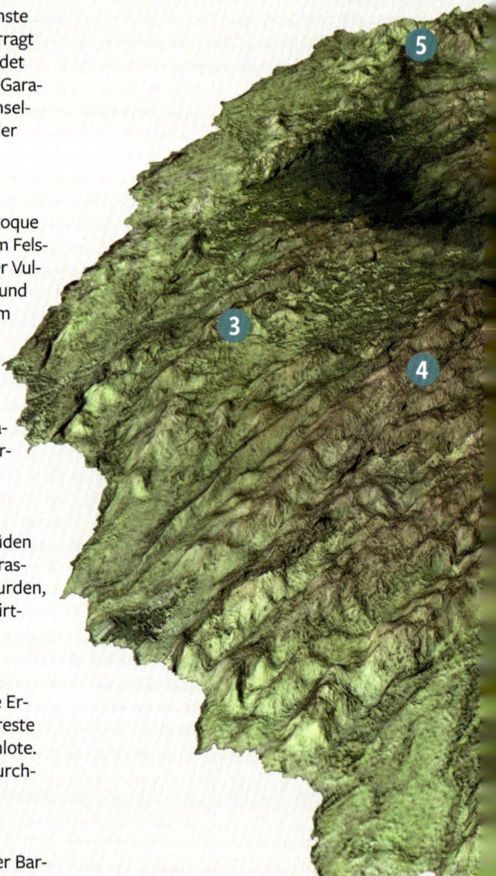

1 Alto de Garajonay
Der Garajonay ist mit 1487 m die höchste Erhebung der Insel, sein Umland überragt er nur um wenige Höhenmeter. Er bildet das Zentrum des Parque Nacional de Garajonay – dieses große Waldgebiet im Inselzentrum wurde zum Weltnaturerbe der Menschheit erklärt.

2 Los Roques
Bei den sog. Roques (Roque Agando, Roque Zarcita, Roque Ojila) handelt es sich um Felsnasen, es sind die Füllungen ehemaliger Vulkanschlote. Die weicheren Schichten rund um die Felsen wurden durch Erosion im Lauf der Jahrtausende abgetragen.

3 Valle Gran Rey
Das bis zu 800 m tiefe Valle Gran Rey ist eines der gewaltigsten Täler der Kanaren. An den Berghängen wurden Terrassenfelder angelegt.

4 Fortaleza de Chipude
Diesen Tafelberg im trockenen Inselsüden sieht man schon von Weitem! Die Terrassen, die an seinen Hängen angelegt wurden, erinnern daran, dass hier einst Landwirtschaft betrieben wurde.

5 Los Órganos
Die »Orgelpfeifen« sind magmatische Erstarrungssäulen – also ebenfalls Überreste von den Füllungen einstiger Vulkanschlote. Die meisten von ihnen haben einen Durchmesser von nur einem Meter.

6 Barranco de Vallehermoso
Neben dem Tal von Hermigua ist dieser Barranco eines der landwirtschaftlich bedeutendsten Inseltäler. Es wird beherrscht vom 646 m hohen Roque del Cano, der seine Umgebung um mehr als 100 m überragt.

2

ab etwa 700 m Höhe ein flacher Schirm aus Passatwolken bilden kann. Sie tragen mit Nebelniederschlag und Sprühregen wesentlich zu den relativ hohen Niederschlägen dieser Inselzone bei.

Natur- und Umweltschutz

Ressource Wald

La Gomera ist zwar heute mit einem Waldanteil von 22 % nach La Palma die waldreichste Insel des Kanarischen Archipels, doch der Bestand ist nicht nur durch Brände extrem gefährdet. Schon seit Beginn des 16. Jh.s wurde auf der Insel kräftig abgeholzt, zunächst vorrangig für den Zuckerrohranbau, aber auch für Schiffs- und Hausbau, im 20. Jh. schließlich für den Ausbau von Verkehrswegen. Bereits Mitte des 20. Jh.s wurden erste Schritte unternommen, um dem Verschwinden des Waldes entgegenzuwirken – denn bei einem weiteren Raubbau könnte die Erosion binnen kürzester Zeit verheerend werden und der Wasserhaushalt der Insel würde empfindlich leiden. Schließlich stammt ein Großteil der Wasserressourcen aus der Kondensation von Passatnebel an Laub und Nadeln. Zwecks einer raschen Wiederaufforstung wurden damals schnellwachsende Bäume gepflanzt, bevorzugt die Monterey-Kiefer und der Eukalyptusbaum. Diese Kiefernart aber gilt als schädlich, da sie den bodenbindenden Krautbewuchs verhindert, und der Eukalyptusbaum laugt den Boden stark aus und entzieht ihm extrem viel Wasser, außerdem fängt er leicht Feuer. Ende der 1980er-Jahre beschloss deshalb die damalige Naturschutzbehörde ICONA, diese ursprünglich nicht auf der Insel heimischen Bäume und potenziellen »Brandfackeln« zu fällen.

Fast alles im grünen Bereich

Anders als auf den großen Nachbarinseln Teneriffa und Gran Canaria wurden auf La Gomera keine ganze Küstenstriche mit Hotelburgen zugebaut und mit künstlich angelegten Stränden verschönert – auf dieser Kanareninsel sind die negativen Begleiterscheinungen des Tourismus sehr gering. An den wenigen badetauglichen Stränden gibt es mit Valle Gran Rey und Playa de Santiago bislang lediglich zwei Touristenzentren, die verhältnismäßig überschaubar sind. Trotzdem gibt es Umweltprobleme, die meisten davon sind jedoch auf die Landwirtschaft zurückzuführen. Vor allem im **Bananenanbau** kommt es zur Verunreinigung des Bodens durch Pflanzenschutzmittel und Nitratdünger. Die biologische Landwirtschaft konnte sich bislang nur punktuell durchsetzen.

Wasser und Luft

Auch die **Wasserknappheit** wird ein immer dringlicheres Problem. Zwar ist La Gomera im Vergleich zu den wüstenhaften Ostinseln Lanzarote und Fuerteventura noch relativ wasserreich, doch nach langen Trockenperioden im Sommer kommt es auch hier manchmal zu Engpässen – Hauptverbraucher sind erneut die Bananenkulturen. Immerhin konnte bislang auf den Bau von energieintensiv betriebenen Meerwasserentsalzungsanlagen verzichtet werden. Keine Rolle spielt die Luftverschmutzung, es gibt keine nennenswerte Industrie und nicht allzu viel **Verkehr**. Die Insel blieb allerdings von Eingriffen in die Landschaft nicht verschont. Von Umweltschützern heftig bekämpft wurde der Bau des Flughafens in Playa de Santiago, für den eine riesige Fläche eingeebnet und planiert wurde. Mit EU-Mitteln wurden in den letzten Jahrzehnten zudem viele Bergstraßen aufwendig ausgebaut. Angesicht des relativ geringen Verkehrsaufkommens wirkt vor allem die Straße nach Valle Gran Rey etwas überdimensioniert. Ein großes Problem sind auch immer wieder **Waldbrände**.

Naturreservate

Mit einer Fläche von knapp 4000 Hektar nimmt der **Nationalpark Garajonay** im Inselzentrum mehr als 10 % der Inselfläche ein. Nationalparks sind die konsequenteste Form von Naturschutz, menschliche Eingriffe durch Bebauung und Rodung sind strikt untersagt. Daneben gibt es auf La Gomera etliche kleinere Reservate, etwa die Schluchten im Naturpark Majona im Osten und den Naturpark Valle Gran Rey. Als Naturmonument geschützt sind u.a. die Felstürme Los Roques am Südrand des Nationalparks und die spektakulären »Orgelpfeifen« Los Órganos an der Nordküste; auch das Tal von Benchijigua genießt Schutzstatus.

Bevölkerung

Emigration und Landflucht

Die gomerische Bevölkerung hat seit jeher mit wirtschaftlichen Schwierigkeiten zu kämpfen. Hungersnöte und Arbeitslosigkeit waren immer schon Gründe zur Emigration, viele Gomeros versuchten ihr Glück auf der großen Nachbarinsel Teneriffa, wer konnte, wanderte nach Übersee aus. Mittlerweile hat sich nicht zuletzt durch den bescheidenen touristischen Ausbau die Einwohnerzahl auf etwas mehr als 20000 stabilisiert, in den Gemeinden Valle Gran Rey und San Sebastián legte die Bevölkerung in den letzten Jahren sogar leicht zu. Dennoch ist das Gespenst der Landflucht nicht völlig gebannt: In den kleinen Weilern an der Westküste kehren vor allem die Jungen ihrer Heimat den Rücken, weil ihnen hier die Perspektiven fehlen.

Autonome Gemeinschaft

Anders als im Baskenland oder jüngst in Katalonien war das Streben nach mehr Autonomie bzw. nach einer Loslösung von Spanien auf den Kanaren nie ein großes Thema. Natürlich fühlt man sich durch die große räumliche Distanz zu Madrid mitunter benachteiligt, über eine völlig selbstständige Inselrepublik denkt auf den Kanaren heute allerdings niemand ernsthaft nach. Seit 1982 ist der kanarische Archipel eine von 17 autonomen Gemeinschaften (Comunidades Autónomas) innerhalb Spaniens. Jede Insel wird von einem **Inselrat** (Cabil-

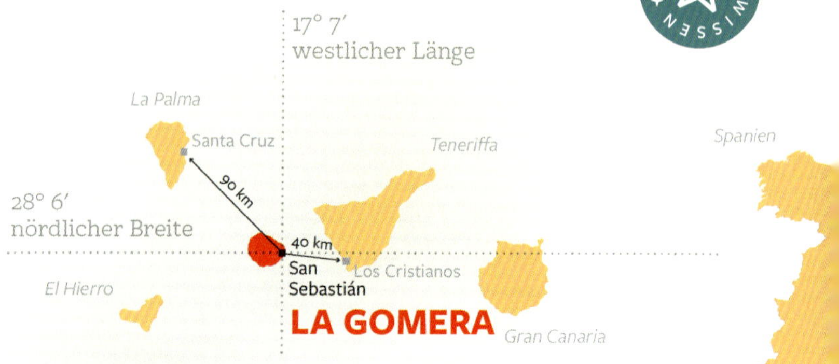

Inselgruppe: Kanarische Inseln (span. Islas Canarias)
Hauptinseln: Teneriffa, La Palma, La Gomera, El Hierro, Gran Canaria, Lanzarote und Fuerteventura

Fläche: 378 km² (alle Kanaren: 7541 km²)
Damit ist La Gomera nach El Hierro die zweitkleinste Insel des Archipels.

Einwohnerzahl: ca. 21 150
(Kanaren gesamt: rd. 2,1 Mio.)

Bevölkerungsdichte: 54 Einw./km²
(Kanaren gesamt: 265 Einw./km²))

Küstenlänge: ca. 98 km

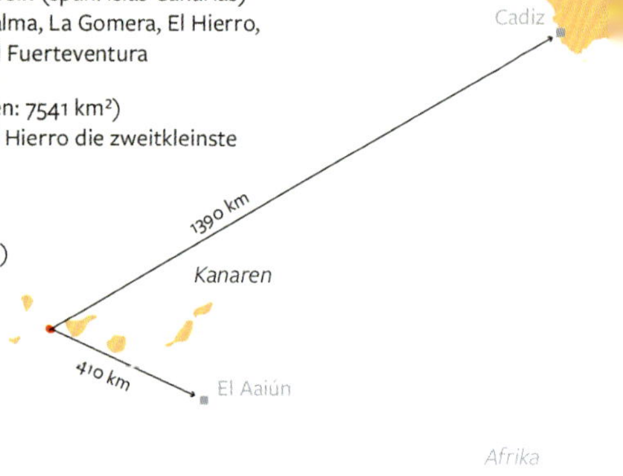

Nord-Süd-Ausdehnung: ca. 22 km

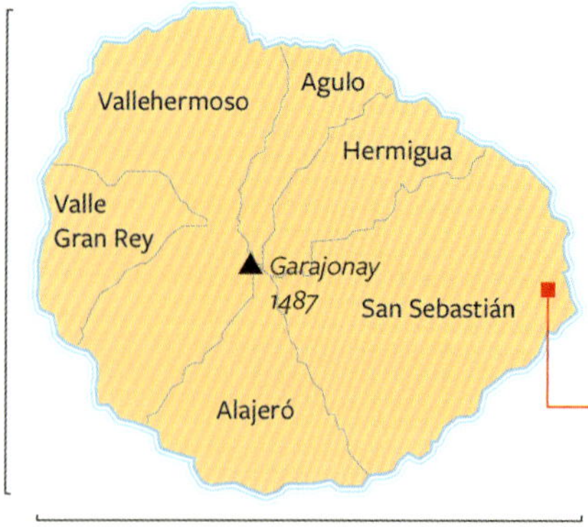

Ost-West-Ausdehnung: ca. 25 km

▶ Verwaltung

Provinz: Santa Cruz de Tenerife,

Autonome Region: Kanarische Inseln (Comunidad Autonóma de Canarias)

Höchste politische Instanz:
Cabildo Insular (Inselrat)

Sechs Gemeindebezirke:
San Sebastián, Hermigua, Agulo, Vallehermoso, Valle Gran Rey, Alajeró

Hauptort
San Sebastián (8700 Einwohner im gesamten Bezirk)

Sprache

Spanisch (Castellano)

Wirtschaft

Wichtigste Einnahmequellen:

Tourismus

Landwirtschaft

Bedeutendstes Exportprodukt: **Bananen**

Tourismus

ca. 7000 Gästebetten, überwiegend deutschsprachige Gäste

wichtigste Ferienzentren: **Valle Gran Rey** und **Playa de Santiago**

Religion

98,3 % Katholiken

Klimastation San Sebastián

Durchschnittstemperaturen

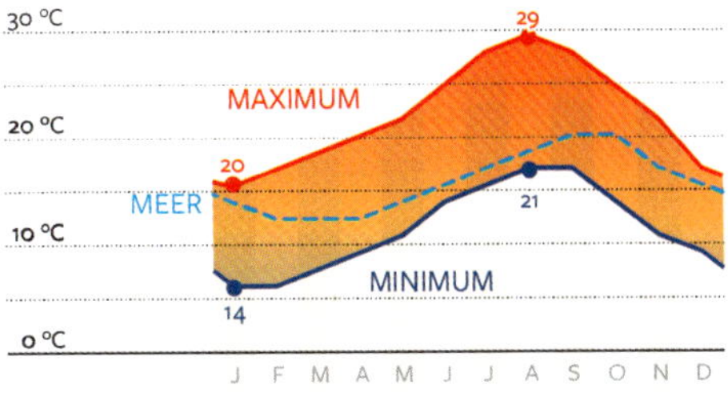

Niederschlag

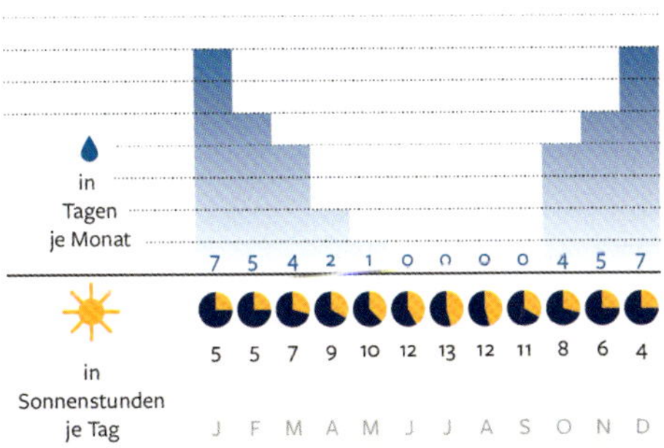

Die vier westlichen Kanareninseln im Vergleich

	Teneriffa	La Palma	La Gomera	El Hierro
Fläche in km²	2034	708	378	268
Einwohner	908 000	81 350	21 150	10 500
Touristen (jährlich)	5,1 Mio.	199000	88 000	9000

La Gomeras Bananen sind klein, aber umso süßer. Die Ernte ist trotzdem eine harte Arbeit.

do insular) verwaltet. Vor allem in Bezug auf die Ressorts Bildung, Kultur und touristische Entwicklung agieren die Inseln weitreichend selbstbestimmt. La Gomera ist Teil der **Provinz Santa Cruz de Tenerife**, zu der außer Teneriffa auch La Palma und El Hierro gehören. Es gibt auf der Insel sechs Gemeinden mit eigenem Rathaus, neben der Hauptstadt San Sebastián sind das Agulo, Alajeró, Hermigua, Valle Gran Rey und Vallehermoso.

Wirtschaft

Alles Banane

Wenn Sie durch das Tal von Hermigua fahren oder im Süden in La Dama oder Playa de Santiago Halt machen, sehen Sie schnell, wovon viele Gomeros leben: In den Küstenzonen prägen ausgedehnte **Bananenplantagen** das Bild. Die Anbauflächen ziehen sich maximal bis in Lagen von 300 m hinauf, darüber ist der Anbau wegen des kühleren Klimas nicht rentabel genug. Die sehr schmackhaften, aber kleinen kanarischen Bananen (▶ Baedeker Wissen, S. 82) sind das Exportprodukt Nummer eins, obwohl sie auf dem mitteleuropäischen Markt wegen der billigeren Konkurrenz aus Süd- und Mittelamerika nahezu unverkäuflich sind. Die Produktionskosten auf La Gomera und den Nachbarinseln liegen weit über denen anderer Länder. Vom Staat subventioniert, wird praktisch die ganze Bananenernte auf das spanische Festland ausgeführt und dort konsumiert. Oberhalb des »Bananengürtels« baut man auf terrassierten Feldern etwas Kartoffeln, Gemüse und Wein für den Eigenbedarf an. Auch subtropische Früchte wie Avocados, Mangos und Papayas reifen auf der Insel gut.

Viehzucht und Fischerei

In der Viehzucht steht die **Ziegenhaltung** an erster Stelle, aus der Milch wird ein lokaler Ziegenkäse (Queso gomero) hergestellt. In geringem Umfang werden auch Schweine gehalten, allerdings muss fast der ganze Fleischbedarf eingeführt werden. Auch um die gomerische Fischerei steht es nicht zum Besten. Die kleine und teils veraltete Fangflotte deckt nicht einmal mehr den Eigenbedarf ab.

Tourismus

Der Tourismus begann auf La Gomera Anfang der 1970er-Jahre sehr zögerlich, zunächst in Valle Gran Rey, wo v.a. deutsche Aussteiger überwinterten. Das Tal des Großen Königs geriet bald in den Ruf, das **Aussteigerparadies** der Kanaren zu sein. Nach und nach kamen immer mehr Wanderer und Individualreisende dazu, die auf La Gomera eine ruhige Alternative zu den Tourismushochburgen der Nachbarinseln suchten. Seit Ende der 1980er-Jahre ist La Gomera in kleinerem Umfang auch ein Pauschalreiseziel, doch mit derzeit **rund 7000 Gästebetten** ist das Angebot nach wie vor relativ bescheiden, von Massentourismus kann keine Rede sein. Neben Valle Gran Rey konnte sich mit Playa de Santiago ein zweites kleines touristisches Zentrum etablieren; bereits 1987 eröffnete die norwegische Reederfamilie Fred. Olsen dort das Hotel Jardín Tecina, das mit über 400 Doppelzimmern auch heute noch das größte Hotel der Insel ist.
Im Inselnorden erwarten Sie lediglich einige kleinere Landhotels und Ferienhäuser im Rahmen des **Finca-Tourismus** (Turismo Rural). Warum der Massentourismus bisher einen weiten Bogen um die Insel gemacht hat? Zum einen ist es ohne internationalen Flughafen etwas umständlicher, hierher zu kommen. Zum anderen fehlen schlicht die weitläufigen Sandstrände.

GESCHICHTE

Als die spanischen Eroberer im 15. Jh. nach La Gomera kamen, trafen sie auf eine Steinzeitkultur, die weder eine Schrift noch das Rad kannte. Weltbewegendes geschah auf der kleinen Insel eigentlich nie – mit einer Ausnahme: 1492 brach vom Hafen San Sebastián ein gewisser Christoph Kolumbus in die Neue Welt auf.

Altkanarische Bevölkerung

Berber besiedeln die Inseln

Viel ist in der Wissenschaft darüber diskutiert worden, ob die Phönizier, die als kühn und tüchtig bekannten Seefahrer, bei ihren Erkundungsfahrten entlang der westafrikanischen Küste mit der kanarischen Inselgruppe in Berührung kamen. Neuere archäologische Forschungen auf Lanzarote lassen tatsächlich vermuten, dass sie um 1000 v.Chr. die ersten Menschen waren, die kanarischen Boden betraten. Besiedelt wurde die Inselgruppe aber erst etwa 500 Jahre später durch **nordafrikanische Berber**. Vergleichende Sprachstudien konnten Ähnlichkeiten zwischen altkanarischen Sprachrelikten und den Berbersprachen nachweisen. Es wird angenommen, dass die Übersiedlung von Afrika auf die Kanaren in mehreren Wellen zu unterschiedlichen Zeiten stattfand. Welche Gründe diese Menschen dazu bewogen, ihre nordafrikanische Heimat zu verlassen, ist jedoch nicht geklärt. Als mögliche Ursache gelten die zunehmende Verwüstung des Saharagebiets und der heftige Druck der römischen Besatzung. Spekulation bleibt auch, wie die Ureinwohner überhaupt auf die Inseln gelangten. Wasserfahrzeuge wurden nicht gefunden, vielleicht benutzten sie Schilfboote, die später verrotteten.

Woher der Name »Kanaren« kommt

Beim römischen Gelehrten **Plinius d.Ä.** (23–79 n.Chr.) taucht erstmals der Inselname »Canaria« (heute Gran Canaria) auf, den er mit den dort lebenden großen Hunden erklärt (lat. canis = Hund). Hunde gab es schon damals auf den Kanaren, von außergewöhnlicher Größe waren sie jedoch nicht. Eine andere Erklärung verweist auf den einheimischen Vogel Canora (von lat. canere = singen). Möglicherweise rührt der Name auch vom Cabo Caunaria an der afrikanischen Küste (vermutlich das heutige Cap Bojador).

Bezeichnungen der Ureinwohner

Die Namen für die Urbevölkerung variierte auf den einzelnen Inseln. Auf Teneriffa sprach man von den »guanches«, auf El Hierro von den »bimbaches«, auf La Palma von »benahoritas«, auf La Gomera eben von den »**gomeros**«. Ihr Name soll vom Berbervolk der »Ghomara« im marokkanischen Rif-Gebirge abgeleitet sein.

EPOCHEN

ALTKANARISCHE BEVÖLKERUNG

ab 500 v. Chr.	Besiedlung in mehreren Wellen durch Einwanderer aus Nordafrika
14./15. Jh.	Einfache Hirten- und Bauernkultur

EROBERUNG UND KOLONIALZEIT

23–79 n. Chr.	Erwähnung der Kanaren in der »Naturalis Historia« von Plinius
1479	Der Vertrag von Alcáçovas spricht die Kanaren dem Königreich Spanien zu.
1488	Letzter Widerstand der Ur-Gomeros gegen die Spanier
1492	Aufenthalt von Kolumbus auf La Gomera

19./20. JAHRHUNDERT

1837	Die Feudalherrschaft wird abgeschafft.
1912	Die Inseln erhalten eine örtliche Selbstverwaltung.
1936–1975	Diktatur unter General Franco
1975	Demokratischer Wandel
1999	Eröffnung des Flughafens

ENTWICKLUNG DER LETZTEN JAHRE

2008	Erhalt der »Europäischen Charta für nachhaltigen Tourismus in Schutzgebieten«
2012	Waldbrand im Nationalpark Garajonay
2017	Eröffnung der Fährlinie San Sebastián – Valle Gran Rey

Leben und Kultur der Altkanarier

Der italienische Chronist und Festungsbaumeister Leonardo Torriani (um 1560–1628), der sich um 1584 u.a. auf La Gomera aufhielt, liefert in seinem Werk »Die Kanarischen Inseln und ihre Urbewohner« ein lebendiges Bild über die damalige Zeit:

»

Die alten Gomerer waren hochgewachsene Männer, kräftig, gewandt, kriegerisch und wenig sorgfältig in der Kleidung. … Ihre Kleidung bestand in der Bedeckung der unanständigen Körperteile und in der Umwicklung des Kopfes mit einer Binde aus roter Farbe, die sie aus den Wurzeln eines Tainaste genannten Baumes gewannen, der auch die Schminke für die Frauen lieferte. Zuweilen verhüllten sie sich auch in einen Tamarco, der aus drei Fellen hergestellt war.

«

Als die Europäer die Kanaren im 14./15. Jh. besetzten, trafen sie auf eine **einfache Hirten- und Bauernkultur**, die ohne Verbindung zur übrigen Welt zu sein schien. Die Ureinwohner kannten weder das Rad noch den Pflug, auch die Metallverarbeitung war ihnen unbekannt. Auf gerodeten Feldern bauten sie bevorzugt Gerste an. **Hauptnahrungsmittel** war daraus hergestellter Gofio, bis heute ein wichtiger Bestandteil der kanarischen Küche. Als Haustiere hielten sie v.a. Ziegen, die Fleisch, Milch und Kleidung in Form von Fellen lieferten. Wie vielerorts gefundene Muschelschalen belegen, dienten Meeresfrüchte als weitere wichtige Nahrungsquelle. Ob die Altkanarier Fischfang betrieben, ist nicht gesichert. Torriani berichtete, dass sie in abgetrennte kleine Meeresbecken giftige Wolfsmilch gaben und so die Fische leicht betäubten. Sie ließen sich dann mit bloßer Hand fangen.

Sozialstruktur

La Gomera war bei Ankunft der Spanier in vier Herrschaftsgebiete unterteilt: Agana, Orone, Ipalán und Mulagua. Sie entsprechen etwa den heutigen Gemeindebezirken von Vallehermoso, Valle Gran Rey, San Sebastián und Hermigua. An der Spitze jedes dieser Stammesgebiete stand ein König. Über die Sozialstruktur weiß man sonst nur wenig, außer dass es **Adlige und Bauern** gab. Vermutlich waren die sozialen Unterschiede auf La Gomera nicht so ausgeprägt wie auf den anderen Inseln. Wahrscheinlich hatten auf La Gomera die Frauen

Die Mumie eines Guanchen, ausgestellt im Naturhistorischen Museum von Santa Cruz de Tenerife. Auf La Gomera wurde Mumifizierung nicht praktiziert.

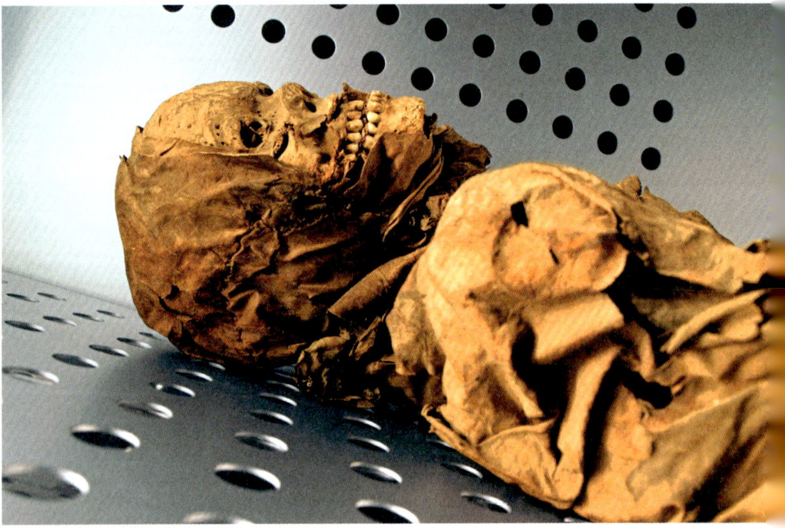

eine relativ starke Position. So war beispielsweise die Erbfolge an die mütterliche Linie geknüpft, und Frauen sollen sogar an Kämpfen teilgenommen haben. Man schätzt, dass zum Zeitpunkt der spanischen Eroberung rund 2000 Menschen auf La Gomera lebten, auf dem benachbarten La Palma ca. 4000 und auf Teneriffa vielleicht 30000.

Kult und Bestattungsriten

Von der religiösen Vorstellungswelt der Altkanarier ist nur wenig überliefert. Archäologische Funde deuten darauf hin, dass die Ureinwohner Quellen, Höhlen und Berge als **heilige Orte** verehrten. Auf La Gomera wird in diesem Zusammenhang der Tafelberg Fortaleza de Chipude genannt – ob dort jedoch tatsächlich Tier- und Trankopfer dargebracht wurden, ist nicht gesichert. Bemerkenswert ist, dass die Welt der Toten eng mit der der Lebenden verknüpft blieb. Natürliche und künstlich ausgeschachtete Höhlen dienten gleichzeitig als **Wohn- und Grabstätten**. Ihre Toten bestatteten die Gomeros in Einzel- und Gruppengräbern, im Norden der Insel wurden Skelette in Hock- und in Bauchlage mit angezogenen Beinen gefunden. Eine Mumifizierung der Toten, wie sie auf den Nachbarinseln Teneriffa und Gran Canaria vorkam, kannte man auf La Gomera nicht.
Auf der Nachbarinsel La Palma fand man Petroglyphen (Felsbilder) in Form von konzentrischen Kreisen; auch das scheint es auf La Gomera nicht gegeben zu haben. 2006 entdeckte man jedoch in der Höhle Las Toscas del Guirre durch Zufall mehr als 100 in den Fels geritzte **berberisch-libysche Schriftzeichen**. Der aufsehenerregende Fund konnte bislang nicht entziffert werden – geschätztes Alter: 2000 Jahre.

Eroberung und Kolonialzeit

Erste Kontakte

Der erste für die Nachwelt erhaltene Bericht über einen Besuch auf den Kanaren ist bei Plinius d.Ä. (23–79 n.Chr.) nachzulesen. Den ersten eindeutigen Beweis für die **Landung römischer Seefahrer** auf den Kanaren liefern auf Lanzarote und La Graciosa gefundene Gefäße aus dem 3./4. Jahrhundert. Dennoch blieb die Inselgruppe am Westrand der damals bekannten Welt bis ins ausgehende Mittelalter weitgehend isoliert. An einer Eroberung zeigte niemand Interesse – die Kanaren ließen sich wohl nicht exakt lokalisieren und versprachen keine großen Reichtümer. Erst im 14. Jh. wurde man in Europa auf sie aufmerksam. Ausschlaggebend hierfür waren u. a. Berichte von der Seereise des Genuesen **Lancelotto Malocello,** der 1312 auf der später nach ihm benannten Insel Lanzarote gelandet war. In der Folge suchten Seefahrer, Kaufleute und Piraten die Kanarischen Inseln auf und versklavten dabei teilweise ganze Dörfer. Der Name La Gomera tauchte zum ersten Mal 1339 in einer Seekarte auf, die Angelino Dulcert auf Mallorca erstellte.

Als Oberhaupt »aller noch zu entdeckenden Länder« ernannte Papst Clemens VI. 1344 **Luís de la Cerda** aus der spanischen Königsfamilie. Mit seinem Titel »König der Kanarischen Inseln« war jedoch kein tatsächlicher Besitzanspruch verbunden. Auch sein Nachfolger **Roberto de Bracamonte** begnügte sich mit der rein theoretischen Königswürde und unternahm keinen Eroberungsversuch.

Unter spanischer Krone

Das überließ er seinem Vetter **Jean de Béthencourt** (1359–1425), einem verschuldeten Landadligen aus der Normandie, der durch die Eroberung des Archipels wieder zu Geld kommen wollte. Gemeinsam mit seinem Gefährten Gadifer de la Salle gelang ihm zwischen 1402 und 1405 die Einnahme von Lanzarote, Fuerteventura und El Hierro. Versuche, La Gomera zu erobern, scheiterten zunächst am erbitterten Widerstand der Ureinwohner. Als Jean de Béthencourt 1404 die Insel anlief und einige Ureinwohner auf sein Schiff entführen ließ, brachte er die Inselbewohner so sehr gegen sich auf, dass er das Eiland fluchtartig verlassen musste. Die Missionare der Kirche scheinen mehr Erfolg gehabt zu haben: In einer päpstlichen Bulle aus dem Jahr 1419 ist von einer kleinen Christengemeinde auf La Gomera die Rede. Beim zweiten Eroberungsversuch des Normannen unterwarfen sich ihm zwei der vier gomerischen Stämme, nämlich die von Agana und Ipalán – die beiden anderen, Mulagua und Orone, leisteten noch jahrzehntelang erfolgreich Widerstand.
Auch unter Hernán Peraza d. Ä., der ab 1447 die Insel regierte, war La Gomera noch immer nicht vollständig erobert. Nach seinem Tod erbte seine Tochter Inés das Eiland, und ab 1477 übte ihr Sohn **Hernán Peraza d. J.** als königlicher Statthalter zusammen mit **Beatriz de Bobadilla** die Herrschaft über die Insel aus. Für die zwangschristianisierten Ureinwohner begann damit ein Schreckensregiment. So ließ Peraza ohne Rücksicht auch getaufte Ur-Gomeros versklaven und nach Spanien und Nordafrika verkaufen. 1488 rebellierte die geschundene Urbevölkerung gegen die Willkürherrschaft des Herrscherpaares, und man ermordete Hernán Peraza. Die Rache der Spanier fiel grausam aus: Unzählige Ureinwohner wurden getötet oder als Sklaven verkauft (▶ Baedeker Wissen, S. 178). Die überlebenden, nicht versklavten Ur-Gomeros hispanisierten sich erstaunlich schnell. Viele vermischten sich durch Heirat mit den Eroberern, sie nahmen die Sprache, die Religion, die Sitten und Gebräuche der Spanier an, ordneten sich politisch völlig unter und passten sich den neuen wirtschaftlichen Gegebenheiten an.

Zwischenspiel: Kolumbus auf La Gomera

Christoph Kolumbus (▶ Interessante Menschen) ging bei seinen Entdeckungsfahrten wiederholt auf La Gomera an Land, um seine Vorräte aufzufüllen. Erstmals soll er seinen Fuß am 12. August 1492 auf gomerischen Boden gesetzt haben und erst drei Wochen später (mit Intermezzo auf Gran Canaria) wieder in See gestochen sein. Außer-

Die Ermita de los Reyes wurde 1515 erbaut.

dem hielt er sich vom 5. bis 7. Oktober 1493 und am 19. Juni 1498 in San Sebastián auf.

Feudale Machtverhältnisse

Nach der spanischen Eroberung bestanden auf den Kanaren zwei unterschiedliche Verwaltungssysteme: Während Gran Canaria, La Palma und Teneriffa (islas de realengo) direkt der spanischen Krone unterstellt wurden, galt für La Gomera ebenso wie für El Hierro, Lanzarote und Fuerteventura der sog. Señorío-Status (islas de señorío). Diese Inseln waren als feudalherrschaftliche **Señoríos (Grafenherrschaften)** im Besitz der Adligen, die die Inseln erobert hatten. Ab Mitte des 17. Jh.s hielt sich kein Mitglied der regierenden Inselfamilien mehr auf La Gomera auf. Sie residierten lieber in Madrid oder auf Teneriffa und überließen einem eingesetzten Verwalter alle Angelegenheiten wie Verwaltung, Rechtsprechung, Exportwirtschaft, Steuereinnahmen, Landvergabe gegen Pachtgebühren etc.
La Gomera hatte für sie auch nicht viel zu bieten – zumindest nichts, was schnellen Reichtum versprach. Nach dem profitablen Handel mit Sklaven in der Eroberungsphase wurde Zucker die lukrativste Einnahmequelle. Mitte des 16. Jh.s verschlechterte sich das Geschäft jedoch wegen billigerer Ware aus Mittel- und Südamerika, Ende des Jahrhunderts existierte nur noch eine von fünf gomerischen Zuckerrohrmühlen. Die Haupterzeugnisse bildeten nun Seide, Ziegen und Schafe, Weizen und Gerste, Färberflechte, Wein und Schnaps (aus schlechten Reben). Sie dienten in erster Linie der Selbstversorgung und waren meist qualitativ den Erzeugnissen der anderen Kanaren unterlegen.

Piraten-angriffe

In Gefahr geriet La Gomera durch Piraten, die es auf Schiffe mit amerikanischem Gold und Silber abgesehen hatten und nicht davor zurückschreckten, kanarische Hafenstädte anzugreifen, in denen die spanischen Überseeflotten einen Zwischenstopp einlegten. Mehrfach wurde die Hauptstadt der Insel, San Sebastián, niedergebrannt: 1571 vom Franzosen Jean Capdeville, 1599 vom Niederländer van der Does, 1618 von den Algeriern Tabac Arraez und Soliman. Dagegen konnte die Flotte des seinerzeit wohl berühmtesten Seeräubers, Sir Francis Drake, derart unter Artilleriebeschuss genommen werden, dass er den Befehl zum Abdrehen gab. Auch der letzte Piratenangriff unter dem Engländer Charles Windham wurde so 1743 erfolgreich abgewehrt. Schlimmer als die Piratenüberfälle empfanden viele Gomeros jedoch die **Steuern**, die ihnen die Krone, die Kirche und die Inselherren auferlegten. 1762 kam es deshalb zu einem Aufstand, der kurz darauf von königlichen Truppen brutal niedergeschlagen wurde.

19./20. Jahrhundert

Kaziken-System

Im Jahr 1812 beschloss das spanische Parlament die Abschaffung der Señoríos, doch erst 1837 fand die jahrhundertelange Feudalherrschaft auf La Gomera tatsächlich ein Ende. Von der Änderung der Besitzverhältnisse profitierten jedoch nur die »caciques« genannten bürgerlichen Großgrundbesitzer, die zwar nicht mehr so viele Privilegien genossen wie ihre Vorgänger, aber über die besten Ländereien regierten und die politische Macht auf der Insel innehielten. Für die kleinen Landpächter und Tagelöhner änderte sich nichts – sie blieben von ihrem jeweiligen Herrn abhängig. Selbst nach Ausrufen der Zweiten Spanischen Republik 1931 bestand das Kaziken-System weiter.

Wirtschaft und Auswanderung

Fast das ganze 19. Jh. hindurch blieb La Gomera am Rande des kanarischen Wirtschaftsgeschehens. Viele Gomeros versuchten, auf den prosperierenden Nachbarinseln als Tagelöhner ein Auskommen zu finden. Wurden diese Inseln von Wirtschaftskrisen heimgesucht, war La Gomera Auffanglager. Durch Rückkehrer und den natürlichen Anstieg der Einwohnerzahl wurde die Bevölkerung, von der rund 60 % am Rand des Existenzminimums lebte, schwer in Bedrängnis gebracht. Einen Ausweg sahen viele in der Emigration, v. a. nach Kuba und Venezuela. Erst Ende des 19. Jh.s gingen die Auswandererzahlen zurück, viele kehrten in ihre alte Heimat zurück. Ausschlaggebend hierfür waren verbesserte Wirtschaftsbedingungen: Der Anbau von Bananen und Tomaten versprach neue Erwerbsmöglichkeiten.

Selbst-verwaltung

1912 wurden auf den Kanaren die »cabildos insulares« (Inselregierungen) eingeführt; jeder Insel gestand man eine örtliche Selbstverwaltung zu. 1927 wurde der Kanarische Archipel in eine West- und eine Ostprovinz aufgeteilt: Seither gehört La Gomera mit Teneriffa, La Palma und El Hierro zur **Provinz Santa Cruz de Tenerife**.

Spanischer Bürgerkrieg

Im Juli 1936 zettelten spanische Militärs, darunter **General Francisco Franco**, der damalige Befehlshaber des Militärbereichs Kanarische Inseln, einen Putsch gegen die demokratisch gewählte republikanische Regierung an – er sollte sich schließlich zum Spanischen Bürgerkrieg (1936–1939) ausweiten und nach Francos Sieg in einer fast vierzigjährigen Diktatur enden. Gegen diese Bewegung formierte sich auf La Gomera, in Vallehermoso und Hermigua, Widerstand. Man konnte sich allerdings nur wenige Tage gegen die Franco-Einheiten behaupten. Was folgte, waren **Hinrichtungen, Folterungen und Verurteilungen zur Zwangsarbeit**.
In den ersten Jahren der Franco-Herrschaft emigrierten wegen der politischen Unterdrückung und der wirtschaftlichen Restriktionen viele Gomeros heimlich – offiziell war Auswandern verboten – nach Hispanoamerika. In den »Jahren der großen Dürre« (1945–1948) wanderten so viele aus, dass die gomerische Bevölkerung fast um die Hälfte schrumpfte.

Demokratischer Wandel

Nach Francos Tod 1975 wurde Spanien **konstitutionelle Monarchie**. König Juan Carlos leitete einen umfassenden Demokratisierungsprozess ein und ebnete den Weg zu einer neuen Verfassung und demokratischen Wahlen. Die erste frei gewählte Regierung von 1982 stellten die Sozialdemokraten (PSOE) unter Führung von Felipe González. Die beiden kanarischen Provinzen wurden 1982 zur »**Kanarischen Autonomen Region**« zusammengefasst. Wie die übrigen 16 spanischen Autonomiegebiete erhielten die Kanaren eine Regionalverfassung (Autonomiestatus) sowie gewählte Vertretungskörperschaften. Das Inselparlament tagt seither abwechselnd in Sant Cruz de Tenerife und Las Palmas de Gran Canaria.

Politische Entwicklung in jüngster Zeit

Aus dem **EG-Beitritt Spaniens** 1986 ergaben sich für die Kanaren zunächst keine wirtschaftlichen Konsequenzen, da sie die Mitgliedschaft verweigerten, um ihren Status als Freihandelzone zu sichern. Aufgrund der spezifischen Insellage wurde deshalb für die Kanaren ein Sonderabkommen geschlossen. 1989 entschied sich das kanarische Parlament dann doch zum Beitritt in die Europäische Gemeinschaft, um von den Subventionen und Strukturhilfen zu profitieren und den kanarischen Exportprodukten (damals Bananen und Tomaten) einen freien Zugang zum europäischen Binnenmarkt zu ermöglichen. Seit 1993 sind die Kanarischen Inseln voll in die EU integriert.

Eröffnung des Flughafens

Ein Einschnitt in die Inselgeschichte war 1999 die Eröffnung des Flughafens von La Gomera, um dessen Bau jahrzehntelang gestritten worden war. Die damit verbundenen Hoffnungen auf eine starke Zunahme der Touristenzahlen haben sich bisher nicht erfüllt, denn der Flughafen ist für große Chartermaschinen zu klein und dient im Wesentlichen dem zwischeninsularen Verkehr. Um die Insel auch für den »Qualitätstourismus« zu öffnen, wurde der Hafen von Vueltas in Valle Gran Rey zum Fähr- und Kreuzschifffahrthafen ausgebaut.

Entwicklung der letzten Jahre

Nachhaltiger Tourismus

Als erstes Urlaubsziel der Kanaren erhielt La Gomera 2008 die »Europäische Charta für Nachhaltigen Tourismus in Schutzgebieten« des EUROPARC, des Dachverbands der europäischen Nationalparks. Das Konzept: Im Reisegebiet soll ein umweltbewusster Urlaub unter Berücksichtigung sozialer, kultureller und ökonomischer Erfordernisse ermöglicht werden. Außerdem soll die touristische Infrastruktur behindertengerecht gestaltet werden, hinzu kommt u. a. der weitere Ausbau von Wanderwegen und Aussichtspunkten. 2012 wurde die ganze Insel zum **Biosphärenreservat** erklärt. Dabei stellte die UNESCO-Kommission insbesondere den Erhalt und die Pflege der traditionellen Terrassenbewirtschaftung heraus. Die Anerkennung ist ein wichtiger Schritt zum Erhalt der Naturlandschaften und Artenvielfalt. Einen herben Rückschlag für den Naturschutz brachte allerdings wenige Wochen später ein verheerender Waldbrand, bei dem etwa 10 % der Inselfläche verwüstet wurde, darunter auch ein Teil des Lorbeerwaldes im ▶ Garajonay Nationalpark.

Wirtschaftskrise

Spanien wurde 2012 von einer tiefen Wirtschafts- und Finanzkrise erfasst, die dazu führte, dass das Land mit dem Rettungsschirm der EU stabilisiert werden musste. Die Arbeitslosenquote kletterte zeitweise auf über 30 %, auch auf den Kanaren. Nun erholt sich das Land langsam wieder: 2018 fiel die Quote auf unter 20 %, sie liegt damit jedoch nach wie vor deutlich über dem EU-Schnitt. Auf den Kanaren ist vor allem die Jugendarbeitslosigkeit hoch.

KUNST UND KULTUR

Kultur und Kunst auf dem kleinen La Gomera? Weltberühmte Kulturschätze und architektonische Superlativen gibt es vielleicht nicht, aber dafür traditionelle Töpfertechniken aus vorspanischer Zeit, zauberhafte alte Dorfkirchen und in San Sebastián frisch herausgeputzte Beispiele spanischer Kolonialarchitektur!

Typisch für altkanarische Keramik ist das Idol von Tara auf Gran Canaria.

Altkanarische Keramik

Die Hinterlassenschaften der Ur-Gomeros, der vorspanischen Bevölkerung, sind spärlich. Erhalten hat sich jedoch auf La Gomera bis heute die Herstellung von Keramikgegenständen ohne Töpferscheibe. Wie es bei den Ureinwohnern Tradition war, werden Schalen und sonstige Gefäße freihändig geformt. Die Gefäße sind mit Hohlgriffen versehen, die zugleich als Ausgusstüllen dienen. In den kleinen Museen der Insel sehen Sie alte Keramik, v.a. einfache Gebrauchsgegenstände, die meist nur mit ornamentalen Kerben dekoriert sind.

Sakrale Bauten

Die ersten kirchlichen Bauten der spanischen Eroberer waren kleine Kapellen im ländlichen Stil, meist mit einem simplen, rechteckigen Schiff, eventuell einer kleinen Sakristei und einem einfachen Glockengiebel. Die **Ermita de San Sebastián** wurde Mitte des 15. Jh.s als erstes Gotteshaus auf La Gomera errichtet und bewahrt noch Reste des ursprünglichen andalusischen Kachelbodens und den Seiteneingang mit Spitzbogen.

Der Baustil der gomerischen Sakralbauten lehnt sich im Wesentlichen an den spanischen Kolonialstil an, wie er nach den Entdeckungsreisen von Kolumbus überall in Übersee üblich wurde. Ein paar Besonderheiten weist die Pfarrkirche von San Sebastián auf, die Iglesia Nuestra Señora de la Asunción: Aus ihrer ersten Bauphase überdauerten der Glockengiebel im portugiesischen Stil und das 500 Jahre alte Portal mit seinem geflochtenen Spitzbogen die Zeit. Auch den typischen andalusischen **Mudéjar-Stil** entdecken Sie hier, eine Vermischung maurischer Elemente mit gotischen bzw. Renaissanceformen. Der Mudéjar-Stil kommt auf den Kanaren vor allem in Holzkonstruktionen zum Ausdruck und passend dazu zeigt er sich in der Pfarrkirche der Hauptstadt an den Seitenportalen aus kanarischem Kiefernholz und den teils getäfelten Decken.

Der Barockstil des 17. Jh.s hat auch auf den Kanaren Spuren hinterlassen. Beispiele sind die Fassaden der Seitenschiffe der Asunción-Kirche oder die Kirche von Alajeró aus dem späten 17. Jh. Auch der Neoklassizismus und der Eklektizismus brachten bauliche Veränderungen, so bei zwei Kirchen aus den 1920er-Jahren in Vallehermoso und Agulo vom Architekten Pintor y Ocete. Das mit Abstand älteste profane Bauwerk ist die **Torre del Conde** in San Sebastián. Sie wurde 1447 im kastilischen Stil als Teil der Stadtbefestigung errichtet.

Traditioneller Hausbau

Die traditionellen Häuser auf La Gomera sind den jeweiligen landschaftlichen Gegebenheiten und wirtschaftlichen Verhältnissen angepasst. Vor allem in San Sebastián und Agulo entdeckt man etliche schmucke **Stadthäuser des wohlhabenden Bürgertums**. Den Mittelpunkt dieser oft zweistöckigen Häuser bildet meist ein schattiger Innenhof (Patio), von dem aus eine Treppe zu den Wohnräumen im Obergeschoss führt. Herausragende Stilelemente sind die Bauteile

aus Holz, etwa kunstvoll gezimmerte Galerien, Fenster und Türen und nicht zuletzt Balkone als Zeichen von Wohlstand.
Bei Fahrten durch das Inselinnere sieht man noch vereinzelt kleine Bauernkaten aus Bruchsteinen. Sie sind ausgesprochen schlicht gehalten und bestehen oft nur aus einem Raum. Außergewöhnlich sind die lang gezogenen Bauernhäuser in Tamargada..

Kunsthandwerk

Zu den traditionellen Handwerken gehört hier nicht nur das Töpfern nach altkanarischem Vorbild, sondern auch die Korbflechterei und die Stickerei. Eines der Zentren ist Hermigua, wo außer Handarbeiten auch Flickenteppiche (traperas) hergestellt werden. Eine kleine Nische hat auch das Anfertigen traditioneller Musikinstrumente, darunter v.a. Kastagnetten (chácaras) und kleine Trommeln (tambores), die auf vielen Dorffesten zum Einsatz kommen.

Kanarischer Ringkampf

Volkssport auf den Kanaren ist die **Lucha canaria**, eine Form des Ringkampfs, der bis in die Zeit der Altkanarier zurückgeht. Dabei stehen sich zwei Mannschaften mit je zwölf Kämpfern gegenüber. Gekämpft wird auf einem runden Sandfeld mit einem Durchmesser von 12 bis 15 m. Je zwei Ringer treten gegeneinander an, ein Kampf dauert maximal drei Runden von je drei Minuten. Gewonnen hat, wer den Gegner in dieser Zeit zweimal zu Fall gebracht hat. Wettkämpfe auf La Gomera werden u.a. auf Dorffesten ausgetragen; als Hochburg gilt Hermigua, wo die Mannschaft des Oberdorfs gegen die des Unterdorfs antritt.

INTERESSANTE MENSCHEN

Weit über die Insel hinaus bekannt: José Aguiar

1895–1975 Maler

Freundliche Farben, klare Linien, kanarische Themen: In seinem Frühwerk verewigte José Aguiar das Alltagsleben der Gomeros für die Nachwelt, z.B. in dem großen Gemälde »Romería de San Juan« von 1924. Die fröhliche Wallfahrtsszene zeigt Musikanten und Frauen in pastellfarbenen Trachten, die El Ramo tragen, die typisch gomerischen Prozessionsstöcke mit Blumenschmuck. Durch Werke wie diese wurde das Inselkind Aguiar nicht nur der **berühmteste Künstler von La Gomera**, sondern weit über die spanischen Grenzen hinaus bekannt. Auch in Deutschland machte er sich mit seinen Ausstellungen einen Namen. Geboren wurde er als Sohn gomerischer Auswan-

SCHÖN UND GRAUSAM

Weniger gern als an Kolumbus erinnert man sich auf der Insel an Beatriz de Bobadilla: Zu einer Zeit, als Schönheit bei einer Frau zu Macht werden konnte, griff sie als Geliebte und Ehefrau einiger Eroberer in die Geschicke der Inselwelt ein. Bis heute nimmt ihr Gemälde einen Ehrenplatz im Parador hoch über San Sebastián ein.

Eines sollte man vorausschicken: Bei zeitgenössischen Chronisten war die »mannstolle« Beatriz so verhasst, dass sie kein gutes Haar an ihr ließen. Später dichtete Abel Posse in seinem Roman »Die Hunde des Paradieses« noch einiges kreativ dazu. Das alles macht es nicht unbedingt leicht, im Nachhinein ein objektives Bild von Gomeras erster Herrscherin zu entwerfen.

Ans Ende der bekannten Welt

Wann genau Beatriz de Bobadilla das Licht der Welt erblickte, ist nicht bekannt. Man nimmt an, dass sie zwischen 1457 und 1465 geboren wurde. Sicher ist, dass sie in königlichen Diensten stand, als **Hofdame** der kastilischen Königin Isabel. Um sie von ihrer gleichnamigen Tante zu unterscheiden, die als enge Vertraute von Isabel galt, gab man ihr den Beinamen »La Cazadora«, die Jägerin. Dieser Spitzname verweist allerdings nicht auf ihre vermeintliche erotische Jagd nach Liebhabern, sondern auf den Beruf ihres Vaters. Beatriz lebte nur einige Jahre am Hof, denn schon bald zog sie als Mätresse des Königs Ferdinand von Aragón den Zorn seiner Frau auf sich. Isabel schaltete die Nebenbuhlerin bei der ersten Gelegenheit aus. Zufällig war gerade **Hernán Peraza der Jüngere**, seit 1477 Herrscher auf La Gomera, vom spanischen Hof vorgeladen worden, um sich in einem Mordfall zu verteidigen. Er stand im Verdacht, den Eroberer von Gran Canaria umgebracht zu haben. Freigesprochen wurde er nur unter der Bedingung, Beatriz de Bobadilla zu heiraten und nach La Gomera mitzunehmen. Beatriz kanarische Geschichte begann also mit einer Abschiebung – an das Ende der damas bekannten Welt.

Grausame Herrscherin

Mit der Ankunft der wunderschönen Dame auf La Gomera änderte sich für die dort lebende altkanarische Bevölkerung wenig. Die neue Inselherrin zeigte sich im Umgang mit den Ur-Gomeros nicht weniger brutal und rücksichtslos als zuvor schon ihr Ehemann. Gegen die Willkürherrschaft der beiden versuchten sich die Insulaner aufzulehnen, doch ihr **Aufstand** wurde rasch niedergeschlagen mithilfe spanischer Truppen, die aus Gran Canaria herbeigeholt wurden.

Aber die einheimische Bevölkerung wusste sich zu wehren. Das Verhältnis mit einem einheimischen Mädchen namens Iballa sollte Hernán Peraza zum Verhängnis werden: Drei Gomeros lauerten ihm 1488 bei einem Stelldichein auf und ihr Anführer **Hautacuperche** tötete den Inseldespoten mit einer Lanze. Die Nachricht von diesem Mord ermunterte die Ur-Gomeros zum erneuten Aufstand. Als Beatriz davon erfuhr, schloss sie sich mit ihren Kindern in den **Torre del Conde** von San Sebastián ein und bat erneut den Gouverneur von Gran Canaria um Hilfe. Gegen das schwer bewaffnete Heer hatten die Gomeros keine Chance. Das folgende Strafgericht fiel besonders perfide aus: Beatriz de Bobadilla organisierte einen »Versöhnungsgottesdienst« in der **Iglesia Nuestra Señora de la Asunción** in San Sebastián (▶ S. 102). Wer bei diesem Gottesdienst durch die »Puerta del Perdón« (Tor der Begnadigung) hereinkam, gestand damit seine Mitschuld ein und sollte daraufhin Vergebung erfahren. Doch die Inselherrin stand nicht zu ihrem Wort: Alle Männer, die durch das Portal kamen, wurden hingerichtet, über 400 Frauen und Kinder wurden versklavt.

Die Gerüchteküche brodelt

Gern wird auf La Gomera erzählt, Beatriz habe ein leidenschaftliches Verhältnis mit **Christoph Kolumbus** gehabt. Auch wenn eine Quelle berichtet, Kolumbus sei »in Liebe entbrannt« gewesen, so gibt es keinen sicheren Beleg für eine Beziehung der beiden. Es lässt sich nicht einmal beweisen, dass sich Kolumbus und Beatriz jemals persönlich begegnet sind. Man weiß nur, dass Beatriz 1498 den Eroberer Alonso Fernández de Lugo heiratete und mit ihm auf Teneriffa lebte.
Ihre letzten Lebensjahre verbrachte sie mit dem Prozessieren um Anrechte auf Teile des Kanarischen Archipels, die ihr über ihre beiden Ehemänner auch zustanden. Sie hatte damit wenig Erfolg. 1503 reiste Beatriz nach Spanien und starb dort 1504. An was? Manche nennen den »Gram über die Erbstreitigkeiten« als Grund, andere vermuten, man habe sie vergiftet.

Auch Kolumbus soll von ihr beeindruckt gewesen sein ...

derer auf Kuba, die kurz nach seiner Geburt nach La Gomera zurückkehrten. So kam es, dass er in ▶ Agulo aufwuchs und dort in der Pfarrkirche getauft wurde. 1914 versuchte sich Aguiar in Madrid zunächst mit einem handfesten Jurastudium, doch schon zwei Jahre später gewann die Leidenschaft: Er wechselte zur Malerei, die er an der Madrider Escuela de Bellas Artes de San Fernando studierte. Danach zog er zurück auf seine Heimatinsel und schuf dort u.a. die besagte Wallfahrtsszene. Später, als er wieder in Madrid lebte, widmete er sich hingegen religiösen Themen. Vor allem diese Gemälde wurden von vielen Kritikern als zu monumental und kitschig beanstandet. Der Maler, der große Sympathie für das Franco-Regime hegte, starb 1975 in seinem Landhaus in der Nähe von Madrid.

Regimekritiker mit poetischer Ader: Pedro García Cabrera

1905–1981
Dichter

Pedro García Cabrera galt schon zu Lebzeiten als einer der bedeutendsten Dichter der Kanaren. Das schützte ihn aber nicht davor, als Regimegegner im Gefängnis zu landen.
Schon in jungen Jahren gehörte García Cabrera zu den Gründern der Zeitschrift »Cartones« (1928) und der »Gaceta de Arte« (1932 bis 1935), der wichtigsten Zeitschrift der kanarischen Avantgarde. Ab den 1930er-Jahren schrieb er Gedichte, die stark vom Surrealismus geprägt waren und die er als »die Ordnung des Abstrakten« bezeichnete. **Politisch** war García Cabrera **sehr engagiert**: Seit 1931 kandidierte er bei Gemeindewahlen für die sozialistische PSOE. Zu Beginn des Spanischen Bürgerkriegs (1936–1939) wurde er mit vielen anderen ins afrikanische Villa Cisneros deportiert. Dort gelang der einzige Militärschlag von Kanariern gegen Franco-Truppen. 23 Deportierte überfielen die Garnison, entführten ein Postboot, setzten sich in die republikanische Zone ab und beteiligten sich am Kampf gegen Franco. 1941 wurde García Cabrera zu lebenslanger Haft verurteilt, aber schon nach fünf Jahren begnadigt.
Nach dem Krieg setzte er sich mit dem Leben unter der Diktatur auseinander. In seinen Gedichten beschwor er die Freiheit, hoffte auf eine gerechtere Gesellschaft. Obwohl diese Texte zeitweise verboten waren, tat das seiner Popularität keinen Abbruch – eher im Gegenteil.

La Gomeras Star-Gast: Christoph Kolumbus

1451–1506
Entdecker der Neuen Welt

Als Christoph Kolumbus am 12. August 1492 in San Sebastián vor Anker ging, konnten die Gomeros nicht ahnen, dass sie damit Zeugen eines Weltereignisses wurden: Dieser Gast, der drei Wochen später von La Gomera aus in See stach, sollte Amerika entdecken.

Cristóbal Colón, wie ihn die Spanier nennen, entschied sich aus zwei Gründen für die Kanaren als Sprungbrett über den bis dahin noch unbekannten Ozean: Von hier aus konnten seine Schiffe die beständig wehenden Passatwinde nutzen. Außerdem befanden sich Indien, das Kolumbus über die Westroute erreichen wollte, und Cipangu (Japan) nach damaligem Wissen auf derselben Breite wie der Kanarische Archipel. La Gomera wählte Kolumbus vermutlich einfach, weil es der westlichste Außenposten des spanischen Reichs war. Die fortgeschrittene Technik auf der Insel kann jedenfalls nicht der Grund gewesen sein: Kolumbus konnte hier kein überseetaugliches drittes Schiff auftreiben und musste daher nach Gran Canaria zurück, und auch das Beschaffen von Schiffszwieback gestaltete sich schwierig – den Gomeros fehlten die notwendigen Einrichtungen zur Herstellung. Trotzdem zog er in seinem Logbuch ein positives Fazit:

»
Fasse ich alles ins Auge,
so kann ich mich nicht über die Hilfe beklagen,
die mir die Leute von La Gomera
haben angedeihen lassen.
«

Eine norwegische Erfolgsgeschichte: Fredrik Olsen

geb. 1929
Reeder und Unternehmer

Wer nach La Gomera kommt, hat seinen Namen schon mal gehört: Vermutlich sind auch Sie mit einem der Fährschiffe der Reederei Fred. Olsen Express von Teneriffa nach La Gomera übergesetzt. Das milliardenschwere Familienunternehmen, mittlerweile in der fünften Generation, zählt heute mit Ausflugslokalen, Großhotel und Golfplatz zu den tragenden Säulen des gomerischen Tourismus.

Begonnen hat alles mit Thomas Olsen, einem Geschäftsmann aus Norwegen. 1923 erwarb er große Ländereien im Süden La Gomeras, genauer im Barranco de Santiago, und ließ hier Bananen- und Tomatenplantagen anlegen, auf denen zahlreiche arbeitslose Gomeros nun ein Einkommen fanden. Darüber hinaus richtete er eine regelmäßige Schiffsverbindung zwischen Teneriffa und La Gomera ein. Sein Sohn Fredrik vergrößerte das väterliche Erbe erheblich. Heute besitzt die Familie Olsen den meisten Grund und Boden auf La Gomera und ist der wichtigste Arbeitgeber der Insel.

Vor allem aber engagiert sich Fredrik Olsen im Transportwesen und im Tourismusgeschäft. Die **Schifffahrtslinie Fred. Olsen S. A.** dominiert mittlerweile den interinsularen Fährverkehr der Kanaren. Mit dem Hotel Jardín Tecina in Playa de Santiago besitzt Fredrik Olsen die größte touristische Anlage der Insel. Auch die Gründung des Py-

Fredrik Olsen begegnet man unweigerlich auf La Gomera.

ramidenparks von Güímar auf Teneriffa ist zu einem großen Teil Fredrik Olsen zu verdanken. Man kann gespannt sein, was die Olsens als Nächstes vorhaben!

Pater mit Weitblick: Antonio José Ruiz de Padrón

1757–1823
Geistlicher
und Politiker

Er kannte George Washington sowie Benjamin Franklin und brachte die Inquisition zu Fall – obwohl er glaubte, dass der Katholizismus der einzige wahre Glaube sei: Der weitgereiste Franziskanerpater Antonio José Ruiz de Padrón ist der bedeutendste Politiker, den die Insel hervorgebracht hat. 1811 wurde er zum Abgeordneten der vier kleineren Kanareninseln La Gomera, El Hierro, Lanzarote und Fuerteventura ins spanische Parlament gewählt. Das arbeitete zu dieser Zeit gerade im andalusischen Exil an einer neuen, liberalen Verfassung, um sich gegen die französische Fremdherrschaft unter Napoleon zu wehren. Dabei nutzte Padrón die Gunst der Stunde und warb leidenschaftlich für die Abschaffung der Inquisition, die er als »unerträgli-

ches Joch« bezeichnete. Mit diesem Plädoyer machte er sich 1812 in ganz Spanien einen Namen und die Tage der Inquisition waren gezählt: Ein Jahr später wurde das berüchtigte Tribunal aufgehoben und 1820 nach einigen Rückschlägen endgültig abgeschafft.
Mit seiner liberalen Gesinnung machte sich der gomerische Geistliche viele Feinde und saß daher auch drei Jahre im Gefängnis. Nach seinem Tod versuchten seine Gegner, jedmögliche Spur seiner Existenz zu vernichten, zum Glück ohne Erfolg.

Der Erfinder des Reiseführers: Karl Baedeker

1801 – 1859
Verleger

Als Buchhändler kam Karl Baedeker viel herum, und überall ärgerte er sich über die »Lohnbedienten«, die die Neuankömmlinge gegen Trinkgeld in den erstbesten Gasthof schleppten. Nur: Wie sollte man sonst wissen, wo man übernachten könnte und was es anzuschauen gäbe? In seiner Buchhandlung hatte er zwar Fahrpläne, Reiseberichte und gelehrte Abhandlungen über Kunstsammlungen. Aber wollte man das mit sich herumschleppen? Wie wäre es denn, wenn man all das zusammenfasste?
Gedacht, getan: Zwar hatte er sein erstes Reisebuch, die 1832 erschienene »Rheinreise«, noch nicht einmal selbst geschrieben. Aber er entwickelte es von Auflage zu Auflage weiter. Mit der Einteilung in »Allgemein Wissenswertes«, »Praktisches« und »Beschreibung der Merk-(Sehens-)würdigkeiten« fand er die klassische Gliederung des Reiseführers, die bis heute ihre Gültigkeit hat. Bald waren immer mehr Menschen unterwegs mit seinen »**Handbüchlein für Reisende, die sich selbst leicht und schnell zurechtfinden wollen**«. Die Reisenden hatten sich befreit, und sie verdanken es bis heute Karl Baedeker.

E

ERLEBEN & GENIESSEN

Überraschend, stimulierend, bereichernd

Mit unseren Ideen erleben und genießen Sie La Gomera.

Zur Fiesta de la Virgen del Carmen im Valle Gran Rey geht man in Tracht. ▶

BEWEGEN UND ENTSPANNEN

Wanderer aufgepasst: La Gomera ist eines der besten Bergwanderziele der Kanaren und bietet abwechslungsreiche Touren von leicht bis anspruchsvoll! Beliebt sind auch Mountainbiken und Tauchen, Golfer können auf einem der schönsten Parcours des Archipels einlochen. Baden ist hingegen eher Nebensache.

Die besten Strände

Was zu beachten ist

Nicht zuletzt an den Stränden offenbart sich der vulkanische Charakter der Insel – der Sand ist dunkel bis schwarz und häufig von Kies und Steinen durchsetzt. Manche Strände existieren nur im Sommer, im Winter holt das Meer den Sand wieder zurück.

Für die Kanaren gilt generell: Der Atlantik ist keine Badewanne! Mitunter herrscht ein sehr hoher Wellengang, bei stark bewegter See entwickeln sich mitunter gefährliche Strömungen. Über einen Rettungsdienst verfügt nur der Strand von San Sebastián. Auf den größeren Nachbarinseln wird bei stürmischer See eine rote Flagge aufgezogen, auf La Gomera ist dieses Warnsystem nicht sehr verbreitet. Umkleidekabinen und sanitäre Anlagen gibt es an den Stränden fast nie, Duschen nur vereinzelt. Unbedingt ins Reisegepäck gehören Badeschuhe! Selbst in der Wintersonne heizt sich der schwarze Sand so stark auf, dass man barfuß wie über glühende Kohlen läuft.

Playa de Alojera

Besonders malerisch ist diese geschützte, 250 m lange Bucht im Nordwesten Gomeras, die teils sandig ist und von hohen Felswänden flankiert wird. Hier erwartet Sie glasklares Wasser! Einsam ist es jedoch nicht, denn den Strand säumen Ferienhäuschen von Einheimischen und Fischerhäuser.

Playa de Vallehermoso

Trotz vogelagerter Wellenbrecher ist die Brandung hier mitunter stark. Das macht den 200 m langen Kieselstrand im Inselnorden nicht gerade zur ersten Wahl, aber es gibt ein Meerwasserschwimmbad.

Playa de Hermigua, Playa de la Caleta

Der 500 m lange Kies-/Steinstrand Playa de Hermigua liegt unterhalb des gleichnamigen Ortes und ist wegen seiner gefährlichen Strömungen nicht zum Baden geeignet. Eine gute Alternative ist aber der **Meerwasserpool** am Ostende des Strandes.

Über eine schmale Teerstraße erreichen Sie die Playa de la Caleta 6 km östlich von Hermigua. Sie gilt als der **beste Strand im Norden**.

Die nächste große Welle kommt bestimmt.

Playa de Avalo

6 km nördlich der Inselhauptstadt finden Sie diesen grobsandigen bis kiesigen Strand und er ist immer noch eine Empfehlung wert. Hier liegt zwar gerade eine Großbaustelle brach, weil man am Strand eigentlich ein Grandhotel bauen wollte. Dennoch ist der Playa de Avalo am Wochenende ein beliebtes Ausflugsziel der Gomeros.

Playa de Santiago

Der Ortsrand östlich vom Hafen wurde jüngst von Steinen befreit und mit einer Betonmole badetauglich gemacht. Östlich von Playa de Santiago reihen sich außerdem einige Naturstrände aneinander. Man erreicht sie am besten zu Fuß. Diese Kies- bzw. Steinstrände werden auch gern von FKK-Anhänger aufgesucht.

Playa del Inglés

Die Playa del Inglés nördlich von La Playa (Valle Gran Rey) ist ein wunderschöner unverbauter Sandstrand. Obwohl es nicht gern gesehen wird, wird FKK toleriert. Vorsicht: Die Brandung ist hier relativ stark, es weht immer eine rote Flagge!

Playa de Valle Gran Rey

Der Hauptstrand im »Tal des Großen Königs« hat nur im Ortsteil La Playa einen Sandstreifen, gegen Süden wird er zunehmend steiniger. Sehr beliebt und durch eine Mole geschützt ist der kleine Hafenstrand in Vueltas, das Wasser ist hier jedoch nicht ganz so sauber.

Sport an Land und auf dem Wasser

Rad fahren, Mountainbiken

Auf La Gomera geht es praktisch immer rauf und runter: Für das gebirgige Terrain sollten Radfahrer und Mountainbiker eine gute Kondition mitbringen. Das eigene Rad müssen Sie nicht unbedingt dabeihaben, Valle Gran Rey ist z. B. als Radsportzentrum mit mehreren Verleihstationen gut aufgestellt. Hier können Sie Rennräder, Mountainbikes oder einfache Citybikes mieten, mit denen Sie schnell von einem Ortsteil in den anderen kommen. Wenn Sie an einer geführten Tour teilnehmen wollen, bringt Sie meist der Shuttle-Bus bequem ins Bergland hinauf. Profi muss man dafür nicht sein, es gibt auch reizvolle Einsteigertouren! Eine Tagestour inklusive Shuttle, Helm, Handschuhen und Trinkflasche kostet je nach Tourenlänge pro Person etwa 45 € bis 65 €. Radwege gibt es auf La Gomera keine, dafür herrscht auf den schmalen Gebirstrassen aber auch wenig Verkehr.

Golf

Der **einzige Golfplatz der Insel** glänzt durch seine bestechende Lage auf einem Kap mit wunderbarem Blick hinüber nach Teneriffa. Entworfen wurde der 18-Loch-Parcours von dem ehemaligen englischen Golfprofi und renommierten Golfarchitekten Donald Steel. Der Platz liegt neben dem Vier-Sterne-Hotel Jardín Tecina und gehört zum Imperium der Reederei Fred. Olsen. Die angeschlossene Golfschule bietet ganzjährig Kurse für Anfänger und Fortgeschrittene an, wahlweise im Einzel- und Gruppenunterricht.

Klettern

Die Trendsportart Klettern ist endlich auch auf La Gomera angekommen, wenn auch (noch) nicht sehr ausgeprägt. Dennoch finden Sie an etlichen der bizarren Felstürme verschiedene Routen mit unterschiedlichem Schwierigkeitsgrad vor, so etwa am Roque Cano bei Vallehermoso, dem Roque de Imada über dem Hochtal der gleichnamigen Ortschaft und an den Los Roques de San Pedro (Zwillingsfelsen) bei Hermigua. Der Roque de Agando am Südrand des Nationalparks darf offiziell nicht bestiegen werden.

Segeln

Gleich drei Häfen stehen Ihnen zur Verfügung, um das Segelrevier rund um La Gomera zu erkunden: San Sebastián, Playa de Santiago und Vueltas (Valle Gran Rey). Törns und Kurse werden von San Sebastián aus angeboten; in Playa de Santiago können Sie Seekajaks und Surfbretter zum Stehpaddeln (SUP) ausleihen.

Tauchen

Tauchen ist an den Küsten La Gomeras ein Erlebnis der Extraklasse: Die Meeresfauna wird Sie schnell in ihren Bann ziehen und die Unterwasserlandschaft beeindruckt mit Felsen, Höhlen und Schluchten in sauberen Gewässern, die Sichtverhältnisse bis zu 40 m zulassen! Während sich das Meer im Sommer bei durch-

BAEDEKER ÜBERRASCHENDES

6X TYPISCH

Dafür fährt man nach La Gomera.

1. WANDERLUST

Subtropische Bergwälder, wildromantische Schluchten, atemberaubende Aussichten und erlebnisreiche Routen von leicht bis anspruchsvoll – das gut ausgebaute und ausgeschilderte **Wegenetz** macht La Gomera zu einer Wanderinsel par excellence. (▶ **S. 190**)

2. HIPPIETRAUM

Auch im Tal des Großen Königs blieb die Zeit nicht stehen. Doch auf dem Hippiemarkt von **La Calera** kann man zumindest noch ein bisschen Blumenkinderatmosphäre und alternative Lebensart schnuppern. (▶ **S. 130**)

3. SONNE SATT

Den sonnensichersten Platz garantiert **Playa de Santiago** i. Selbst wenn überall sonst auf der Insel dicke Wolkenbänke am Himmel hängen, kann man hier jeden Tag in Shorts und Flipflops aus dem Haus. (▶ **S. 187**)

4. SCHRUMPELIG

Auf La Gomera kommen keine komplizierten »Schäumchen an Variationen von …« auf den Teller, dafür dürfen die von Salzkristallen überzogenen **Runzelkartoffeln** bei keinem Gericht fehlen. Man isst sie samt Schale und stippt sie in eine pikante Mojosauce. (▶ **S. 198**)

5. ABSEITS DER MASSE

Bettenburgen wie auf Teneriffa gibt's genauso wenig wie Verkehrsstaus und Karaokebars. In den Bergdörfern im Norden wohnt man **in ruhigen Landhotels**, in den Ferienorten im Süden überwiegend **im familiengeführten Apartmenthaus**.

6. UNTER PALMEN

Die Palme verkörpert die Sehnsucht nach dem Süden wie keine andere Pflanze. Die **Kanarische Dattelpalme** ist hier zu Hause und wächst überall wild. Mehr als 100 000 Stück sollen es sein!

schnittlich 23 °C meist von seiner ruhigen Seite zeigt, lässt der starke Wellengang im Winter (18 – 21 °C) nicht an allen Tagen Tauchgänge zu.

Tennis

In den Hotels Jardín Tecina (Playa de Santiago) und Gran Rey (La Puntilla) stehen Tennisplätze zur Verfügung. In San Sebastián können Sie den Tennisplatz des Club Náutico stundenweise mieten.

Pauschal oder individuell: Wandern

Wanderinsel par excellence

Der immergrüne Nebelwald, wildromantische Barrancos und spektakuläre Aussichtsplätze machen La Gomera zum Paradies für Bergwanderer! Hauptziel ist der **Nationalpark Garajonay**, in dem die Parkverwaltung viele Wege angelegt und gut ausgeschildert hat. Hier finden Sie auch die höchste Erhebung der Insel, den 1 487 m hohen Garajonay. Als Ausgangspunkte für Wanderungen, die auch auf den Berg hinaufführen, eignen sich mehrere Parkplätze an den Straßen, die das Nationalparkgebiet durchziehen.
Beliebte **Wandergebiete** sind außerdem der Barranco de Valle Gran Rey und das Tal von Vallehermoso, als Ausgangspunkte eignen sich aber auch Agulo, Hermigua und mit einigen Einschränkungen San Sebastián sowie Playa de Santiago. Bei den Wanderwegen handelt es sich fast ausschließlich um recht bergige Routen, für die eine gewisse Kondition und teilweise auch Schwindelfreiheit erforderlich sind; alpine Kletterkünste werden Ihnen jedoch nicht abverlangt.

BAEDEKER MAGISCHE MOMENTE

SCHRITT FÜR SCHRITT

Durch einen wildromantischen Barranco führt der schmale Pfad Sie wieder den Berg hinauf und Sie finden Ihren Rhythmus, ein Schritt nach dem anderen, immer weiter, im Einklang mit sich und der Natur. Einfach nur Stille tanken und die unzähligen Facetten der Landschaft in sich aufnehmen. Es gibt keinen besseren Weg, die Insel kennenzulernen, als eine kurze Wanderung.

Wandertouren

Es gibt drei Möglichkeiten, die Insel zu erwandern: Entweder Sie buchen vor Reiseantritt eine Pauschalreise mit **geführten Wanderungen** oder Sie schließen sich vor Ort einer organisierten Wanderung an. Natürlich können Sie sich auch allein auf Schusters Rappen begeben – dann müssen Sie allerdings die Anfahrt zu den Wanderrouten selbst organisieren, denn die wenigsten Routen starten ja vor der eigenen Haustür. Busse fahren selten, einen Mietwagen müssen Sie am Ausgangspunkt wieder abholen.

Beste Zeit für Wanderungen

Das milde Klima hat so einige Vorteile – auf La Gomera kann man das ganze Jahr über wandern! Besonders geeignet sind die Monate April bis Juni und September bis November, denn dann ist es nicht zu heiß und das Wetter bleibt einigermaßen stabil. Im Sommer können einem mitunter die etwas höheren Temperaturen zu schaffen machen, es wird allerdings selten wärmer als 30 °C. Im Winter trübt manchmal unbeständiges Wetter mit Kälteeinbrüchen, Regenfällen und starkem Wind die Wanderfreude. Doch selbst dann können Wanderer auf ihre Kosten kommen, wenn z. B. tagelang völlig klare Sicht herrscht.

Richtig ausgerüstet

Auf längeren Wanderungen brauchen Sie eine gute Ausrüstung mit passendem Schuhwerk, am besten gut eingelaufene, knöchelhohe Wanderschuhe mit Profil. Schließlich sollten Sie damit auch steinige Routen bewältigen können, die sich nach Regenfällen häufig in glitschige Wege verwandeln. Das Wetter kann sich binnen kürzester Zeit ändern! Gegen Kälte, Regen und Nebel sollten Sie sich daher mit warmer Kleidung und einem passenden Regenschutz wappnen, wegen der teilweise intensiven Sonneneinstrahlung sind eine Kopfbedeckung und ein Sonnenschutzmittel unerlässlich.

Ins Gepäck gehören außerdem reichlich Proviant und genügend Trinkwasser für die z. T. recht schweißtreibenden Touren. Dabeihaben sollten Sie auch eine kleine Reiseapotheke sowie eine Taschenlampe und Trillerpfeife für Notfälle. Ein GPS-Gerät macht die Orientierung relativ einfach.

Wegenetz

Seit alters her ist La Gomera von **Caminos reales** (»Königswegen«) durchzogen, die bis zum Zeitalter des Automobils die Verbindungen zwischen den einzelnen Inselteilen herstellten. Für den Wandertourismus hat man etliche dieser vielfach gepflasterten Wege wieder freigelegt und restauriert. Die wichtigsten Wanderwege wurden zudem entsprechend den Normen der Europäischen Wandervereinigung (ERA) neu ausgeschildert und mit Nummern versehen. **Farbige Wegzeichen** erleichtern seither die Orientierung, doch für manche Strecken sollte man nach wie vor einen guten Orientierungssinn mitbringen. An manchen Wegkreuzungen informieren Tafeln über den Schwierigkeitsgrad und die Besonderheiten der Route.

Weitwanderwege

Ambitionierte Wanderer können La Gomera auf zwei Weitwanderwegen in mehrtägigen Touren kennenlernen. Der GR 131 quert die Insel in drei bis vier Tagesetappen. Auf dem nahe der Küste verlaufenden GR 132 können Sie in etwa acht Tagen die Insel umrunden. Angesichts der zerklüfteten Topografie sollten selbst konditionierte Wanderer diese Wege nicht unterschätzen. Vor allem auf dem Küstenrundweg geht es ständig auf und ab, wobei es mehrere Tausend Höhenmeter zu bewältigen gilt.

NÜTZLICHE ADRESSEN

FAHRRAD FAHREN

BIKE STATION GOMERA

»100 % Spaßfaktor« verspricht die Bike Station Gomera auf der Insel. Im Angebot: Bike-Verleih, Reparaturen und Touren über die Insel, vom Einsteiger-Level bis zu technisch anspruchsvollen Trails.
La Puntilla 7
Valle Gran Rey
Tel. 922 80 50 82
www.bike-station-gomera.com

GOMERA BIKES

Stadtrad, Mountainbike, Kinderrad oder Motorroller: Das Bike-Center in La Playa findet für jeden das Passende. Außerdem stehen vier geführte Biker-Touren mit Shuttle-Service zur Auswahl, auch durch den Nationalpark.
Valle Gran Rey
(La Playa)
Calle Playa Inglés 21
Tel. 922 80 53 36
www.gomera-bikes.com

GOLF

TECINA GOLF

Wann kann man schon mal 18 Löcher mit Meerblick spielen? Bei Tecina Golf sind Anfänger genauso willkommen wie Fortgeschrittene, Sie können auch Einzelstunden buchen.
Playa de Santiago
Tel. 922 24 51 01
www.tecinagolf.com

TAUCHSCHULEN UND WASSERSPORT

DIVE ART

Ob Schnupperkurs, Freitauchen oder Abenteuer-Tauchgang – mit dem Team von Steffi und Andy können Sie die Unterwasserwelt erkunden. Wer nicht nass werden will: Die deutschsprachige Tauchschule mit Basis am Hafen von San Sebastián bietet auch Wanderungen und Aktivurlaub an.
Calle Real 48, San Sebastián
Tel. 660 65 90 98
www.dive-art.com

SPLASH GOMERA

Die Tauchschule am Club Laurel unterhalb vom Hotel Jardín Tecina führt Anfänger und Fortgeschrittene in die Unterwasserwelt des Atlantiks ein. Hier können Sie auch Seekajaks und Surfbretter zum Stehpaddeln mieten.
Lomo de Tecina s/n
Tel. 626 65 59 01
www.splashgomera.es

GOMERACTIVA

Das kleine Zentrum nahe vom Hafen Vueltas informiert über geführte Seekajaktouren und Stand Up Paddling.
Valle Gran Rey (Vueltas)

Calle Las Vueltas
(Edifico Aremoga)
Tel. 638 23 98 54
www.gomeractiva.com

CANARY SAIL

Die etwas andere Art, die Kanaren zu entdecken: Mit der englischsprachigen Crew können Sie ein- bis zweiwöchige Törns unternehmen und zu den Nachbarinseln segeln. Im Angebot sind auch Segelkurse.
San Sebastián
Calle del Medio (Apartado 211)
Tel. 922 14 19 67
https://canarysail.com

GEFÜHRTE WANDERUNGEN

JUEGO DE BOLAS

Das Weltnaturerbe erkundet man am besten zu Fuß! Kundige Mitarbeiter des Besucherzentrums organisieren Wanderungen im Nationalpark. Die Teilnahme ist kostenlos!
Las Rosas
Tel. 922 80 09 93
www.reservasparquesnacionales.es

ÖKOTOURS

Kanarische Dattelpalme, Kandelaber-Wolfsmilch und goldgelbes Johanniskraut: Das milde Klima der Insel sorgt für eine enorme Pflanzenvielfalt! Der deutsche Biologe Dieter Scriba führt in kleinen Gruppen über die Insel – naturgemäß steht dabei die Botanik im Vordergrund.
Vueltas, Valle Gran Rey
Tel. 922 80 52 34
www.oekotours.com

TIMAH BERGWANDERN

Bei dem deutschsprachige Team um den Bergwanderführer Josef Knoflach steht jeden Tag eine andere Tour auf dem Programm. Die Klassiker: die »Märchenwaldtour« durch den Nationalpark Garajonay und die Besteigung der Fortaleza de Chipude (pro Person inkl. Transfer ca. 35 €). Startpunkt ist in Valle Gran Rey, teilweise aber auch im Hotel Jardín Tecina in Playa de Santiago.
Avenida Marítima
La Puntilla, Valle Gran Rey
Tel. 922 80 70 37
www.timah.net

Hier geht es hinauf.

ZUM FUSS DES ROQUE DE AGANDO

BAEDEKER WISSEN

Diese abwechslungsreiche Wanderung ist mit gutem Grund zum Klassiker geworden! Sie führt erst tief ins Tal hinab nach La Laja und dann hinauf zu den Los Roques, den mächtigen Felstürmen am südlichen Rand des Hochlands. Ausgangspunkt des Rundweges ist die Degollada de Peraza an der Höhenstraße, 13 km westlich von San Sebastián.

Das Wichtigste zuerst: Vom Mirador an der Degollada de Peraza genießt man einen traumhaften Blick nach Norden in den Barranco de la Villa. Oft wird man dabei Zeuge eines eindrucksvollen Naturschauspiels – **Passatwolken** quellen wie Milchschaum über die Bergkämme und lösen sich beim Herabsinken auf.

Der markierte Wanderweg PR LG 17 beginnt direkt bei der Aussichtsterrasse und führt in Serpentinen steil abwärts. Nach rund einer Stunde erreichen Sie die ersten Häuser des Ortes **La Laja**. Bei einer Wegkreuzung halten Sie sich links, leicht ansteigend führt der Weg, vorbei an einigen Häusern, weiter am Südhang des Barrancos entlang. Ab jetzt geht es anfangs eher gemächlich, später steiler bergauf. Die Pfade, die rechts abzweigen, ignorieren Sie einfach. Zunächst spendet lichter Kiefernwald Schatten. Je mehr Sie an Höhe gewinnen, desto artenreicher wird nun die Vegetation! Im Frühjahr tummelt sich die weiße Zistrose überall am Wegesrand, nach und nach gesellen sich Baumheide und Gagelbaum dazu. Etwa 1 Std. hinter La Laja passieren Sie an der **Degollada del Tanque** ein verfallenes Häuschen. Ein hervorragender Ort für eine Rast, mit gutem Blick auf die drei bizarren Felsdome Roque de Agando, Zarcita und Ojila.

fdha

Nach der Pause geht es noch mal etwa 20 Min. bergauf, der Start ist links von der Hütte. Nach Erreichen der Höhenstraße treffen Sie auf den rot-weiß markierten GR 131, der zurück zur Degollada de Peraza weist. Hier folgen Sie der Straße für 2 Min. nach links und biegen dann abermals links in einen Weg ein. Der alte gepflasterte Pfad führt zum höchsten Punkt der Wanderung. Achtung: In dieser Höhe ist es oft neblig. Etwa 15 Min. nach Verlassen der Straße treten Sie wieder aus dem Wald heraus und stoßen auf einen breiten Weg. Geradeaus weiter geht es zur **Ermita de Las Nieves**. Die kleine Kapelle der Jungfrau vom Schnee ist am zweiten Sonntag im Oktober Schauplatz einer großen Fiesta! Aber auch an anderen Wochenenden belebt sich bei schönem Wetter die Szenerie, das Picknickareal an der Ermita ist bei den Gomeros ausgesprochen beliebt.

Von der Kapelle steigen Sie ein paar Treppenstufen zu einer Teerstraße ab und folgen dieser knapp 10 Min. abwärts. Kurz bevor die Straße nach rechts schwenkt, verlassen Sie sie nach links aufwärts (Markierung: GR 131). Die ungeteerte Piste geht nach 10 Min. in einen Pflasterweg über. Bald kommt die Bar Degollada de Peraza wieder in Sicht. Der Weg trifft schließlich auf die Höhenstraße, auf der Sie nach 100 m die Bar und den Busstopp erreichen.

ANFAHRT:

Mit dem Pkw geht es zur Degollada de Peraza an der GM-1. Die Passhöhe erreichen Sie auch sehr gut mit dem öffentlichen Bus, die Linie 1 (San Sebastián – Valle Gran Rey) hält direkt am Ausgangs- und Endpunkt der Wanderung.

AUSRÜSTUNG

Feste Wanderschuhe, im Winter eine warme Jacke.

MARKIERUNG:

Der Rundweg folgt alten Königswegen (Caminos reales), die vielfach schon von den Altkanariern benutzt wurden. Der Abstieg nach La Laja und Wiederaufstieg zur Höhenstraße ist mit gelb-weißen Wegzeichen markiert, der Rückweg vom Roque Agando verläuft auf dem rot-weiß markierten GR 131.

GEHZEIT UND HÖHENUNTERSCHIED:

Knapp 3,5 Std.; jeweils 600 m im An- und Abstieg.

EINKEHR

Grillgerichte und deftige gomerische Hausmannskost erwarten Sie im Ausflugslokal Degollada de Peraza am Ausgangspunkt (Tel. 922 87 19 62).

Zeit für eine Pause am Roque de Agando

ESSEN UND TRINKEN

Einfach kann so lecker sein! Ob Sie kanarische Runzelkartoffel mit der pikanten Mojosauce probieren oder frischen Atlantikfisch von der heißen Platte im Fischlokal nahe dem Wasser schlemmen, die Bauernküche auf La Gomera punktet mit frischen Zutaten und guter Zubereitung.

Einfache Bauernküche

Wahnsinnig raffiniert ist das Essen auf La Gomera nicht, dafür **bodenständig, schnörkellos und lecker**: Die kanarische Küche lebt seit jeher von dem, was Land und Meer hergeben. Die Fleischgerichte fallen mitunter recht deftig aus – und sind trotzdem überraschend lecker. Der Schwerpunkt liegt dabei nicht unbedingt auf Rind- und Schweinefleisch. Steaks, Koteletts und Burger gibt es schon, doch in der traditionellen Küche spielen sie keine große Rolle, viele Gomeros ziehen Kaninchen und Ziegenfleisch vor. Hoch im Kurs stehen auch gehaltvolle Eintöpfe aus Kichererbsen und Bohnen, die lokale Spezialität ist Brunnenkressesuppe. Ergänzt wird die traditionelle gomerische Fisch- und Hausmannskost durch eine **multikulturelle Küch**e, wie sie in den Szenelokalen in Valle Gran Rey zelebriert wird.

Echte Inselprodukte: Wein und Mistela

Gofio

Gofio wurde schon von den Altkanariern gegessen und ist bis heute fester Bestandteil der kanarischen Kost, wenn auch nicht in den Hotels. Dafür können Sie Gofio in vielen Landgasthöfen probieren. Die Herstellung ist denkbar einfach: Das Getreidekorn – früher v. a. Gerste, heute meist Weizen und Mais – wird in einem Trommelofen bei ca. 150 °C geröstet und dann zu feinem Mehl gemahlen. Gemahlen wird das ganze Korn samt Randschichten und Keimling. Das macht Gofio sehr gesund: Es ist ballaststoffreich, hat reichlich B-Vitamine und Mineralstoffe und wird immer ohne Zusatzstoffe hergestellt.
Ursprünglich wurde das geröstete Mehl mit Wasser oder Ziegenmilch zu einem Teig geknetet und allein oder als Beilage gegessen. Heute sind der Fantasie keine Grenzen gesetzt: Es gibt Gofiobrot und -pfannkuchen, mit Banane, Honig und Orangensaft wird es morgens zum Müsliersatz. Kaufen können Sie Gofio in jedem Supermarkt.

Kanarischer Käse

Kühe sind auf La Gomera eine Rarität, fast alle Milchprodukte werden eingeführt. Mit einer Ausnahme: typisch kanarischer Käse aus Ziegenmilch. Den »queso de cabra« gibt es je nach Reifegrad von weich bis hart, mitunter auch leicht geräuchert. Oft reibt man die Rinde mit Gofio oder rotem Paprikapulver ein. In Restaurants dient er als Vorspeise, mitunter wird er auch gebraten und mit Mojo bestrichen. Oder er wird zur Käsecreme »Almogrote« verarbeitet (▶ S. 198).

Grüße vom Mutterland

Typisch Kanarisches vermischt sich auf der Insel mit spanischer Festlandküche, so werden die meisten Gerichte mit **viel Olivenöl und reichlich Knoblauch** zubereitet. Spezialitäten sind Gazpacho (eine kalte Gemüsesuppe) und Paella in allen möglichen Varianten. Auch die Tapasbars haben den Sprung vom Festland auf die Kanaren geschafft. Dort probiert man am Tresen verschiedene Appetithäppchen, z.B. Tortilla, Fleischbällchen (albóndigas), luftgetrockneter Schinken (jamón serrano), Oliven und Tintenfischsalat.

Mojo-Rezept

Wer im Urlaub auf den Geschmack gekommen ist, kann zu Hause »mojo rojo« leicht selbst herstellen. 1 (oder mehrere) getrocknete Chilischote(n) und 4 getrocknete rote Paprikaschoten werden in heißem Wasser ca. 15 Min. eingeweicht, danach gut abgetropft von Kernen befreit. Zusammen mit 10–12 durchgepressten Knoblauchzehen, zwei Messerspitzen Kreuzkümmel, einem halben Teelöffel Kümmel und Salz werden die Schoten püriert. Dabei werden 6–8 EL Olivenöl und 1 EL Essig zugegeben. Je nach Konsistenz fügt man der Masse etwas Paniermehl zu und schmeckt mit Paprikapulver und Salz ab.

International und bio

International ist die Küche vor allem in Valle Gran Rey. Viele der Lokale dort gehören Einwanderern aus Deutschland und Mitteleuropa, deren Menü ganz **auf das Szenepublikum zugeschnitten** ist. Schon

TYPISCHE GERICHTE

Auf den Kanaren wird – abseits von Tourismuszentren und Hotels – eine bäuerliche Landküche mit Pfiff aufgetischt. Landestypisches finden Sie meist in Landgasthöfen und Ausflugslokalen. Guten Appetit!

Papas arrugadas: Die in Meersalz gekochten kleinen Kartoffeln sind in der kanarischen Küche die Beilage schlechthin. Typisch ist ihre von feinen Salzkristallen überzogene runzlige Schale, die immer mitgegessen wird. Runzelkartoffeln werden obligatorisch mit einer pikanten Mojo-Sauce gereicht, zu Fleischgerichten die rote und scharfe Mojo rojo, zu Fisch die grüne und milde Mojo verde.

Sopa de berros: Wenn es so etwas wie ein Nationalgericht von La Gomera gibt, dann ist es die Sopa de berros. Hauptzutat für die herzhafte Suppe ist Brunnenkresse, die ihre sämige Konsistenz der Zugabe von pürierten Kartoffeln verdankt. Es gibt sie fast in jedem gomerischen Lokal, das Wert auf traditionelle Küche legt, im Ausflugslokal La Vista in El Cedro wird sie noch im rustikalen Holznapf serviert.

Almogrote: »Mojo de queso« wird der für La Gomera typische Käseaufstrich gerne genannt. Als Basis dient ein parmesanartig gereifter Ziegenkäse, der gerieben mit Olivenöl, Tomate, scharfem Paprikapulver und Knoblauch zu einer pikanten Paste verarbeitet wird. Einheimische essen die Käsecreme bevorzugt als Dip zu Tapas, Touristen als würzigen Brotaufstrich.

Conejo en salmorejo: Kaninchen ist auf den Kanaren ausgesprochen populär und wird fast in jedem Landgasthof angeboten. Nach traditioneller Art werden die Fleischstücke über Nacht in einer Beize aus Weißwein, Olivenöl, Knoblauch und Gewürzen eingelegt und tags darauf im Tontopf gegart. Die Nachfrage übersteigt bei Weitem das Angebot aus heimischen Wildkaninchen, vielfach wird das Fleisch aus Neuseeland importiert.

Gofio: Das nahrhafte Getreidegericht kannten bereits die kanarischen Ureinwohner. Es wird aus geröstetem Weizen-, Mais- oder Gerstenmehl hergestellt und anstelle von Brot als Beilage gereicht oder zum Andicken von Suppen verwendet. Man kann es auch süß als Dessert (Mousse de Gofio) zubereiten, auch Eiscreme wird daraus gemacht.

Bienmesabe: Das Dessert heißt wörtlich übersetzt so viel wie »schmeckt mir gut«. Kein Wunder, dass es mit so einem Namen der populärste Nachtisch auf den Kanarischen Inseln ist. Für die Mandelcreme werden geriebene Mandeln zusammen mit reichlich Zucker und Eigelb kurz aufgekocht und mit etwas Zimt und geriebener Zitronenschale abgeschmeckt.

DAS LAND, IN DEM HONIG AUS BÄUMEN FLIESST

BAEDEKER WISSEN

Er ist die gomerische Delikatesse schlechthin: Miel de Palma., ein Honig, der nicht von Bienen produziert, sondern aus Palmsaft gewonnen wird. Ohne Palmhonig wären viele Speisen und Getränke auf der Insel gar nicht denkbar – auch Touristen schätzen die klebrig-süße Leckerei.

Wenn Sie eine Rundtour über die Insel machen, werden Sie sich früher oder später vermutlich wundern, warum die Stämme einiger Palmen in mittlerer Höhe von einem breiten Blech- oder Plastikring umwickelt sind. »Wegen der Ratten!«, lautet die pragmatische Antwort der Gomeros. Der Ring um den Stamm soll vermeiden, dass die Nager an den **guarapo**, den begehrten Palmsaft, gelangen. Der Name »guarapo« (er steht für Zuckerrohrsaft, aber auch für Zuckerrohrbranntwein) wurde vermutlich von afrikanischen Sklaven in Mittelamerika eingeführt und gelangte von dort über gomerische Rückwanderer auf die Insel. Die Technik der Palmsaftgewinnung haben die Gomeros dann von Berbersklaven übernommen, die im 16. Jh. auf die Insel geholt wurden. Das Produkt, das aus dem Saft gewonnen wird, ist eine auf den Kanaren einmalige Spezialität: **Miel de Palma** »Palmhonig«.

Nächtliche Ernte

Die Ernte des Saftes von Dattelpalmen ist keine leichte Arbeit, Geschick und Kondition sind die wichtigsten Voraussetzungen. Mit Beilen und Stemmeisen müssen die oberen Palmwedel abgeschlagen werden, wofür zwei Männer gut einen Tag benötigen.

Beim neuen Austrieb erzeugen die Palmen, vor allem während der Nacht, einen süßen, braunen und dickflüssigen Saft. Dieser sammelt sich dann in Kerben, die unterhalb der Krone eingeritzt wurden, und fließt über ein in die Vertiefung eingelassenes Schilfrohr oder gerolltes Palmblatt in darunter befestigte Eimer. Geerntet wird bei Nacht. Noch vor Sonnenaufgang müssen die Behälter geleert werden, da schon geringe Sonneneinstrahlung die kostbare Flüssigkeit zersetzt und den Geschmack verdirbt. Der Saft, den man direkt von der Palme wegtrinken kann, wird anschließend zwei bis drei Stunden aufgekocht und durch Rühren – und zwar von Hand – zu einem goldgelben, zähflüssigen, würzigsüßen Sirup eingedickt. Um einen Liter Honig zu erhalten, benötigt man 5 – 8 Liter »guarapo«.

Das Sammel- und Produktionsverfahren der gomerischen Spezialität wiederholt sich während der Erntephase jede Nacht. **Jeden Abend** muss der Palmzapfer (»guarapero«) wieder in die Krone klettern und die Schnittflächen, die tagsüber in der Sonne vernarbt sind, erneut mit einem Messer oder Stecheisen öffnen. Nur sehr selten erlauben der Palmenwuchs und das Gelände das Anlegen von Leitern. Der »guarapero« muss also über die ringsum vorstehenden Wedelstümpfe oder über in den Stamm geschlagene Holzpflöckchen hochzusteigen.

Verdiente Pause

Eine Kanarische Dattelpalme verliert in den Erntemonaten Juni bis August pro Nacht 12 – 14 Liter Flüssigkeit, d.h. **in einem Erntejahr ca. 700 Liter**. Danach werden die Öffnungen mit Lehm verklebt, und der Baum bekommt eine rund fünfjährige Ruhepause, bevor er wieder angeschnitten werden darf. Ab und zu sieht man vereinzelt kahle Palmenstämme – bei ihnen wurde die Regenerationsphase zu spät eingeleitet. Doch wenn fachgerecht geerntet wird, schadet das dem Palmenbestand nicht. Mit **mehr als 100000 Palmen** ist La Gomera übrigens die kanarische »Palmeninsel« Nummer eins.

Nicht nur Honig

Die Gomeros wussten die Dattelpalme schon immer komplett zu nutzen: Die zähen Datteln wurden an Schweine verfüttert, Ziegen bekamen zerkleinerte Palmwedel als Nahrung, die aufgespleißten Mittelstege konnte man beim Korbflechten mitverwenden und die abgeernteten Dattelfruchtstände eigneten sich, zusammengebunden, als Besen.
Das beste Produkt, das die Dattelpalme liefert, ist und bleibt aber der wohlschmeckende »guarapo«, der zu Miel de Palma weiterverarbeitet wird. Die gomerische Küche kommt ohne den Honig kaum aus. Er wird unter Gofio gerührt oder Kuchen und anderen **Süßspeisen** beigegeben; auch mit vielen alkoholischen Getränken lässt sich Miel de Palma ausgezeichnet vermischen. Den besten Palmhonig gibt es übrigens **in Tazo, Alojerá, Taguluche und Macayo**, wo das einträgliche Geschäft der Palmsaftgewinnung mittlerweile intensiviert wird – nicht zuletzt dank der Nachfrage von immer mehr Touristen.

Die Gewinnung von Miel de Palma ist eine mühevolle Arbeit.

zum Frühstück werden diverse Müslivariationen, frische Fruchtsalate und – untypisch für die Kanaren – auch Vollkornbrot angeboten. **Vegetarier und Veganer** können aus einem breiten Angebot an frischem Obst und Gemüse wählen. Selbst die kleinen Supermärkte im Tal führen Soja- und Hafermilch und in Bioläden gibt es vegane Aufstriche, Tofu und Co (▶ Valle Gran Rey erleben). Außerdem sind in Valle Gran Rey Saftbars (Zumerías) groß im Kommen.

Und die Getränke?

Zum Essen trinkt man gern einen lokalen **Landwein** vom Fass. Aus Vallehermoso kommt der rote »Roque Cano«, aus Hermigua der »Montoro«, ein trockener Weißwein, der mit Herkunftsbezeichnung (denominación de origen) ausgewiesen ist. Gomerischer Wein hinkt allerdings noch immer hinter den Qualitätsweinen aus Teneriffa, La Palma und Lanzarote hinterher. Typische alkoholische Getränke sind außerdem »gomerón« aus Rum und Palmhonig und »mistela«, ein Schnaps, der ebenfalls mit Palmhonig vermischt ist.
Ausgezeichnet ist das **Mineralwasser** aus kanarischen Quellen, »agua mineral«: mit oder ohne Kohlensäure (»con/sin gas«).
Den Abschluss einer Mahlzeit bildet häufig **Kaffee**. Er wird als »café solo« (schwarz), »café cortado« (mit wenig Milch) oder »café con leche« (Milchkaffee) getrunken. Weitere Varianten sind »carajillo« (schwarz mit einem Schuss Weinbrand oder Rum) und »barraquito« (geschichtet mit Kondensmilch und geschäumter Milch).

Zu Tisch auf La Gomera

Klassische Essenszeiten

Gegessen wird auf La Gomera meist etwas später: mittags zwischen 13 und 14 Uhr, abends ab 20 Uhr, oft gar erst gegen 21 Uhr. Vorher sieht man nur selten Gomeros in Restaurants. Hotelrestaurants und viele Lokale in touristischen Zonen haben sich jedoch auf ausländische Gäste eingestellt und servieren schon ab 18 Uhr Abendessen.

Tischwahl ohne Fauxpas

Im Restaurant gibt es ein paar **feste Regeln**, eine davon ist: Nie zu Fremden an einen Tisch setzen! Eine Frage wie »Ist hier noch frei?« wird nicht gestellt. Aber auch an einen freien Tisch setzt man sich nie einfach so. Grundsätzlich bleibt man im Eingangsbereich des Restaurants stehen, bis der Oberkellner kommt, nach der Personenzahl fragt und Tischvorschläge unterbreitet. Dann werden die Gäste zum Platz geleitet und bekommen die Speisekarte. In einfacheren Lokalen und im touristisch geprägten Valle Gran Rey gilt diese Regel nicht.

So wird bezahlt

Einzelabrechnungen sind nicht üblich: Entweder man weist das Personal schon bei der Bestellung darauf hin, dass man getrennt zahlen will oder man dividiert den Betrag später auseinander. Im Gesamtpreis sind zwar Bedienung, Gedeck und Steuern inbegriffen, doch sollte guter Service mit einem Trinkgeld honoriert werden. Nach der Rechnung wird ganz nebenbei gefragt. Sie kommt auf einem kleinen Tellerchen auf den Tisch. Während sich der Kellner wieder entfernt, legt man ein paar Scheine auf den Teller, bis der Kellner beiläufig das Tellerchen mitnimmt. Nach einiger Zeit kommt er erneut, schiebt das Tellerchen samt Wechselgeld zum Gast. Der ignoriert es noch für einige Sekunden, steckt dann das Wechselgeld ein und lässt eine bestimmte Summe als Trinkgeld auf dem Teller liegen. Erst wenn die gesamte Tischrunde das Lokal verlassen hat, holt der Kellner das Trinkgeld-Tellerchen ein letztes Mal.

Nichtraucherschutz

Seit dem Nichtraucherschutzgesetz 2011 darf in spanischen Restaurants und Bars nicht mehr geraucht werden, es gibt nun auch keine abgetrennten Raucherbereiche mehr.

FEIERN

Die Gomeros sind keine Kinder von Traurigkeit – sie feiern viel, ausgiebig und laut. Fast jedes Dorf hat seine eigene Fiesta, und damit man sich nicht in die Quere kommt, findet sie meist dann statt, wenn im Nachbarort gerade nicht gefeiert wird. Vorhang auf für Folkloregruppen und den typischen Trommeltanz!

Prozessionen mit Trommeltanz

La Gomera gehört zu Spanien und so verwundert kaum, dass der Festkalender sich am Kirchenjahr orientiert. Gefeiert werden Ostern, Weihnachten und Fiestas zu Ehren unterschiedlicher **Schutzheiliger**, die immer aus einem religiösen und einem weltlichen Teil bestehen. In der Regel beginnen sie mit einer Prozession durch bunt geschmückte Straßen, bei der Sie in den Genuss des faszinierenden Trommeltanzes (Baile del tambor ▶ S. 204) kommen: Zum Klang von Trommeln und Kastagnetten erklingt ein monotoner Männergesang und die Dorfbewohner bewegen sich mit schlafwandlerischer Sicherheit im Tanzschritt durch die Straßen. Die größten Fiestas sind das Patronatsfest in Chipude am 15. August und alle fünf Jahre das Fest zu Ehren der Jungfrau Guadalupe im Oktober, beide werden von den Klängen der **Timple** begleitet. Diese Miniaturgitarre ist auch auf den anderen Kanareninseln sehr verbreitet. Typisch für La Gomera ist der auf der Prozession mitgeführte El Ramo – ein Baum aus Früchten und Blumen, der kunstvoll um ein Stück Zuckerrohr drapiert wird.

Weltliches Rahmenprogramm

Den anschließenden weltlichen Teil bestimmen **Folkloreaufführungen**, bei denen ausgiebig gesungen, getanzt und geschmaust wird. Mitunter tragen die Gomeros Silbo-Wettbewerbe und Sportveran-

WIE IN TRANCE

Dumpfe Trommelschläge, begleitet vom rhythmischen Rasseln der Kastagnetten – am Dreikönigstag zieht eine eindringliche Prozession zur Ermita de los Reyes. Die Männer stimmen einen archaischen Gesang an, einen Sprechgesang aus achtsilbigen Versen, die von längst vergangenen Ereignissen und Legenden handeln. Dann beginnen die Teilnehmer zu tanzen, in einer sich immer wiederholenden Schrittfolge, stundenlang, fast wie in Trance. Noch Tage später haftet der Rhythmus im Ohr ...

staltungen aus wie die »Lucha canaria«, den kanarischen Ringkampf. Gefeiert wird meist bis in die frühen Morgenstunden hinein, lateinamerikanische Salsa- und Merengue-Musik löst bald die Folkloreklänge ab. Ausdauer ist alles – ein solches Volksfest kann zwei oder mehrere Tage dauern! Den Abschluss bildet häufig ein großes **Feuerwerk**.

Gomerische Tracht

Natürlich putzt man sich für ein Fest ordentlich raus, viele Teilnehmer haben Trachten an. Die Frauen tragen einen weitkrempigen Strohhut, der von einem blauen Band eingefasst wird. Den Hals verdeckt ein meist gelbes oder weißes Seidentuch, über der bestickten weißen Leinenbluse spannt sich ein oft von Samt eingefasstes Mieder. Prunkstück der Frauentracht ist oft ein gestreifter Faltenrock, unter dem ein Unterrock mit farbigem Band hervorblitzt. Männer tragen zum schwarzen Filzhut ein Leinenhemd, eine Dreiviertelhose aus Wollstoff und eine um die Hüfte geschwungene rote Schärpe.

FESTKALENDER

GESETZLICHE FEIERTAGE

1. Januar: Neujahr (Año Nuevo)
6. Januar: Dreikönigstag (Los Reyes)
März/April: Karfreitag (Viernes Santo)
1. Mai: Tag der Arbeit (Día del Trabajo)
30. Mai: Tag der Kanaren (Día de las Islas Canarias)
Juni: Fronleichnam (Día del Corpus)
25. Juli: Jakobustag (Santiago Apóstol)
15. August: Mariä Himmelfahrt (Asunción)
12. Oktober: Nationalfeiertag (Día de la Hispanidad)
1. November: Allerheiligen (Todos los Santos)
6. Dezember: Tag der Verfassung (Día de la Constitución)
8. Dezember: Mariä Empfängnis (Inmaculada Concepción)
25. Dezember: Weihnachten (Navidad)

EVENTS IM JANUAR

CABALGADA DE LOS REYES

Auf den Kanaren findet die Bescherung wie in Spanien nicht am 24. Dezember statt, sondern am 5. Januar, am Vorabend des Dreikönigsfestes. Am 6. Januar werden bei einem Festumzug, der Cabalgada de los Reyes Magos, Bonbons zu den Zuschauern geworfen. Der Umzug von Valle Gran Rey endet in der Ermita de los Reyes (Dreikönigskapelle) mit einer Messe. Anschließend trifft man sich auf dem Kirchplatz zur großen Fiesta mit Musik und Tanz.

SAN SEBASTIÁN

Am 20. Januar feiert man in der Inselhauptstadt das Fest des Schutzheiligen San Sebastián.

IM FEBRUAR/MÄRZ

CARNAVAL

In San Sebastián und Valle Gran Rey wird Karneval groß geschrieben – mit farbenprächtigen Umzügen, bunten Kostümen und den heißen Rhythmen von Samba, Salsa und Merengue bis tief in die Nacht hinein. Am Aschermittwoch wird eine riesige Sardine aus Pappmaché in einer Prozession zu Grabe getragen und zum Schluss feierlich verbrannt.

IM MÄRZ/APRIL

SEMANA SANTA

Die Osterwoche ist geprägt von zahlreichen Prozessionen und anderen religiösen sowie weltlichen Feierlichkeiten.

IM APRIL

SAN MARCOS

Am 25. April brennen in Agulo rund um die Statue des Hl. Markus auf dem Kirchplatz Scheiterhaufen, über die dann junge Männer springen, um ihren Mut zu beweisen. Erst wenn das Feuer erloschen ist, beginnt die eigentliche Fiesta mit Musik, Tanz und Wein.

IM MAI

SAN ISIDRO

Mitte Mai ist es wieder Zeit, einen Schutzheiligen zu zelebrieren: Der Heilige Isidor wird in Alajeró und Epina geehrt.

IM JUNI

FIESTA DE LOS PIQUES

Das hat Tradition: Die Fiesta in der zweiten Junihälfte in Agulo begleiten Silbo-Wettbewerbe und die Aufführung altkanarischer Sportarten wie Lucha canaria (Ringkampf) und Juego del Palo (Stockkampf).

SAN JUAN

Am 24. Juni werden in mehreren Orten Fiestas veranstaltet, ihr Höhepunkt: das Entzünden von Johannisfeuern.

IM JULI

FIESTA DE LA VIRGEN DEL CARMEN

Am 16. Juli wird die Schutzpatronin der Fischer in vielen Hafenorten geehrt. Mit dem lebhaftesten Fest punktet der Hafen von Valle Gran Rey: Nach einer Prozession von Calera nach Vueltas geht es weiter mit einer Bootsprozession nach La Rajita. Den Abschluss bildet ein riesiges Feuerwerk.

NUESTRA SEÑORA DEL PINO

Diese große Fiesta in El Cercado zu Ehren der Schutzheiligen findet am letzten Samstag im Monat statt.

IM AUGUST

NUESTRA SEÑORA DE CANDELARIA

Musik und Tanz dürfen nicht fehlen auf diesem Fest zu Ehren der Schutzpatronin des Archipels am 15. August (Mariä Himmelfahrt) in Chipude.

IM SEPTEMBER

FIESTA COLOMBINA

In San Sebastián erinnert man am 6. September mit einem Fest an den Aufbruch von Kolumbus in die Neue Welt.

NUESTRA SEÑORA DE BUEN PASO

Diese Fiesta am 11. September in Alajeró beinhaltet eine Wallfahrt zur Ermita del Buen Paso. Abschließend gibt es viel Musik und Tanz und zum Schluss ein Feuerwerk.

FIESTA DE LA MERCEDES

Am 24. September wird in Agulo groß gefeiert: Bei Umzügen, Musik und Tanz ist das ganze Dorf auf den Beinen.

IM OKTOBER

FIESTA DE NUESTRA SEÑORA DE GUADALUPE

Alle fünf Jahre wird am 5. Oktober in San Sebastián eine Schiffsprozession abgehalten (das nächste Mal 2023). Dabei bringen die Gomeros die Statue der Jungfrau von deren Kapelle an der Punta Llana in die Inselhauptstadt.

IM NOVEMBER

WEINFESTE

So lassen sich gute Tropfen am besten verkosten: Ende des Monats ist die Zeit der Weinfeste in Vallehermoso, Hermigua und Agulo.

IM DEZEMBER

FIESTAS DE NAVIDAD

Vielerorts wird ein abwechslungsreiches (vor)weihnachtliches Programm mit Ausstellungen und Aufführungen auf die Beine gestellt.

SHOPPEN

Leckerer Palmhonig, pikante Almogrote oder vielleicht ein Päckchen Gofio? La Gomera mag kein Einkaufsparadies sein, aber so ganz ohne Mitbringsel können Sie die Insel auch nicht verlassen! Vielleicht also etwas Kulinarisches, für Kanarengeschmack zu Hause? Oder doch lieber kanarisches Kunsthandwerk?

Kunsthandwerk

Auf der Suche nach einem typischen Mitbringsel aus La Gomera bieten sich zwei Dörfer besonders an: An der Dorfstraße von El Cercado laden gleich drei **Keramikateliers** zum Bummeln ein. Die schlichte Töpferware wird so hergestellt, wie es schon die kanarischen Ureinwohnern machten: ohne Töpferscheibe. Hermigua im Norden der Insel ist für seine Handarbeiten bekannt, dort bekommen Sie **Lochstickereien** oder farbenfrohe Flickenteppiche. In vielen Kunsthandwerksgeschäften werden **Korbwaren aus Palm- oder Bananenblättern** angeboten. Und wenn Sie daheim Ihre eigene Mojosauce machen wollen, dann am besten in einem **Holzmörser** aus La Gomera. Ein außergewöhnliches Erinnerungsstück sind die handgefertigten Trommeln (tambores) und Kastagnetten (chácaras), die den Dorfesten auf der Insel ihren ganz spezifischen Rhythmus geben.

Kulinarische Spezialitäten

Haben Sie an der gomerischen Küche Gefallen gefunden? Dann sollten Sie sich im Supermarkt mit **Gofio und Mojosaucen** eindecken! In Lebensmittelläden und auf Bauernmärkten liegt lokaler **Ziegenkäse** in verschiedenen Reifestufen aus, vakuumverpackt hält er sich mehrere Wochen. Ebenfalls gut haltbar ist die Käsecreme Almogrote aus geriebenem Hartkäse. Wer es lieber süß mag, kauft ein Gläschen **Palmhonig**, den es in dieser Form nur auf La Gomera gibt (▶ Baedeker Wissen, S. 200).

Das beste **Weinsortiment** der Insel hält die Tienda del Vino in ▶ Arure bereit; dort können Sie Weine mit geschützter Herkunftsbezeichnung (Denominación de Orígen) aus den Bodegas von Arure, Vallehermoso und Hermigua verkosten. Außergewöhnlich ist die Mistela; dieser Weißwein wird mit Orangenschalen, Gewürzen und karamellisiertem Zucker hergestellt. Freunde von Hochprozentigem halten sich gerne an Gomerón, einen mit Palmhonig versetzten Rum.

Öffnungszeiten

Die meisten Geschäfte sind Mo.–Fr. 9–13 und 16–20, Sa. 9–13 Uhr geöffnet. In Valle Gran Rey und in Playa de Santiago haben Supermärkte und andere Geschäfte auch außerhalb der genannten Geschäftszeiten und teilweise auch sonntags offen.

Wo kauft man am besten ein?

Mercado Municipal

Schlendern, schlemmen und genießen: Die einzige große Markthalle auf der Insel ist der Mercado Municipal in San Sebastián. Angeboten werden außer frischem Obst und Gemüse auch Käse, gomerische Weine und andere kulinarische Spezialitäten. Nebenan finden Sie den größten Supermarkt der Insel. Sehr bescheiden nimmt sich dagegen die Auswahl in der winzigen Markthalle von Vallehermoso aus.

Mercadillo

Sonntags trifft man sich auf dem Mercadillo in Valle Gran Rey (am Busbahnhof im Ortsteil La Calera). Der Markt ist eine Mischung aus Bauern-, Kunsthandwerk- und Hippiemarkt, das Angebot reicht von Aloe-Vera-Cremes und Biobananen bis zu luftiger Strandmode und mit Pflanzenfarben gefärbten Seidenschals.

Schuhmanufaktur

Die größte Auswahl an kleineren Läden und Boutiquen erwartet Sie in Valle Gran Rey in den Ortsteilen Vueltas und La Playa. In der dortigen Schuhmanufaktur können Sie sich Sandalen und Mokassinschuhe nach Maß anfertigen lassen oder nach einem Ledergürtel oder handgefertigten Portmonnaie Ausschau halten. In Playa de Santiago ist man weitgehend auf die Ladenpassage des Hotels Tecina angewiesen. San Sebastián wartet natürlich auch mit Einkaufsmöglichkeiten auf, doch das Sortiment dort orientiert sich vorrangig an den Bedürfnissen der Einheimischen.

ÜBERNACHTEN

Eins vorweg: Fünfsternehotels mit allem Pipapo sucht man hier vergeblich. Auf La Gomera wohnt man in kleineren und mittelgroßen Apartmenthäusern oder zieht auf dem Land in eine Finca. Ein bisschen Luxus gibt es natürlich schon – das Viersternehotel Jardín Tecina glänzt mit dem besten Wellnessangebot der Insel und wurde schon mehrfach von Angela Merkel beehrt.

Individuelle Reiseplanung

La Gomera ist ein bisschen anders: Auf den großen Nachbarinseln wird überwiegend pauschal gebucht, sprich Flug plus Hotel mit Frühstück oder Halbpension. Hier stellen sich hingegen viele Reisende ihren Urlaub nach dem Baukastenprinzip zusammen. Trotz etlicher neu gebauter Pauschalhotels wohnen die meisten Urlauber in kleineren Apartmenthäusern, viele davon sind familiengeführt. Vor Ort

Der Mercado Municipal in San Sebastián ist ein ziemlich neues Gebäude. Was man bekommt, hat aber viel Tradition.

Das Hotel Tecina in Playa Santiago ist die beste Adresse auf der Insel.

sucht mittlerweile kaum jemand mehr ein Zimmer bzw. Apartment. Etliche Agenturen haben sich auf die Vermittlung von Wohnungen spezialisiert. Mit Engpässen müssen Sie an Weihnachten und Ostern rechnen, in der Nebensaison bekommen Sie meist auch noch kurzfristig etwas.

Mittelklasse bis gehobener Komfort

Der größte Teil der Gästebetten liegt an der fast immer **sonnigen Südküste** in Valle Gran Rey und Playa de Santiago. Dort wählen Sie aus einem breiten Angebot von kleineren Pensionen bis hin zu mittelgroßen Apartmenthäusern sowie einigen Vier-Sterne-Hotels. Die vorherrschende Wohnform ist das Ferienapartment mit Schlafzimmer, Küche und Bad. Luxuriöse Fünf-Sterne-Hotels und All-inclusive-Resorts gibt es auf La Gomera bislang nicht.

Das beste Resort ist das Viersternehaus **Hotel Jardín Tecina** in ► Playa de Santiago, das von der norwegischen Reederfamilie Fred. Olsen geführt wird. Es punktet mit seiner spektakulären Lage auf einem Felskap und kann mit einem gepflegten Spa-Bereich und einem 18-Loch-Parcours aufwarten; botanische Interessierte wissen den großen Hotelpark mit exotischen Gewächsen aus allen Kontinenten zu schätzen. In ▶ Valle Gran Rey hat sich das Hotel Gran Rey durch sein vorbildliches Umweltmanagement einen Namen gemacht. Erste Adresse in der Inselhauptstadt ▶ San Sebastián ist das **Hotel Parador de La Gomera** der staatlich geführten Parador-Kette, das besonders bei Geschäftsreisenden und Lokalpolitikern beliebt ist. Parador-Hotels sind bekannt für ihre bevorzugte Lage: Das Haus auf La Gomera thront auf einer steil zum Meer abfallenden Klippe und gewährt eine fulminante Aussicht auf Teneriffas Pico del Teide.

Landtourismus

Wenn es für Ihr Wohlbefinden nicht unbedingt strandnah sein muss, können Sie wie auf den anderen Kanareninseln im Rahmen des »Turismo rural« kleine Fincas und Landhäuser abseits der Küsten mieten. Etliche alte Häuser wurden mit EU-Geldern restauriert und haben sich zu angenehmen Ferienunterkünften herausgeputzt. Sie liegen meist abseits, bevorzugt in den nördlichen Gemeinden Hermigua, Agulo und Vallehermoso. Die meisten davon garantieren Naturnähe. Um mobil zu sein, empfiehlt sich ein Mietwagen.

Camping

Der einzige offizielle Campingplatz ist Camping **La Vista** im Weiler El Cedro am Ostrand des Nationalparks auf 800 m Höhe. Angesichts des oft regnerischen Wetters in dieser Region sind einige Plätze überdacht. Der einfache Platz mit Grillstellen kann etwa 80 Personen aufnehmen; zu ihm gehört ein vor allem von Wanderern viel frequentiertes Ausflugslokal. Für Gäste, die etwas mehr Komfort wünschen, werden dort auch einfache Zimmer vermietet. Wildes Zelten ist auf der Insel nicht erlaubt.
El Cedro | Tel. 922 88 09 49 | www.camping-lavista.jimdo.com

FERIENWOHNUNGEN UND FINCAS

APARTMENTVERMITTLUNG LA PALOMA

Das deutschsprachige Vermittlungsbüro bietet eine große Auswahl an Apartments in fast allen Ortsteilen an. Als zusätzlichen Service kann man sich gleich einen Mietwagen reservieren lassen.
Avenida Marítima
(Edificio La Condesa 17)
Tel. 922 80 56 85
www.gomera.de

FINCAFERIEN

Vermittelt werden Ferienhäuser vornehmlich im Inselnorden (Hermigua, Vallehermoso) und in Alojera.
D-31167 Bockenem
Hainbergstr. 18
Tel. 05067 6526
www.fincaferien.de

LAS ISLAS REISEN

Der deutsche Finca-Spezialist vermittelt teils recht günstige Häuser in verschiedenen Ortsteilen von Valle Gran Rey.
D-31171 Nordstemmen
Am Thie 3
Tel. 05 06 93 48 70
www.las-islas-reisen.de

P

PRAKTISCHE INFOS

Wichtig, hilfreich präzise

Unsere Praktischen Infos helfen in allen Situationen auf La Gomera weiter.

La Gomera voraus! ►

KURZ UND BÜNDIG

ELEKTRIZITÄT
Das Stromnetz führt 220 Volt, Zwischenstecker (span. »adaptor« oder »ladrón«) sind nicht notwendig.

ZEIT
Auf den Kanaren gilt Westeuropäische Zeit: Mitteleuropäer müssen das ganze Jahr über bei der Ankunft ihre Uhr um eine Stunde zurückstellen.

GELD
Spanien gehört zur Eurozone. Der Umtauschkurs für einen Schweizer Franken beträgt ca. 0,88 €.
Banken: Mo.–Fr. 9–14, Sa. 9–13 Uhr (Juni–Sept. Sa. oft geschlossen)
Geldautomaten (»el cajero« bzw. »cajero automático«) gibt es in allen größeren Orten.
Internationale **Kreditkarten** wie Visa, Eurocard oder American Express werden auf La Gomera nur von größeren Hotels akzeptiert, auch in Restaurants müssen Sie in der Regel bar bezahlen.
Unter diesem einheitlichen **Sperrnotruf** kann man Bank- und Kreditkarten, Handys und Krankenkassenkarten sperren lassen:
Tel. 0049 116 116

LÄNDERVORWAHLEN
nach Spanien: 0034
nach Deutschland: 0049
nach Österreich: 0043
in die Schweiz: 0041

WAS KOSTET WIE VIEL?
Einfache Mahlzeit: ab 8 €
Drei-Gang-Menü: ab 15 €
Tasse Kaffee: ab 1,50 €
(Café con leche)
Benzin, 1 l: 1,05 €

NOTRUFE

ALLGEMEINER NOTRUF
Polizei, Feuerwehr, Ambulanz
Tel. 112

ACE-NOTRUFZENTRALE STUTTGART
(Krankenrückholdienst)
Tel. 0049 711 15 30 35 36

ADAC NOTRUFZENTRALE MÜNCHEN
Tel. 0049 89 22 22 22

ANREISE · REISEPLANUNG

Anreisemöglichkeiten

Mit dem Flugzeug

Der Flughafen von La Gomera wird nicht aus dem Ausland angeflogen. Die Anreise erfolgt von daher über den Flughafen Teneriffa

FLUGHÄFEN UND FÄHRHAFEN

AEROPUERTO TENERIFE SUR

Transfer zum Fährhafen: Vom Flughafen Teneriffa Süd erreichen Sie Los Cristianos mit dem Linienbus 111. Er hält am zentralen Busbahnhof von Los Cristianos, von dem Sie mit einem bereitstehenden Taxi weiter zum Hafen kommen (zu Fuß 15 Minuten). Am besten leisten Sie sich gleich von Teneriffa Süd ein Taxi zum Hafen (ca. 25 €).

Bei El Médano
(65 km südwestlich von Santa Cruz)
Tel. 902 40 47 04
www.aena.es

AEROPUERTO LA GOMERA

Nur innerkanarische Flüge nach Teneriffa Nord. Jeweils nach Ankunft einer Maschine fährt die Buslinie 7 nach San Sebastián, Linie 6 nach Valle Gran Rey.

Bei Playa Santiago im Inselsüden
Tel. 902 40 47 04
www.aena.es

ACCIONA TRASMEDITERRÁNEA

Von Los Cristianos setzen alle ein bis zwei Stunden Fähren der Linien Fred. Olsen Express und Naviera Armas nach San Sebastián de La Gomera über. Die Fahrzeit beträgt etwa 50–60 Minuten. In San Sebastián besteht ein Fähranschluss nach Playa de Santiago und Valle Gran Rey.

Estación Marítima, Muelle de Ribera
Santa Cruz de Tenerife
Tel. 902 45 46 45
www.trasmediterranea.es

Süd, zu dem es Verbindungen von allen großen deutschen, österreichischen und Schweizer Flughäfen gibt. Die Flugzeit von Frankfurt a. M. nach Teneriffa beträgt etwa viereinhalb Stunden.
Die gängigste Weiterreise nach La Gomera erfolgt mit der Fähre ab Los Cristianos (Dauer: 50–60 Minuten). Man kann von Teneriffa aus zwar nach La Gomera weiterfliegen, allerdings geht das nur vom Flughafen Teneriffa Nord aus. Da jedoch alle internationalen Flüge in Teneriffa Süd landen, wird die Weiterreise per Flugzeug umständlich – die beiden Flughäfen liegen etwa eine Autostunde auseinander.

Mit dem Schiff

Einmal pro Woche verbinden Fährschiffe der spanischen Schifffahrtsgesellschaft Trasmediterránea das andalusische Cádiz mit Santa Cruz de Tenerife. Ebenfalls einmal wöchentlich verkehrt die Linie Fred. Olsen Express von Huelva via Las Palmas de Gran Canaria nach Santa Cruz. Die Fahrt dauert etwa zwei Tage.

Ein- und Ausreisebestimmungen

Papiere

Reisende aus Deutschland, Österreich und der Schweiz benötigen für die Einreise einen gültigen **Personalausweis** oder einen Reisepass.

BAEDEKER ÜBERRASCHENDES

6x ERSTAUNLICHES

Hätten Sie das gewusst?

1. VERFÜHRERISCH

Palmhonig versüßt Müslis, verfeinert Desserts, passt zu Crêpes und Waffeln und man kann ihn natürlich auch nur aufs Brot streichen. Und er stammt garantiert von der Insel! (▶ **S. 200**)

2. MAGISCH

Ein Tanzplatz für Hexen! Vom **Mirador de Bailadero** wird erzählt, dass dort Hexen ihr Unwesen getrieben haben. Wer abends zu lange dort blieb, musste die ganze Nacht mit ihnen tanzen! Heute genießt man von hier vor allem die Aussicht. (▶ **S. 74**)

3. BERÜHMT

Bei **Kolumbus'** Aufenthalt 1492 füllte er vom Brunnen im Zollhaus von San Sebastián seine Wasservorräte auf und »taufte« damit fünf Wochen später Amerika. (▶ **S. 101**)

4. ROMANTISCH

Der Legende nach verdankt der **Garajonay** seinen Namen der gomerischen Prinzessin **Gara** und dem Bauernsohn **Jonay** aus Teneriffa. Ihre Familien waren gegen die Beziehung. Sie flohen auf La Gomeras höchsten Berg, erstachen sich gegenseitig mit Lanzen aus Lorbeerholz und starben in inniglicher Umarmung. (▶ **S. 68**)

5. MILLIARDENSCHWER

Die mit Abstand reichste Familie auf La Gomera sind die aus Norwegen eingewanderten Olsens. Vielleicht haben Sie ja auf der Anreise von Teneriffa aus auch ein Fährticket für den **Fred. Olsen Express** gelöst... (▶ **S. 181**)

6. AUTOFREI

Das Verkehrsaufkommen auf den Landstraßen und selbst in San Sebastián ist zu fast jeder Tageszeit überraschend gering. Ganz autofrei ist das Treppendorf **La Calera** in Valle Gran Rey. (▶ **S. 96**)

Kinder unter 16 Jahren müssen gemäß EU-Vorschrift einen eigenen Personalausweis besitzen.
Nationale **Führerscheine** und Kraftfahrzeugscheine werden anerkannt und sind mitzuführen; bei Schadensfällen wird die Internationale Grüne Versicherungskarte verlangt.
Der **EU-Heimtierausweis** ist das verbindliche Einreisedokument für Katzen und Hunde. Darin angegeben sein muss u.a. das Datum der letzten Tollwutimpfung – mind. 30 Tage, max. 12 Monate alt. Zusätzlich ist eine **Identitätskennung** des Tieres durch Mikrochip erforderlich.

Zollbestimmungen (EU-Länder)

Da die Kanarischen Inseln nach wie vor **in der EU einen Sonderstatus** einnehmen, bestehen hier verschiedene Zölle und Steuern nicht. Daher gelten bei der Wiedereinreise nach Deutschland und Österreich die **Höchstmengen für den Warenverkehr mit Nicht-EU-Ländern**: Zollfrei sind für Personen über 15 Jahre 500 g Kaffee oder 200 g Pulverkaffee und 100 g Tee oder 40 g Teeauszüge, 50 g Parfüm und 0,25 l Eau de Toilette sowie für Personen über 17 Jahre 1 l Spirituosen über 22 % oder 2 l Spirituosen unter 22 % oder 2 l Schaumwein und 2 l Wein sowie 200 Zigaretten oder 50 Zigarren oder 250 g Tabak. Zollfrei sind Reiseandenken bis zu einem Gesamtwert von 430 €.

Zollbestimmungen (Schweiz)

Für Reisende aus der Schweiz gelten folgende Freimengengrenzen: 250 g Kaffee, 100 g Tee, 200 Zigaretten oder 50 Zigarren oder 250 g Tabak, 2 l Wein oder andere Getränke bis 22 % Alkoholgehalt sowie 1 l Spirituosen mit mehr als 22 % Alkoholgehalt. Souvenirs sind bis zu 100 CHF zollfrei.

Krankenversicherung

Gesetzliche Krankenkassen

Auch im EU-Ausland müssen die gesetzlichen Krankenkassen die Kosten für ärztliche Leistungen erstatten. Voraussetzung ist, dass dem behandelnden Arzt die **Europäische Krankenversicherungskarte** vorgelegt wird. Auch mit dieser Karte müssen Sie jedoch oft zumindest einen Teil der Behandlungskosten bzw. Ausgaben für spezielle Medikamente selbst zahlen. Gegen Vorlage der Quittungen erstattet die Krankenkasse im Heimatland gegebenenfalls die Kosten.

Reisekrankenversicherung

Da die Kosten für ärztliche Behandlung und Medikamente teilweise vom Patienten zu tragen sind und der evtl. Rücktransport von den Krankenkassen grundsätzlich nicht übernommen werden, empfiehlt sich auf jeden Fall der Abschluss einer zusätzlichen Reisekrankenversicherung.

AUSKUNFT

SPANISCHE FREMDENVERKEHRSÄMTER

AUSKUNFT IN DEUTSCHLAND
Lichtensteinallee 1
D-10787 Berlin
Tel. 030 8 82 65 43
berlin@tourspain.es

Myliusstr. 14
D-60323 Frankfurt a.M.
Tel. 069 72 50 33
frankfurt@tourspain.es

Postfach 15 19 40
D-80051 München
Tel. 089 5 30 74 11/2
munich@tourspain.es

AUSKUNFT IN ÖSTERREICH
Walfischgasse 8/14
A-1010 Wien
Tel. 01 5 12 95 80-11
viena@tourspain.es

AUSKUNFT IN DER SCHWEIZ
Seefeldstr. 19
CH-8008 Zürich
Tel. 0 44 2 53 60 50
www.spanieninfo.ch

AUSKUNFT AUF LA GOMERA
Oficina de Turismo
Calle Real 32
San Sebastián de La Gomera
Tel. 922 14 15 12
www.lagomera.travel

KONSULATE

BUNDESREPUBLIK DEUTSCHLAND
Calle Guillermo Rahn 4
Puerto de la Cruz
Tel. 922 24 88 20
www.spanien.diplo.de

REPUBLIK ÖSTERREICH
Honorarkonsulat
Calle Pérez Zamora 9
Puerto de la Cruz
Tel. 922 37 63 64
www.bmeia.gv.at

SCHWEIZERISCHE EIDGENOSSENSCHAFT
Konsulat
Urbanicación Bahía Feliz
Edifico de Oficinas, Local 1
Playa de Tarajillo
Gran Canaria
Tel 928 15 79 79
www.eda.admin.ch

INTERNET

WWW.LAGOMERA.TRAVEL
Die offizielle Seite des Touristenbüros von La Gomera.

WWW.GOMERALIVE.DE
Der virtuelle Reiseführer stellt die wichtigsten Orte der Insel in Kurzporträts vor und gibt einen Überblick über Unterkünfte und Freizeitaktivitäten.

WWW.VALLE-BOTE.COM
Das unregelmäßig erscheinende Inselmagazin ist Anzeigenblatt und Sprachrohr der deutschsprachigen Einwanderer.

WWW.GOMERA.DE
Die Homepage des deutschsprachigen Reisebüros La Paloma im Valle Gran Rey informiert über die aktuellen Bus- und Fährverbindungen, vermittelt Appartments und vermietet Autos.

WWW.EGOMERA.DE
Deutschsprachiges Forum mit einer Themenvielfalt von »Einkaufstipps« bis »Hexen auf La Gomera«.

AUSFLÜGE

Inselerkundung

La Gomera lässt sich am besten mit einem Mietwagen erkunden. Von Veranstaltern im Valle Gran Rey bzw. in Playa de Santiago werden jedoch auch organisierte **Busfahrten** angeboten. Auf dem Programm stehen meist eine Inselrundfahrt, eine Tour in den Nationalpark oder durch den landschaftlich reizvollen Norden der Insel. Linienbusse verkehren relativ selten (▶ Verkehr).

Schiffstouren

Hoch im Kurs stehen Bootsausflüge zur **Wal- und Delfinbeobachtung** (▶ Baedeker Wissen, S. 132) sowie zu den bizarren Basaltformationen Los Órganos an der Nordküste, die man nur vom Meer aus besichtigen kann. Unterwegs wird mitunter ein Badestopp in einer abgelegenen Bucht eingelegt. Das größte Ausflugsangebot offerieren die Touristenzentren Valle Gran Rey (Abfahrt vom Hafen in Vueltas) und Playa de Santiago.

Inselhopping

Jede der Kanarischen Inseln hat ihre landschaftlichen Besonderheiten – daher ist der Archipel geradezu geschaffen für Inselhopping! Allerdings können Sie im Rahmen eines Tagesausflugs nur Teneriffa bequem erreichen (▶ Reiseziele von A bis Z, Teneriffa). Die Fährüberfahrten zu allen anderen Inseln sind relativ lang, und durch regelmäßige Linienflüge ist La Gomera bisher nur mit Teneriffa verbunden. Wenn Sie jedoch einige Tage zur Verfügung haben, sollten Sie es sich nicht entgehen lassen, eine weitere Kanareninsel zu besuchen!

AUSGEHEN

Wenig Nachtleben

Wahre Nachtschwärmer kommen auf La Gomera nicht so recht auf ihre Kosten. Ein bisschen »Nachtleben« gibt es jedoch in Valle Gran Rey. Die Szene trifft sich dort vor allem in Vueltas, im »Cacatua« oder im »Tasca« (Calle Cuesta de Abisinia, www.barlatasca.com). In La Puntilla wird im »Bodeguita del Medio« am Wochenende Livemusik geboten (Avenida Marítima, im Souterrain der Apartmentanlage Jardín del Conde). Eine Alternative dazu ist in La Playa die schon legendäre Bar »Casa María«, ebenfalls mit Live-Musik, sowie die überwiegend von Deutschen besuchte »Gekko-Bar«. In Playa de Santiago beschränkt sich das Unterhaltungsangebot auf das Hotel Jardín Tecina.

ETIKETTE

Stilvoll auftreten

In Spanien legt man viel Wert darauf, eine gute Figur zu machen. Gewisse Gepflogenheiten und Rituale gehören selbstverständlich zum Alltag und sollten auch von ausländischen Besuchern berücksichtigt werden, etwa bei der Wahl der Garderobe. So ist es beispielsweise verpönt, Strandkleidung abseits der Playa zu tragen; Männer tragen selbst an heißen Tagen meist lange Hosen, nicht etwa knappe Shorts und Achselshirts. In Kirchen und Kapellen gelten Shorts und freie Schultern bei Männern wie Frauen als ungehörig. Für die Abendstunden, wenn man kulturelle Angebote nutzt oder das Nachtleben genießen will, ist es zu jeder Jahreszeit ratsam, noch ein etwas eleganteres Kleidungsstück im Reisegepäck zu haben.

Begrüßung

Zur Begrüßung umarmen sich Mann und Frau sowie Frau und Frau, auch wenn sie nicht eng befreundet sind, und hauchen sich ein Küsschen rechts und links auf die Wange, wobei zu enger Körperkontakt vermieden wird. Männer begrüßen sich mit einem festen Händedruck oder klopfen sich zur Begrüßung kumpelhaft auf die Schulter. Statt mit dem formellen »buenos días« (»Guten Tag!« am Vormittag) oder »buenas tardes (»Guten Tag!« am Nachmittag bzw. »Guten Abend!«) begrüßt man sich mittlerweile auch unter Fremden generell lieber mit dem lockeren »hola« (»Hallo!«).

Die Bar als Wohnzimmer

Einladungen werden schnell und gerne ausgesprochen, aber man lädt nur selten nach Hause ein. Als Ersatz fungiert die Bar oder das Restaurant. Meist bleibt man jedoch nicht allzu lange, sondern zieht bald ein Haus weiter. Spanier gehen meist in Gruppen aus, und bringt jemand einen Freund mit, wird dieser schnell integriert – das gilt auch für Ausländer. Eine tiefere Freundschaft sollte dennoch niemand erwarten, der mit einem »Ruf mich doch mal an« verabschiedet wird (und das muss man auch nicht gleich am nächsten Tag machen). Mehr zum Verhalten in **Restaurants** erfahren Sie auf ▶ S. 202.

GESUNDHEIT

Ärztliche Hilfe

Die meisten Ärzte sprechen zumindest eine Fremdsprache. In ernsten Fällen wendet man sich an das **Inselkrankenhaus in San Sebastián**. Kleinere Anliegen können auch in einem **Centro Salud** (Ge-

ÄRZTLICHE VERSORGUNG
DEUTSCHSPRACHIGE ÄRZTE

SAN SEBASTIÁN DE LA GOMERA
Hospital de La Gomera (Hospital Nuestra Señora de Guadalupe)
Calle Langrero s/n
Tel. 922 14 02 00

VALLE GRAN REY
Centro Médico Valle Gran Rey
Residencial El Llano (Borbalán)
Tel. 922 80 56 29
www.centro-medico.eu

NOTRUFE
► S. 214

---

sundheitszentrum) behandelt werden, es gibt sie u.a. in Valle Gran Rey, Playa de Santiago, Hermigua und Vallehermoso.

Apotheken

Apotheken (span. »farmacias«) gibt es auf La Gomera in allen größeren Ortschaften, man erkennt sie am **grünen Malteserkreuz**. Öffnungszeiten: Mo.–Fr. 9–13 und 16–20, Sa. 9–13 Uhr. Zu allen anderen Zeiten hat eine Apotheke durchgängig **Notdienst**; darüber informiert der Anschlag »Farmacia de Guardia« an jeder Apotheke.

Krankenversicherung

Versicherte deutscher Krankenkassen haben im Krankheitsfall in Spanien Anspruch auf eine Behandlung nach den in Spanien gültigen Vorschriften (► S. 217).

Trinkwasser

Zum Waschen und Zähneputzen kann man Leitungswasser unbedenklich benutzen. Als Trinkwasser, zum Kaffee- oder Teekochen sollte man aber auf Quellwasser aus Flaschen zurückgreifen.

LESETIPPS

Janosch: Gastmahl auf Gomera, München 1999. Der Kinderbuchautor hat die Nachbarinsel Teneriffa zu seiner Wahlheimat gemacht; beim fiktiven Treffen mit einem Journalisten auf La Gomera erzählt er vom kleinen und großen Irrsinn der Welt und von seinem Leben.

Neuroth Gerta (Hrsg.): Kanarische Inseln – Eine literarische Einladung, Berlin 2010. Eine kleine Anthologie moderner kanarischer Literatur.

Harald Braem: Tod im Barranco, Santa Ursula 2009. In der Schlucht von Pastrana wird die Leiche eines Drogenkuriers gefunden – die lokale Polizei ermittelt.

Mani Beckmann: Sodom und Gomera, Santa Ursula 2009. Der spannende Inselkrimi spielt in der esoterischen Aussteiger-Szene von La Gomera. Große Literatur ist das nicht unbedingt, dafür wird der Schauplatz der Handlung detailliert herausgearbeitet.

DuMont Bildatlas Teneriffa · La Palma · La Gomera · El Hierro (Nr. 118), Ostfildern 2018. Eine Reise durch die vier Inseln mit Bildern von Sabine Lubenow und Texten von Rolf Goetz.

Ulrike Strecker und Horst Wilkens: Vögel auf den Kanarischen Inseln, Hamburg 2016. Alles was durch die Lüfte flattert, vom Kanarienvogel bis zum Zilpzalp.

Rolf Goetz: Flora der Kanarischen Inseln, München 2017. In dem reich bebilderten Naturführer werden die 200 schönsten Pflanzenarten der Kanarenflora vorgestellt, erstaunlich viele davon sind auf La Gomera zu Hause.

REISEZEIT

Ganzjahresziel

Die Kanaren rühmen sich damit, das beste Klima der Welt zu haben: Mit ihren **ganzjährig milden Temperaturen** sind sie zu jeder Jahreszeit ein angenehmes Reiseziel (▶ Baedeker Wissen, S. 163). Die Temperaturschwankungen zwischen dem kältesten und dem wärmsten Monat betragen nur knapp 6 °C. Im Bergland merkt man den Wechsel der Jahreszeiten natürlich stärker, dort kann es im Winter empfindlich kühl werden – auf dem Pico de Garajonay kann es bei leichtem Frost auch mal schneien. Wer sich um Weihnachten in eine Finca einmieten will, sollte daher immer prüfen, wie viele Meter über dem Meer das Feriendomizil liegt. Die »Schmerzgrenze« liegt etwa bei 400 m aufwärts. **Hochsaison** auf La Gomera ist der Winter, vor allem für die Weihnachtsferien sollten Sie zeitig buchen!
Die **Sonnenscheindauer** verteilt sich auf La Gomera trotz des milden Klimas sehr unterschiedlich: Während es an der Südküste (v.a. in Playa de Santiago) eigetnlich immer schön ist, ziehen in den Tälern über der Nordküste gerade im Winter oft Wolken auf; im Hochland und im Inselzentrum mit dem Nationalpark fällt oft ein leichter Nieselregen. Besonders im Juli und August kann das ruhige Sommerwetter für ein paar Tage vom »Tiempo del Sur«, einem heißen Wind aus der Sahara, unterbrochen werden. Der stauberfüllte **Wüstenwind** erfasst besonders den Süden der Insel mit Temperaturen bis zu 40 °C.

SPRACHE

Vokale

Die Vokale a, e, i, o, u, werden im Spanischen kurz und offen **ausgesprochen.** Langvokale (wie in Boot, lieb) existieren nicht, ebensowenig geschlossenes e und o (wie in Weg, groß).

Konsonanten

c vor a, o, u wie deutsches »k«
c vor e, i stimmloser Lispellaut, stärker als engl. »th« (Bsp.: gracias)
ch stimmloses deutsches »tsch« wie in tschüss
g vor a, o, u wie »g«
g vor e, i wie deutsches »ch« in Bach
gue, **gui/que**, **qui** hier ist u immer stumm, wie deutsches »g« bzw. »k«
h ist immer stumm
j immer wie deutsches »ch« in Bach
ll wie »lj« oder deutsches »j« (Bsp.: Mallorca)
ñ wie »gn« in Champagner
z stimmloser Lispellaut, stärker als engl. »th«

SPRACHFÜHRER SPANISCH

AUF EINEN BLICK

Ja.	**Sí.**
Nein.	**No.**
Vielleicht.	**Quizás./Tal vez.**
In Ordnung!/Einverstanden!	**¡De acuerdo!/¡Está bien!**
Bitte./Danke.	**Por favor./Gracias.**
Vielen Dank.	**Muchas gracias.**
Gern geschehen.	**No hay de qué./De nada.**
Entschuldigung!	**¡Perdón!**
Wie bitte?	**¿Cómo dice/dices?**
Ich verstehe Sie/dich nicht.	**No le/la/te entiendo.**
Ich spreche nur wenig ...	**Hablo sólo un poco de ...**
Können Sie mir bitte helfen?	**¿Puede usted ayudarme, por favor?**
Ich möchte ...	**Quiero .../Quisiera ...**
Das gefällt mir (nicht).	**(No) me gusta.**
Haben Sie ...?	**¿Tiene usted ...?**
Wie viel kostet es?	**¿Cuánto cuesta?**
Wie viel Uhr ist es?	**¿Qué hora es?**
Toilette	**servicios/lavabos/aseos**

ZAHLEN

0	**cero**	18	**dieciocho**
1	**un, uno, una**	19	**diecinueve**
2	**dos**	20	**veinte**
3	**tres**	22	**veintidós**

4	**cuatro**	30	**treinta**
5	**cinco**	40	**cuarenta**
6	**seis**	50	**cincuenta**
7	**siete**	60	**sesenta**
8	**ocho**	70	**setenta**
9	**nueve**	80	**ochenta**
10	**diez**	90	**noventa**
11	**once**	100	**cien, ciento**
12	**doce**	200	**doscientos, -as**
13	**trece**	1000	**mil**
14	**catorce**	2000	**dos mil**
15	**quince**	10000	**diez mil**
16	**dieciséis**	½	**medio**
17	**diecisiete**	¼	**un cuarto**

KENNENLERNEN

Guten Morgen!	**¡Buenos días!**
Guten Tag!	**¡Buenos días!/¡Buenas tardes!**
Guten Abend!	**¡Buenoas tardes!/¡Buenas noches!**
Hallo! Grüß dich!	**¡Hola!**
Ich heiße ...	**Me llamo ...**
Wie ist Ihr Name, bitte?	**¿Cómo se llama usted, por favor?**
Wie geht es Ihnen/dir?	**¿Qué tal está usted?/¿Qué tal?**
Gut, danke. Und Ihnen/dir?	**Bien, gracias. ¿Y usted/tú?**
Auf Wiedersehen!	**¡Hasta la vista!/¡Adiós!**
Tschüss!	**¡Adiós!/¡Hasta luego!**
Bis bald!	**¡Hasta pronto!**
Bis morgen!	**¡Hasta mañana!**

UNTERWEGS

links/rechts	**a la izquierda/a la derecha**
geradeaus	**todo seguido/derecho**
nah/weit	**cerca/ lejos**
Wie weit ist das?	**¿A qué distancia está?**
Ich möchte ... mieten.	**Quisiera alquilar ...**
... ein Auto	**... un coche.**
... ein Boot	**... una barca/un bote/un barco.**
Bitte, wo ist ...	**Perdón, dónde está ...**
... der Bahnhof?	**... la estación (de trenes)?**
... der Busbahnhof?	**... la estación de autobuses/ la terminal?**
... der Flughafen?	**... el aeropuerto?**

PANNE

Ich habe eine Panne.	**Tengo una avería.**
Würden Sie mir bitte einen Abschleppwagen schicken?	**¿Pueden ustedes enviarme un cochegrúa, por favor?**
Gibt es in der Nähe eine Werkstatt?	**¿Hay algún taller por aquí cerca?**
Wo ist bitte die nächste Tankstelle?	**Dónde está la estación de servicio/ a gasolinera más cercana, por favor?**
Ich möchte ... Liter ...	**Quisiera ... litros de ...**

... Normalbenzin.	**... gasolina normal.**
... Super./...Diesel.	**... súper./... diesel.**
... bleifrei.	**... sin plomo.**
Volltanken, bitte.	**Lleno, por favor.**

UNFALL

Hilfe!	**¡Ayuda!, ¡Socorro!**
Achtung!	**¡Atención!**
Vorsicht!	**¡Cuidado!**
Rufen Sie bitte schnell ...	**Llame enseguida ...**
... einen Krankenwagen.	**... una ambulancia.**
... die Polizei.	**... a la policía.**
... die Feuerwehr.	**... a los bomberos.**
Haben Sie einen Verbandskasten?	**¿Tiene usted un botiquín de urgencia?**
Es war meine (Ihre) Schuld.	**Ha sido por mi (su) culpa.**
Könnten Sie mir Ihren Namen und Ihre Anschrift geben?	**¿Puede usted darme su nombre y dirección?**

EINKAUFEN

Wo finde ich ...	**Por favor, dónde hay ...**
... einen Markt?/Supermarkt?	**... un mercado?/supermercado**
... eine Apotheke?	**... una farmacia?**

ARZT

Können Sie mir einen guten Arzt empfehlen?	**¿Puede usted indicarme un buen médico?**
Ich habe ...	**Tengo ...**
... Durchfall.	**... diarrea.**
... Fieber.	**... fiebre.**
... Kopfschmerzen.	**... dolor de cabeza.**
... Halsschmerzen.	**... dolor de garganta.**
... Zahnschmerzen.	**... dolor de muelas.**

ÜBERNACHTUNG

Können Sie mir bitte ... empfehlen?	**¿Podría usted recomendarme ...**
... ein Hotel	**... un hotel?**
... eine Pension	**... una pensión?**
Ich habe ein Zimmer reserviert.	**He reservado una habitación.**
Haben Sie noch ...	**¿Tienen ustedes todavía...**
... ein Einzelzimmer?	**... una habitación individual?**
... ein Doppelzimmer?	**... una habitación doble?**
... mit Dusche/Bad?	**... con ducha/baño?**
... für eine Nacht?	**... para una noche?**
... für eine Woche?	**... para una semana?**
Was kostet das Zimmer mit ...	**¿Cuánto cuesta la habitación con**
... Frühstück?	**... desayuno?**
... Halbpension?	**... media pensión?**

BANK

Wo ist hier bitte ...	**Por favor, dónde hay por aquí ...**
... eine Bank?	**... un banco?**
Ich möchte CHF in Euro wechseln.	**Quisiera cambiar francos suizos en euros.**

POST, TELEFON, INTERNET

Was kostet ...	**¿Cuánto cuesta ...**
... ein Brief ...	**... una carta ...**
... eine Postkarte ...	**... una postal ...**
nach Deutschland?	**para Alemania?**
Briefmarken	**sellos, estampillas**
Ich suche eine Prepaidkarte für mein Handy.	**Busco una tarjeta prepago para mi móvil.**
Internetanschluss	**conexión a internet**
Computer	**ordenador**
Ladegerät	**cargador**
Akku	**recargable**
Internetadresse	**dirección de internet**
E-Mail	**correo electrónico**
E-Mail-Adresse	**dirección de correo electrónico**
@-Zeichen	**arroba**
WLAN	**WiFi**

RESTAURANT — RESTAURANTE

Wo gibt es hier ...	**¿Dónde hay por aquí cerca ...**
... ein gutes Restaurant?	**... un buen restaurante?**
... ein nicht zu teures Restaurant?	**... un restaurante no demasiado caro?**
Könnten Sie uns bitte für heute Abend einen Tisch für vier Personen reservieren?	**¿Puede reservarnos para esta noche una mesa para cuatro personas?**
Auf Ihr Wohl!	**¡Salud!**
Die Rechnung, bitte!	**¡La cuenta, por favor!**
Hat es (Ihnen) geschmeckt?	**¿Le/Les ha gustado la comida?**
Das Essen war ausgezeichnet.	**La comida estaba excelente.**
Mittagessen	**almuerzo, comida**
Flasche	**botella**
Abendessen	**cena**
Kellner	**camarero/mozo**
cubierto	**Gedeck, Besteck**
Löffel	**cuchara**
Kaffeelöffel	**cucharita**
Messer	**cuchillo**
Frühstück	**desayuno**
Speisekarte	**lista de comida, menú**
Teller	**plato**
Korkenzieher	**sacacorchos**
Gabel	**tenedor**
Tasse	**taza**
Glas	**vaso**

geräuchert	**ahumado**
gegrillt	**a la plancha**
medium	**a punto**
durchgebraten	**bien hecho**
roh	**crudo**
paniert	**empanado**
frittiert	**frito**
gekocht	**hervido**
blutig	**jugoso**

DESAYUNO	FRÜHSTÜCK
café con leche	**Milchkaffee**
café cortado	**Espresso mit Milch**
café solo	**Espresso**
café descafeinado	**koffeinfreier Kaffee**
chocolate	**Schokolade**
churros	**im Fett gebackene Hefekringel**
factura	**süßes Stückchen**
fiambre	**Aufschnitt**
huevo tibio	**weiches Ei**
huevos fritos	**Spiegeleier**
huevos revueltos	**Rühreier**
jamón crudo/cocido	**roher/gekochter Schinken**
jugo de fruta	**Fruchtsaft**
lágrima	**Milchkaffee mit wenig Kaffee**
mantequilla	**Butter**
medialuna	**Croissant**
mermelada	**Marmelade**
miel	**Honig**
pan/bolillo/pan tostado	**Brot/Brötchen/Toast**
queso	**Käse**
té con leche/limón	**Tee mit Milch/Zitrone**

ENTRADAS, SOPAS	VORSPEISEN, SUPPEN
caldo	**Brühe**
cazuela	**Eintopf**
empanada	**kleine Pastete**
ensalada mixta	**gemischter Salat**
menestra	**Gemüsetopf**
puchero	**Eintopf (Fleisch mit Gemüse, Kartoffeln)**
sopa de fideos	**Nudelsuppe**
sopa de mariscos	**Meeresfrüchtesuppe**
sopa de pescado	**Fischsuppe**
sopa de verduras/sopa juliana	**Gemüsesuppe**

TAPAS	
albóndigas	**Fleischbällchen**
boquerones en vinagre	**Sardellen in Essig-Knoblauch-Marinade**

calamar	**Kalamar**
caracoles	**Schnecken**
chipirones	**kleine Tintenfische**
chorizo	**Paprikawurst**
ensaladilla rusa	**russischer Salat**
jamón serrano	**getrockneter Schinken**
morcilla	**Blutwurst**
pulpo	**Tintenfisch**
tortilla de patatas	**Kartoffelomelette**

PESCADOS Y MARISCOS	FISCHE UND MEERESFRÜCHTE
atún	**Thunfisch**
besugo	**Brasse**
centolla	**Königskrabbe**
corvina	**Adlerfisch**
dorado	**Goldmakrele**
langostinos	**Riesengarnelen**
lenguado	**Seezunge**
ostras	**Austern**
pulpo	**Krake**
salmón	**Lachs**
trucha	**Forelle**

CARNE Y AVES	FLEISCH UND GEFLÜGEL
bife	**Steak**
cabrito	**Zicklein**
carne picada	**Hackfleisch**
cerdo	**Schwein**
ciervo	**Wild**
cochinillo	**Milchferkel**
chorizo	**Grillwürstchen**
chuleta	**Kotelett**
conejo	**Kaninchen**
cordero	**Lamm**
criadillas	**Hoden**
escalope	**Schnitzel**
estofado	**Schmorfleisch**
hígado	**Leber**
lechón	**Spanferkel**
lengua	**Zunge**
lomo/filete	**Lenden- oder Rückenstück**
milanesa	**paniertes Schnitzel**
mollejas	**Bries**
morcilla	**Blutwurst**
parrillada	**Grillplatte (Fleisch)**
pato	**Ente**
pavo/guajolote	**Pute**
pollo/gallina	**Huhn/Henne**
riñones	**Nieren**
res	**Rind**

ternera	**Kalb**
vacio	**Hüftsteak**

ENSALADA Y VERDURAS	SALAT UND GEMÜSE
arroz	**Reis**
guisantes	**Erbsen**
berenjenas	**Auberginen**
calabacitas	**Zucchini**
batata	**Süßkartoffel**
cebollas	**Zwiebeln**
espárragos	**Spargel**
espinaca	**Spinat**
lechuga	**Kopfsalat**
patatas	**Kartoffeln**
patatas fritas	**Pommes frites**
pepinos	**Gurken**
perejil	**Petersilie**
pimientos	**Paprikaschoten**

POSTRES, PASTELES	NACHSPEISEN, GEBACKENES
copa de helado	**Eisbecher**
crema	**Sahne**
dulces	**Süßigkeiten, Desserts**
dulce de leche	**Karamellcreme**
dulce de membrillo	**Paste aus Quittenmus**
flan	**Pudding, Creme caramel**
frutas en almíbar	**Obst in Sirup**
galletitas	**Kekse**
natillas	**Cremespeise (sahnig)**
nieve	**Fruchteis, Sorbet**
pan dulce	**Kuchen, ähnlich dem italienischen Panettone**
pastel/tarta	**Kuchen/Torte**
queso	**Käse**
tocino del cielo	**Dessert aus Eiern, Zucker, Sahne**

FRUTAS	OBST
cerezas	**Kirschen**
ciruelas	**Pflaumen**
albaricoques	**Aprikosen**
melocotón	**Pfirsich**
limón	**Zitrone**
manzana	**Apfel**
melones	**Honigmelonen**
membrillos	**Quitten**
naranjas	**Orangen**
nueces	**Nüsse**
peras	**Birnen**
plátanos	**Bananen**

sandías	**Wassermelonen**
nectarinas	**Nektarinen**
uvas	**Weintrauben**

BEBIDAS	GETRÄNKE
aguardiente	**Schnaps**
agua mineral	**Mineralwasser**
con/sin gas	**mit/ohne Kohlensäure**
cerveza	**Bier**
caña	**Glas Fassbier**
gaseosa	**weiße Limonade**
horchata	**Erdmandelmilch**
jugo/exprimido de naranja	**Orangensaft**
leche	**Milch**
manzanilla	**Kamillentee**
té	**Tee**
vino	**Wein**
blanco/tinto	**weiß/rot**
rosado	**rosé**
trocken/süß	**seco/dulce**

TELEKOMMUNIKATION · POST

WLAN In den Ferienorten bieten viele Hotels und Lokale WLAN-Hotspots an. In manchen Hotels ist der Zugang kostenpflichtig, in Bars und Lokalen dagegen gratis. Halten Sie einfach nach dem Schriftzug **»WiFi«** Ausschau!

Telefonieren **Mobiltelefone** wählen sich automatisch in das entsprechende Partnernetz ein, innerhalb der EU wurden die Roaming-Gebühren 2017 abgeschafft. Die **Festnetznummern** in Spanien sind neunstellig und beginnen mit der Regionalvorwahl, die auch bei Ortsgesprächen mitgewählt werden muss. Für Teneriffa, La Gomera, La Palma und El Hierro ist das die 922. Spanische **Mobilfunknummern** beginnen immer mit einer 6.

Postsendungen Postkarten und Briefe sind nach Mitteleuropa etwa fünf Tage unterwegs. Das Porto beträgt für Karten (tarjetas) und Briefe (cartas) bis 20 g innerhalb der EU 1,35 €. Briefmarken (sellos) erhalten Sie bei der Post und in Souvenirgeschäften.
Die Briefkästen sind gelb. Außer dem staatlichen Postdienst (Cor-

reos España) gibt es **private Zusteller** mit eigenen Marken und Briefkästen – passen Sie also auf, dass Sie Ihre Ansichtskarten in den richtigen Kasten stecken! Geöffnet sind Postämter in der Regel Mi. bis Fr. 9–16, Sa. 9–13 Uhr.

VERKEHR

Verkehrsregeln

Auf den Kanarischen Inseln besteht Rechtsverkehr. Es gelten folgende **Höchstgeschwindigkeiten:** innerhalb geschlossener Ortschaften 50 km/h, außerhalb geschlossener Ortschaften 90 km/h, auf Kraftfahrstraßen 100 km/h. Vorfahrt hat grundsätzlich das Fahrzeug, das von rechts kommt (Ausnahmen sind entsprechend beschildert). Im **Kreisverkehr** hat das Fahrzeug Vorfahrt, das sich bereits im Kreis befindet. Beim Überholen muss in Spanien während des gesamten Vorgangs zuerst nach links und dann wieder nach rechts geblinkt werden. Vor Kurven ist das Hupen (bei Dunkelheit Lichthupe) obligatorisch. **Überholverbot** besteht 100 m vor Kuppen sowie auf Straßen, die nicht auf einer Länge von mindestens 200 m zu überblicken sind. Die **Promillegrenze** liegt bei 0,5 Promille. **Telefonieren** am Steuer ist nur mit Freisprechanlage erlaubt.
Achtung: Auf Schnellstraßen muss man beim **Linksabbiegen** manchmal erst nach rechts in einen kleinen Kreisverkehr einbiegen, um dann die Hauptstraße geradeaus zu überqueren. Dadurch soll der ungehinderte Verkehrsfluss auf der Hauptstraße gesichert werden. Ausländer missachten oft die für sie ungewohnte Verkehrsregel und verursachen dadurch häufig schwere Unfälle.

Unglücks- und Schadensfälle

Abschleppen durch Privatfahrzeuge ist verboten. Bei einer Panne oder einem Unfall muss das Fahrzeug mit zwei Warndreiecken nach vorn und hinten gesichert werden; ausländische Wagen benötigen nur ein Warndreieck. Vorgeschrieben ist das Tragen einer **reflektierenden Warnweste** beim Verlassen des Fahrzeuges im Falle einer Panne oder eines Unfalls außerhalb geschlossener Ortschaften.

Mietwagen

La Gomera kann man wunderbar mit dem Wagen erkunden! Autovermietungen gibt es außer in der Hauptstadt San Sebastián nur in **Hermigua** und den Ferienorten **Valle Gran Rey und Playa de Santiago**. Wer ein Fahrzeug mieten will, muss über 21 Jahre alt sein, den Führerschein seit mindestens einem Jahr besitzen und eine Kreditkarte vorlegen können. Im Vergleich zu Deutschland, Österreich und der Schweiz sind Mietwagen auf La Gomera relativ günstig. Die Mietverträge werden mit unbegrenzter Kilometerzahl abgeschlossen. Voll-

NÜTZLICHE ADRESSEN

BUS

GUAGUA GOMERA
San Sebastián de La Gomera
Avenida de Ronda (Estación de Guaguas)
Tel. 928 14 11 01
www.guaguagomera.com

WICHTIGE LINIEN
Linie 1: San Sebastián – Valle Gran Rey (5 x tgl., So. 2 x tgl.)

Linie 2: San Sebastián – Hermigua – Agulo – Vallehermoso (5 x tgl., So. 2 x tgl.)

Linie 3: San Sebastián – Playa de Santiago – Alajeró (6 x tgl., So. 2 x tgl.)

Linie 8: Valle Gran Rey – Vallehermoso (Mo.–Sa. 3 x tgl., Sa./So. 2 x tgl.)

FLUGVERKEHR

AEROPUERTO DE LA GOMERA
Transfer vom Flughafen z. B. mit Buslinie 6 nach Valle Gran Rey (Abfahrt jeweils nach Ankunft einer Maschine) oder Buslinie 7 nach San Sebastián (Abfahrt jeweils nach Ankunft einer Maschine).
Playa de Santiago
(39 km südwestlich von San Sebastián)
Tel. 913 21 11 00
www.aena.es

BINTER CANARIAS
Zentrale Reservierung:
Tel. 902 39 13 92
www.bintercanarias.com

MIETWAGEN

AVIS
Reservierung in Deutschland:
Tel. 069 50 07 00 20
www.avis.de

SUNNY CARS
Reservierung in Deutschland:
Tel. 089 82 99 33 900
www.sunnycars.de

CICAR
Zentrale Reservierung:
Tel. 928 92 29 00
www.cicar.com

AUTOS LA RUEDA
San Sebastián de La Gomera
Tel. 922 87 07 09
www.autoslarueda.es

REEDEREIEN

FRED. OLSEN EXPRESS
Zentrale Reservierung:
Tel. 902 10 01 07
www.fredolsen.es

NAVIERA ARMAS
Zentrale Reservierung:
Tel. 902 45 46 45
www.navieraarmas.com

TRASMEDITERRÁNEA
Zentrale Reservierung:
Tel. 902 45 46 45
www.trasmediterranea.es

TAXI

SAN SEBASTIÁN DE LA GOMERA
Tel. 928 87 05 24

VALLE GRAN REY
Tel. 922 80 50 58

PLAYA DE SANTIAGO
Tel. 922 89 53 00

kasko-Versicherungen sind unbedingt zu empfehlen (Schäden, die auf unbefestigten Pisten an den Reifen entstehen, werden mitunter nicht übernommen).
Tankstellen gibt es nur in größeren Ortschaften. Sie schließen meist um 20 oder 22 Uhr und haben sonn- und feiertags geschlossen.

Busverkehr

Wegen der geringen Einwohnerzahl ist das Busnetz auf La Gomera relativ bescheiden ausgebaut. Bester **Ausgangspunkt** für Busreisen ist San Sebastián, von dort werden alle größeren Orte angefahren. Sonntags ist der Verkehr allerdings stark eingeschränkt. Busfahren ist auf La Gomera ausgesprochen **preiswert**, die Busse (»guaguas)« verkehren in der Regel pünktlich. Die Fahrzeiten orientieren sich zum Teil am Fährverkehr – hat die Fähre Verspätung, fährt auch der Bus später ab. Die Gepäckbeförderung ist frei, Fahrräder werden nicht befördert. **Fahrpläne** gibt es in allen Touristenbüros.

Fährverkehr

Nach Teneriffa: Zwischen La Gomera und Teneriffa ist die Fähre das mit Abstand wichtigste Verkehrsmittel. Auf der Strecke San Sebastián – Los Cristianos verkehren die Fähren von Fred.Olsen Express und Naviera Armas alle 1–2 Stunden. Die Preise für die Hin- und Rückfahrt betragen bei beiden Gesellschaften etwa 35 € pro Person und liegen bei ca. 80 € für einen Wagen und zwei Personen.
Nach Valle Gran Rey: Von Sebastián de La Gomera verbindet die Linie Fred.Olsen Express mit Zwischenstopp in Playa de Santiago dreimal täglich mit Valle Gran Rey. Die Fahrzeit beträgt 70 Minuten, das Ticket für die Hin- und Rückfahrt kostet ca. 20 €.
Nach La Palma: Von San Sebastián de La Gomera gibt es mit der Linie Fred.Olsen Express täglich eine Verbindung nach La Palma. Die Fähre ist 120 Minuten unterwegs und kostet hin und zurück ca. 100 € pro Person. Da die Fähren von La Gomera erst abends ablegen, ist auf La Palma zumindest eine Übernachtung erforderlich.

Flugverkehr

Der Flughafen von La Gomera liegt im Süden der Insel bei Playa de Santiago. Starten und landen können hier nur kleinere Maschinen, weshalb er dem innerkanarischen Flugverkehr vorbehalten ist. Die Gesellschaft Binter Canarias fliegt täglich zweimal nach Teneriffa Nord, von dort bestehen Anschlüsse zu allen anderen Kanareninseln. Vor und an Feiertagen sollten Sie zeitig reservieren.

REGISTER

A

B

C

D

E

F

BILDNACHWEIS

akg-images 179
Compoint/Le Figaro Magazine/laif 14
Franck Charton/Le Figaro Magazine/laif 12/13
Dumont Bildarchiv/Gerald Hänel 94, 114, 147, 210
Dumont Bildarchiv/Martin Sasse 3 (2x), 18 u., 27, 70, 104, 119, 123, 139 u., 168
Dumont Bildarchiv/Sabine Lubenow 164
Dumont Bildarchiv/Zaglitsch 43, 85, 175, 195, 201
gettyimages/Nico Tondini 198 u.
glowimages/Gerth Roland 41
Goetz, Rolf 11, 131, 134, 139 o.,156, 182, 185, 196, 199 o., 208, 213, 216, U 7
Franck Guiziou/hemifr/laif 76, 86
Gumm, Monica 102
Gunnar Knechtel/laif 136
laif/Piepenburg 133
laif/Zanettini 187, 204
Lookphotos/Thomas Stankiewicz 8/9
mauritius images/imagebroker / Markus Lange 52
mauritius images/imagebroker / Siepmann 88/89
mauritius images/Phil Crean A / Alamy 46
mauritius images/Rainer Pauschert / Alamy 20/21
mauritius/age 198 o., 199 u.
Reinhard Schmid/Huber Images 7, 16/17, 65, 74, 101, 149, 154, 171
Reinhard Schmid/Schapowalow 61
Lothar Schmidt 193
shutterstock/where palm trees grow 69
shutterstock/Victor Suarez Naranjo 18 o.
shutterstock/Karol Kozlowski 5, 56
shutterstock/David Herraez Calzada 23 o.
shutterstock/Mariia Kamenska 2, 29
shutterstock/Oleg Izum 23 u.
shutterstock/Robert Schneider 49
shutterstock/Ross Helen 107
shutterstock/Salvador Aznar 24/25
Stankiewicz, Thomas 79, 121

Titelbild Thomas Stankiewicz / Lookphotos

VERZEICHNIS DER KARTEN UND GRAFIKEN

IMPRESSUM

Ausstattung:
76 Abbildungen, 17 Karten und grafische Darstellungen, eine große Reisekarte

Text:
Birgit Borowski, Rolf Goetz, mit Beiträgen von Achim Bourmer und Jochen Müssig

Bearbeitung:
Baedeker-Redaktion (Cornelia Thoellden)

Kartografie:
Klaus-Peter Lawall, Unterensingen
MAIRDUMONT Ostfildern (Reisekarte)

3D-Illustrationen:
jangled nerves, Stuttgart

Infografiken:
Golden Section Graphics GmbH, Berlin

Gestalterisches Konzept:
RUPA GbR, München

Chefredaktion:
Rainer Eisenschmid, Baedeker Ostfildern

8. Auflage 2020
Völlig überarbeitet und neu gestaltet

Anzeigenvermarktung:
MAIRDUMONT MEDIA
Tel. +49 711 450 20
Fax +49 711 450 23 55
media@mairdumont.com
http://media.mairdumont.com

Trotz aller Sorgfalt von Redaktion und Autoren zeigt die Erfahrung, dass Fehler und Änderungen nach Drucklegung nicht ausgeschlossen werden können. Dafür kann der Verlag leider keine Haftung übernehmen. Jede Karte wird stets nach neuesten Unterlagen und unter Berücksichtigung der aktuellen politischen De-facto-Administrationen (oder Zugehörigkeiten) überarbeitet. Dies kann dazu führen, dass die Angaben von der völkerrechtlichen Lage abweichen. Irrtümer können trotzdem nie ganz ausgeschlossen werden. Kritik, Berichtigungen und Verbesserungsvorschläge sind jederzeit willkommen. Schreiben Sie uns, mailen Sie oder rufen Sie an:

Verlag Karl Baedeker / Redaktion
Postfach 3162, D-73751 Ostfildern
Tel. 0711 4502-262
www.baedeker.com

Printed in China

FSC www.fsc.org MIX Papier aus verantwortungsvollen Quellen FSC® C124385

BAEDEKER VERLAGSPROGRAMM

Viele Baedeker-Titel sind als E-Book erhältlich:
shop.baedeker.com

A
Algarve
Allgäu
Amsterdam
Andalusien
Australien

B
Bali
Barcelona
Belgien
Berlin · Potsdam
Bodensee
Bretagne
Brüssel
Budapest
Burgund

C
China

D
Dänemark
Deutsche Nordseeküste
Deutschland
Dresden
Dubai · VAE

E
Elba
Elsass · Vogesen

F
Finnland
Florenz
Florida
Frankreich
Fuerteventura

G
Gardasee
Golf von Neapel
Gomera
Gran Canaria
Griechenland

H
Hamburg
Harz
Hongkong · Macao

I
Indien
Irland
Island
Israel

Istanbul
Istrien · Kvarner Bucht
Italien
Italienische Adria
Italienische Riviera

J
Japan

K
Kalifornien
Kanada · Osten
Kanada · Westen
Kanalinseln
Kapstadt · Garden Route
Köln
Kopenhagen
Korfu · Ionische Inseln
Korsika
Kreta
Kroatische Adriaküste · Dalmatien
Kuba

L
La Palma
Lanzarote
Leipzig · Halle
Lissabon
London

M
Madeira
Madrid
Mallorca
Malta · Gozo · Comino
Marokko
Mecklenburg-Vorpommern
Menorca
Mexiko
München

N
Namibia
Neuseeland
New York
Niederlande
Norwegen

O
Oberbayern
Österreich

P
Paris
Polen
Polnische Ostseeküste · Danzing · Masuren
Portugal
Prag
Provence · Côte d'Azur

R
Rhodos
Rom
Rügen · Hiddensee
Rumänien

S
Sachsen
Salzburger Land
Sankt Petersburg
Sardinien
Schottland
Schwarzwald
Schweden
Schweiz
Sizilien
Skandinavien
Slowenien
Spanien
Sri Lanka
Südafrika
Südengland
Südschweden · Stockholm
Südtirol
Sylt

T
Teneriffa
Tessin
Thailand
Thüringen
Toskana
Türkische Mittelmeerküste

U
USA
USA · Nordosten
USA · Nordwesten
USA · Südwesten

V
Venedig
Vietnam

W
Wien

Z
Zypern

Los Órganos
Punta del Peligro
TF712
CV-16
Tamargada
Vallehermoso
Las Rosas
GM-1
La P
Alojera
CV-16
Macayo
Garbato
GM-1
GM-2
Montaña de Manantiales
1249
Parque Nacional de Garajonay
Taguluche
Arure
Las Hayas
CV-18
GM-2
CV-22
CV-18
El Cercado
CV-14
Chipude
1437
1484
Garajonay
GM-2
1298
Cumbre de Tajaque
GM-1
CV-17
CV-12
Pavón
1241
Fortaleza
Valle Gran Rey
La Calera
Igualero
CV-7
Topogache
GM-3
Imada
Vueltas
CV-19
Las T
CV12
CV-11
Alajeró
La Dama
Antonco
CV-11
Aerop
La Gor
Punta del Becerro